Ray Moseley

ZWISCHEN HITLER UND MUSSOLINI

Ray Moseley

ZWISCHEN HITLER UND MUSSOLINI

Das Doppelleben des Grafen Ciano

Aus dem Amerikanischen
von Angelika Beck

HENSCHEL VERLAG

Fotonachweis:
Archiv für Kunst und Geschichte: 58, 61, 65, 79, 94, 286
Ullstein Bilderdienst, Berlin: 8, 14, 23, 32, 35, 50, 83, 85, 87, 106,
    127, 159, 244, 254

Die Deutsche Bibliothek – CIP-Einheitsaufnahme
Moseley, Ray: Zwischen Hitler und Mussolini : das Doppelleben des Grafen
Ciano / Ray Moseley. [Übers. aus dem Amerikan. von Angelika Beck]. -
Berlin : Henschel 1998
    Einheitssacht.: Between Hitler and Mussolini <dt.>
    ISBN 3-89487-311-6

ISBN 3-89487-311-6
© 1998 by Ray Moseley
© der deutschsprachigen Ausgabe 1998 by Henschel Verlag in der
Dornier Medienholding GmbH, Berlin
Originaltitel: Between Hitler and Mussolini. The Double Life of Count Ciano

Covergestaltung: Morian & Bayer-Eynck, Coesfeld
unter Verwendung der Fotos: Hitler und Mussolini auf der Münchener Konferenz,
29. 9. 1938 (Hintergrundfoto) – Archiv für Kunst und Geschichte, Berlin;
Außenminister Ciano kehrt von einem Berlin-Besuch nach Rom zurück – dpa
Gestaltung und Satz: Typografik & Design – Ingeburg Zoschke
Druck: Wiener Verlag, Himberg
Printed in Austria
Gedruckt auf alterungsbeständigem Papier mit chlorfrei gebleichtem Zellstoff

INHALT

PROLOG 9

1. Kapitel Der Beginn einer glänzenden Karriere 11

2. Kapitel Von Shanghai nach Addis Abeba 26

3. Kapitel Der jüngste Außenminister Europas 39

4. Kapitel Die Achse Rom – Berlin 54

5. Kapitel Der Feldzug in Albanien 71

6. Kapitel Das Privatleben gerät in Unordnung 80

7. Kapitel Krieg in Sicht 89

8. Kapitel Kraftprobe mit den Deutschen 100

9. Kapitel Bruch mit Mussolini 114

10. Kapitel In Bewunderung für Hitler 130

11. Kapitel Fiasko in Griechenland 139

12. Kapitel Im Schlepptau der Deutschen 151

13. Kapitel Das Blatt wendet sich 164

14. Kapitel Ciano wird entlassen 180

15. Kapitel Der Sturz Mussolinis 193

16. Kapitel In den Händen der Deutschen 202

17. Kapitel In Haft 221

18. Kapitel Das Warten auf den Prozeß 231

19. Kapitel Der Wettlauf um die Tagebücher beginnt . . . 242

5

20. Kapitel Prozeß und Hinrichtung 256

21. Kapitel Edda und das Schicksal der Tagebücher 273

EPILOG 288

Danksagung 295

Anmerkungen 297

Bibliographie 309

Namenregister 313

Für Jennifer

Graf Galeazzo Ciano (18. März 1903 – 11. Januar 1944)

PROLOG

Samstag, 8. Januar 1944: Eine Bäuerin und zwei Männer steigen in einem kleinen Hotel in Viggiù ab, einem Dorf zwischen Comer und Luganer See am Fuße der Alpen. Die Frau, die offensichtlich hochschwanger ist, trägt sich unter falschem Namen als Emilia Santos ins Gästebuch ein und gibt als Heimatadresse Rom an. Auch die Männer unterschreiben mit Decknamen. Es ist Krieg, diese Leute sind auf der Flucht, und sie haben keine andere Wahl. Der Frau sieht man die Erschöpfung und den Kummer an. Sie ist nervlich am Ende, kann sich kaum mehr auf den Beinen halten. Weiter im Süden der Halbinsel kämpfen deutsche und faschistische Truppen verzweifelt gegen den Vormarsch der Alliierten. Der Krieg wird noch mehr als ein Jahr weitergehen, aber die einundzwanzigjährige Diktatur Mussolinis gehört bereits der Geschichte an. Der Duce, vor sechs Monaten von seinen eigenen Leuten abgesetzt, klammert sich in einer kleinen Villa am Ufer des Gardasees an die Illusion der Macht, aber er ist jetzt nur noch eine Marionette der Deutschen, ein trauriger und gebrochener Mann.

Gestapoagenten durchkämmen Norditalien auf der Suche nach der Frau in Viggiù mit dem Befehl, sie um jeden Preis an der Flucht in die Schweiz zu hindern. Adolf Hitler ist persönlich an ihrer Gefangennahme interessiert, und auch Mussolini will dafür sorgen, daß sie nicht entkommt. Aber in Viggiù weiß das niemand. Die Frau und die beiden Männer essen im Restaurant des Hotels zu Abend und ziehen sich frühzeitig zurück.

Am Sonntagmorgen, die schneebedeckten Berge spiegeln sich im nahen See, begeben sich die Dorfbewohner, eingemummt in ihre Wintermäntel, wie üblich zur Messe. Um halb zwei Uhr

9

nachmittags verlassen die wie eine Bäuerin aussehende Frau und einer der Männer, groß, hager und in militärischer Haltung, nach einem frühen Mittagessen das Hotel und machen sich zu Fuß auf den Weg in Richtung Grenze.

Die Frau trägt in ihrer Manteltasche einen Revolver, den sie, wenn sie aufgehalten wird, gegen Nazis oder Faschisten oder, im Falle einer Gefangennahme, gegen sich selbst zu richten gedenkt. Um halb sechs, als sich die Dunkelheit auf das Dorf senkt, kehrt der Mann allein nach Viggiù zurück. Kurz darauf fahren er und sein männlicher Begleiter im Auto weg. Sie sind müde, aber erleichtert. Die Frau ist sicher auf Schweizer Boden.

Am gleichen Nachmittag beginnen in Verona, der Stadt Romeos und Julias, die Plädoyers der Verteidigung in einem aufsehenerregenden Prozeß. Die Anklage lautet auf Landesverrat.

Die Frau auf der Flucht ist Gräfin Edda Ciano, die Lieblingstochter des Duce. Unter dem ausladenden bäuerlichen Gewand, das ihr einstiger Liebhaber und nunmehriger Begleiter Emilio Pucci für sie angefertigt hat, verbirgt sich nicht etwa der Bauch einer Schwangeren, sondern ein Bündel von Dokumenten, die nach dem Willen der Achsenmächte unter keinen Umständen den Alliierten in die Hände fallen dürfen.

Der Hauptangeklagte, der in Verona vor Gericht steht, ist Graf Galeazzo Ciano, Eddas Ehemann und vormaliger Außenminister Mussolinis. Er ist der Verfasser der Dokumente, die sie bei sich trägt und die ihr die einzige Möglichkeit bieten, sein Leben zu retten. Es handelt sich um fünf Bände Tagebücher, die Ciano in den Jahren 1939 bis 1943 geschrieben hat und die brisante Details über das deutsch-italienische Verhältnis enthalten.

Edda weiß das und wird ihrem Vater und den Nazis ein Ultimatum stellen: Entweder Ciano wird sofort freigelassen, oder sie übergibt die Tagebücher den Alliierten.

1. KAPITEL

Der Beginn einer glänzenden Karriere

Graf Galeazzo Ciano nimmt in der Geschichte des italienischen Faschismus eine besondere Stellung ein. In seiner Eigenschaft als Außenminister war er während der entscheidenden Jahre vor Ausbruch des Zweiten Weltkriegs und dann bis 1943 der Hauptkomplize Mussolinis, der Kronprinz des Regimes und der wichtigste Verbindungsmann des Duce zu Hitler und Joachim von Ribbentrop. Von Mussolini abgesehen, spielte kein anderer Italiener eine größere Rolle bei der innigen Verbrüderung Italiens mit Nazideutschland. Aber am Ende stand Ciano abseits und brach mit dem Mann, den er geradezu angebetet hatte.

Im August 1939 bemühte sich Ciano verzweifelt, Italien aus dem Krieg herauszuhalten und vor den katastrophalen Folgen zu bewahren, die er selbst mitverursacht hatte. Er konnte den Krieg nicht aufhalten, und sein Einfluß auf den weiteren Gang der Ereignisse war unerheblich. Aber in mancherlei Hinsicht prägte er den Verlauf der Geschichte – und wurde schließlich zum meistgehaßten Mann Italiens.

Cianos auffälligstes Wesensmerkmal war ein völliger Mangel an Beständigkeit. Trotz all seiner charakterlichen Schwächen, und deren gab es viele, besaß er durchaus vortreffliche Eigenschaften. Er war intelligenter, als viele seiner Feinde glauben wollten, und er war ein warmherziger Mensch mit Charme und Sinn für Humor, wodurch er nicht nur weibliche Verehrerinnen in seinen Bann zog, sondern auch gegnerische Diplomaten, die mit ihm zu tun hatten, für sich einnahm.

Zugleich jedoch war Ciano ungeheuer eitel, arrogant und leichtfertig und konnte gegenüber unbedeutenderen Diplomaten und Leuten, die ihm unwichtig schienen, anmaßend und unwahr-

11

scheinlich grob werden. Zweifellos hatten ihn die beruflichen Erfolge, die ihm allzu früh in den Schoß gefallen waren, verdorben. Im Grunde war er ein Karrierist, ohne feste Prinzipien oder moralische Richtschnur, überzeugt nur von sich selbst. Doch wie immer es auch um seine persönlichen Verdienste oder Fehler bestellt gewesen sein mag, Ciano wird danach beurteilt werden, wie er sich in der zentralen Tragödie des 20. Jahrhunderts politisch verhalten hat. Und hier muß er sich mit den Übeltätern vergleichen lassen, die er anfangs bewunderte und gegen die er sich dann später wandte. Daß er manche ihrer schlimmsten Eigenschaften mit ihnen teilte, hätte er wohl niemals freiwillig zugegeben. Das Verwunderliche daran ist, daß er sie an einem Hitler oder an einem Ribbentrop indigniert wahrnehmen konnte und dennoch seine eigenen Defizite nicht zu erkennen vermochte. Aus heutiger Sicht ist er zweifellos ein Hauptbeteiligter an einem verbrecherischen Unternehmen der schlimmsten Art.

Das Drama, das in der Flucht Edda Cianos in die Schweiz 1944 kulminierte, begann vierzehn Jahre zuvor im Grunde ziemlich unspektakulär. Edda war damals neunzehn, und Graf Galeazzo Ciano, ein kurz zuvor von einer Dienstreise durch China heimgekehrter junger Diplomat, war acht Jahre älter. Sie hatten sich am 30. Januar 1930 auf einer Party kennengelernt und schnell ineinander verliebt. Gut zwei Wochen nach dieser ersten Begegnung ging Ciano mit Edda ins Kino und machte ihr dort, während die Bilder über die Leinwand flimmerten, einen Heiratsantrag. Nur einen Augenblick zögerte Edda und entgegnete dann mit der für sie typischen Nonchalance: »Warum nicht?« Gleich darauf eilte sie nach Hause. »Papa«, sagte sie, »ich habe mich heute abend mit Galeazzo Ciano verlobt.« Mussolini, der sich gerade für einen Empfang umzog, starrte sie ungläubig an, stürmte dann, seine Hose in der Hand, durchs Haus und rief: »Rachele, Rachele, Edda hat sich verlobt! Diesmal ist es ernst. Und mit dem jungen Mann bin ich durchaus einverstanden!«[1]

In einem Brief an ihre Cousine schrieb Edda, die Liebe zu Galeazzo habe sie wie ein Blitz getroffen: »Mein Schicksal ist nun entschieden und hätte, offen gesagt, nicht besser entschieden werden können.«[2] Ciano diente damals in der italienischen Botschaft beim Heiligen Stuhl, und als er seinen Kollegen die Neuigkeit eröffnete, bemerkte einer von ihnen:»Damit hast du ausgesorgt.«[3]

Die Romanze dürfte bei Mussolini kaum Überraschung ausgelöst haben, war er doch in einem gewissen Sinne selbst der Kuppler. Die eigenwillige und dickköpfige Edda hatte ihren Eltern seit einer Weile schon einige Sorgen bereitet. Wegen ihrer ungestümen Art wurde sie in der Familie das »wilde Fohlen« genannt, und da sie eine ausgesprochene Vorliebe für Männer vom Typ des *latin lover* hatte, konnten ihre Eltern nie sicher sein, ob sie sich nicht einmal in eine unglückliche, möglicherweise sogar skandalträchtige Ehe stürzte.

Vergebens bemühte sich ihre Tante Edvige Mancini, eine geeignete Heirat für sie einzufädeln. So faßte sie unter anderen Pier Francesco Orsi Mangelli ins Auge, den siebenundzwanzigjährigen Sohn einer hochangesehenen Familie aus Forli. Edda war von dem jungen Mann weniger beeindruckt und nahm sich, während Mangelli in Belgien seine Ausbildung beendete, einen neuen Freund, den Sohn eines jüdischen Armeeobersten. Mussolini war entsetzt und ließ Edda durch seine Schwester wissen, daß sich über eine Ehe zwischen der Tochter des Duce und einem Juden alle Welt den Mund zerreißen werde. Im übrigen, so bemerkte er, gingen neunzig Prozent solcher Mischehen schief. Er hoffte, daß Edvige seiner Tochter diese Idee würde ausreden können, und zeigte sich fest entschlossen, unter keinen Umständen seine Einwilligung zu geben. Dann schickte er seinen Bruder Arnaldo zu den Eltern des jungen Mannes, um ihnen dies mitzuteilen. Sie waren indigniert und erklärten Arnaldo, daß sie als gläubige Juden ohnehin niemals in eine Ehe ihres Sohnes mit Edda eingewilligt hätten.

Damit war die Sache beendet. Widerwillig gab Edda ihren Freund auf und reiste mit Mangelli und dessen Eltern nach Spanien. Man hoffte, sie würden sich auf der Reise näherkommen und sich ineinander verlieben. Aber Mangelli beging den Fehler,

Benito Mussolini mit seiner Tochter Edda, 1927

seinen zukünftigen Schwiegervater nach der Mitgift Eddas zu fragen, worüber Mussolini derart in Wut geriet, daß er seiner Tochter befahl, die Verlobung zu lösen. Zehn Tage später lernte sie dann Galeazzo kennen. Er war der Sohn des Admirals Costanzo Ciano, eines führenden Mitglieds der faschistischen Partei und Kriegshelden, den Mussolini in einem nicht veröffentlichten Dokument zu seinem Nachfolger bestimmt hatte, für den Fall, daß er plötzlich sterben sollte. Gian Galeazzo Ciano wurde am 18. März 1903 in der toskanischen Hafenstadt Livorno geboren, seine Schwester Maria kam drei Jahre nach ihm zur Welt. Costanzo hatte wie sein Vater die Marinelaufbahn eingeschlagen und als junger Mann die Schule für Fernmeldewesen und Rundfunktechnik in La Spezia besucht, wo er Freundschaft mit Guglielmo Marconi, dem Erfinder des Radios, geschlossen hatte. Er zeichnete sich durch Ehrgeiz und Mut aus und ließ in der Erziehung seiner Kinder Strenge walten, was ihn jedoch nicht davon abhielt, korrupt zu sein.

Galeazzo bewunderte und verehrte seinen Vater und litt unter dessen häufigen Dienstreisen. »Wenn er ihn gehen sah ... füllten sich seine Augen mit Tränen, und manchmal warf er sich auf den Boden und weinte herzzerreißend«, erinnerte sich seine Mutter Carolina in späteren Jahren.[4] Edda schilderte ihren Schwiegervater als eine Art Zuchtmeister, »der mehr an die Überzeugungskraft einer Tracht Prügel glaubte als an die Wirksamkeit einer Moralpredigt«.[5] Sein Sohn mußte einen Matrosenanzug tragen, den er ihm aus einer seiner ausrangierten Uniformen schneidern ließ, und eine Matrosenmütze statt des bei seinen Schulkameraden üblichen Strohhuts. Als einer von Galeazzos Freunden einmal nach dem Grund für diese merkwürdige Kluft fragte, erwiderte Costanzo: »Damit er dich und die anderen nicht ins Bordell begleiten kann.«[6]

Für seine Heldentaten gegen die österreichische Marine im Ersten Weltkrieg wurde Costanzo mit vier Verdienstorden in Silber ausgezeichnet, und später überreichte ihm Mussolini eine Verdienstmedaille in Gold. In Anerkennung seiner militärischen Leistungen ernannte ihn König Viktor Emanuel III. 1925 zum

Grafen von Cortellazzo. Zur selben Zeit wurden viele andere Offiziere in den Adelsstand erhoben, da Mussolini den König von der Notwendigkeit überzeugt hatte, eine neue, den faschistischen Idealen verpflichtete Adelsschicht zu schaffen.

Unmittelbar nach dem Ersten Weltkrieg wurde Costanzo von Giovanni Agnelli, dem Großvater des späteren Fiat-Chefs gleichen Namens, zum Direktor der Schiffahrtsgesellschaft »Il Mare« ernannt, woraufhin die Familie nach Genua übersiedelte. 1919 kandidierte er erfolglos für die rechtsgerichtete Demokratische Union, schloß sich dann den Faschisten an und zog im Frühjahr 1921 als einer von dreiunddreißig faschistischen Abgeordneten ins italienische Parlament ein. Er gab seinen Chefposten bei »Il Mare« auf und ging mit seiner Familie nach Rom, um sich forthin gänzlich der Politik zu widmen.

Als Mussolini 1922 an die Macht kam, ernannte er Costanzo zum Unterstaatssekretär im Marineministerium und zum Bevollmächtigten der Handelsmarine. 1923 wurde er Mitglied des Großen Faschistischen Rates, des wichtigsten politischen Gremiums im Lande, 1924 Minister für das Post- und Fernmeldewesen und zwei Monate später Verkehrsminister, dem die Eisenbahnen, die Handelsmarine, die Autoindustrie und die Straßenbahnen unterstanden.

Costanzo und sein Bruder Arturo, der für ihn im Verkehrsministerium arbeitete, häuften auf fragwürdige Weise Vermögen und Landbesitz an. Sie wurden reich.

In der Schule war Galeazzo ein Musterschüler, schüchtern und lernbegierig. Dennoch, so erinnerte sich sein Schulfreund Tito Torelli, wurde er manchmal bestraft, weil man ihn des Abschreibens verdächtigte; in Wirklichkeit jedoch habe er seine Mitschüler bei sich abschreiben lassen, »da er uns allen in den meisten Fächern überlegen war«.[7] Er verlor allerdings leicht die Beherrschung und wurde einmal von der Schule verwiesen, weil er nach einem Lehrer ein Tintenfaß geworfen hatte. Der alte Ciano wollte nicht, daß sich Galeazzo politisch engagierte, und verbot deshalb den Freunden seines Sohnes, ihn zu faschistischen

Versammlungen mitzunehmen. »Ich schlage euch grün und blau, wenn ich euch dabei erwische«, soll er gesagt haben. Bei seinen Abschlußprüfungen am humanistischen Gymnasium erzielte Galeazzo landesweit das zweitbeste Zeugnis seines Jahrgangs. Seine Schwester Maria, an der er sehr hing, litt an Magersucht. Im November 1930 heiratete sie den italienischen Diplomaten Graf Massimo Magistrati, wurde aber am Tag vor der Hochzeit von einer solchen Panik vor der Ehe erfaßt, daß sie hohes Fieber bekam. Ein Jahr darauf beklagte sich Magistrati bei Costanzo, daß die Ehe noch immer nicht vollzogen sei. Maria starb mit dreiunddreißig Jahren an Lungentuberkulose; da wog sie nur noch dreiundachtzig Pfund.

Nach dem Abitur schrieb sich Galeazzo an der juristischen Fakultät der Universität Rom ein, doch seine Interessen lagen anderswo. Er gehörte einer Gruppe junger Männer an, die sich »die Schakale« nannten, weil sie sich einen Spaß daraus machten, ins Theater zu gehen und die Vorstellungen auszubuhen.

In etlichen Nachschlagewerken heißt es, der junge Ciano habe am Marsch auf Rom teilgenommen, aber das ist ein Märchen und Teil seiner Selbststilisierung. Als Student interessierte er sich nicht für den Faschismus. Zehn Jahre später, nachdem sein Schicksal eine andere Wendung genommen hatte, datierte er seine Parteimitgliedschaft auf den Mai 1921 zurück, was bedeuten würde, daß er ein Jahr vor seinem Vater der faschistischen Partei beigetreten wäre, und trug sich als Mitglied der Florentiner Gruppe »Disperata« ein, die an dem Marsch teilgenommen hatte.

Bereits während seiner Studentenjahre begann Ciano für die römische Zeitung *Il Paese* aus dem Parlament zu berichten; danach arbeitete er für Giovanni Amendolas *Il Mondo*, ohne sich offenbar an der politische Tendenz dieses sozialistischen Blattes zu stören. Als die Faschisten an die Macht kamen, wurde er stellvertretender Theaterkritiker des regierungstreuen *Nuovo Paese* und schrieb dann für den erzfaschistischen *L'Impero*. Laut Sarazani war Ciano »als Journalist unteres Mittelmaß«,[8] gleichwohl versuchte er sich an erzählerischer Prosa und schrieb sechs Kurzgeschichten, die zwischen 1923 und 1925 in *Nuovo Paese* und *L'Impero* erschienen und alle vom Tod handelten. Am liebsten freilich wäre er Dramatiker geworden, doch als zwei Theaterstücke, die er zur Aufführung hatte bringen können, kläglich durchfielen, begrub er diese Ambitionen.

Nach dem 1925 erfolgreich abgeschlossenen Studium bemühte sich Ciano auf Zureden seines Vaters um die diplomatische Laufbahn. Das Außenministerium hatte fünfunddreißig Stellen zu vergeben, um die sich sechshundert Personen bewarben, darunter auch Filippo Anfuso, ein sizilianischer Dichter und Kriegsberichterstatter, der später Cianos wichtigster Mitarbeiter und schließlich Mussolinis letzter Botschafter in Nazideutschland wurde. Er bestand die Aufnahmeprüfung als Bester, Ciano als siebenundzwanzigster.

Dem frischgebackenen Diplomaten Ciano stand zunächst nur sein Schulfranzösisch zu Gebote, das er jedoch später vervollkommnete; überdies eignete er sich ausgezeichnete Englisch- und ziemlich gute Spanischkenntnisse an. Bereits nach kurzer Zeit schickte ihn das Außenministerium als Vizekonsul nach Rio de Janeiro, wo er sich mit einer italoamerikanischen Millionärstochter einließ. Der Vater des Mädchens fürchtete, es mit einem Mitgiftjäger zu tun zu haben, und zog deshalb beim italienischen Botschafter Giulio Cesare Montagna Erkundigungen über Ciano ein. Montagna erklärte ihm, daß es sich um den Sohn eines Squadrista und einen Grafen handele, der es bestimmt noch weit bringen werde. Doch zunächst blamierte sich Ciano fürchterlich, als er bei einem Empfang in Rio einem Brasilianer, den er irrtümlicherweise des Italienischen für nicht mächtig hielt, lächelnd ins Gesicht sagte: »Und dir wünsche ich alles Gute, du alter Arschkriecher.«[9] Daraufhin wurde Ciano als zweiter Botschaftssekretär nach Buenos Aires versetzt.

In Buenos Aires freundete er sich mit der Schriftstellerin Maria Rosa Oliver an, die später Kommunistin werden und in den fünfziger Jahren den Lenin-Orden erhalten sollte. Sie fragte ihn, ob er ein zweiter Mussolini werden wolle, worauf er entgegnete: »Warum sich Grenzen setzen?« Damals sei Ciano, so erinnerte sie sich später, kein Freund der Deutschen gewesen und habe einmal sogar gedroht, einen Sekretär der deutschen Botschaft zu verprügeln.

Er war heilfroh, als man ihn aus Buenos Aires abberief, nicht zuletzt deshalb, weil er auf diese Weise eine aufdringliche Spanierin loswurde, die seinetwegen ihren Mann zu verlassen drohte. Im Mai 1927 wurde er als Legationssekretär nach Peking geschickt, wo er mit einer zweiunddreißigjährigen Amerikanerin, der Frau eines Marineoffiziers, eine Affäre hatte. Freunden Cianos zufolge war dieser Offizier Alkoholiker und schlug seine Frau. Sie wurde von Ciano schwanger, ließ eine Abtreibung vornehmen und konnte daraufhin keine Kinder mehr bekommen. Später behaupteten einige italienische Zeitungen, es habe sich um Wallis Warfield Spencer, die spätere Wallis Warfield Simpson, gehandelt, die Frau also, derentwegen König Edward VIII. 1936 auf den Thron verzichtete.

Eine zufällige Übereinstimmung zwischen dem, was von Wallis Warfield Spencer bekannt ist, und den Berichten über Cianos angebliche Affäre mit ihr gibt es immerhin. Sie war mit dem amerikanischen Marineoffizier Winfield Spencer verheiratet, der in den dreißiger Jahren nach China abkommandiert wurde, wohin sie ihm folgte, obwohl sie sich eigentlich von ihm hatte scheiden lassen wollen, denn er war Alkoholiker und hatte sie des öfteren am Bett festgebunden, ehe er seine nächtliche Kneipentour antrat. In China kam es dann zu einer kurzzeitigen Aussöhnung und wenig später zum endgültigen Bruch. Hierauf verbrachte Wallis einige Monate in Shanghai und Peking,[10] wo damals auch Ciano lebte. Wallis ließ sich von Spencer scheiden und heiratete nach ihrer Rückkehr nach New York den Schiffsmakler Aldrich Simpson. Später übersiedelten sie nach London, wo dann ihre Affäre mit dem Prinzen von Wales begann.

Ciano war zwei Jahre in China gewesen, als er nach Rom zurückbeordert wurde. Auf der Suche nach einem passenden Ehemann für seine Nichte hatte Mussolinis Bruder Arnaldo einen sizilianischen Politiker angesprochen, der meinte, Galeazzo sei der ideale

Kandidat. Arnaldo unterbreitete die Angelegenheit Mussolini, der begeistert war und dem Außenministerium befahl, Ciano zurückzubeordern.

Edda lernte Galeazzo kennen, als sie dessen Schwester scheinbar zufällig zu einem Empfang begleitete. Mit seinem dunklen, nach damaliger Mode straff zurückgekämmten und mit Brillantine in Form gehaltenen Haar erschien er Edda gutaussehend. Bei ihrer Begegnung sagte sie leicht schnippisch: »Es heißt, Sie seien sehr intelligent.« Galeazzo lächelte nur. Beide hatte es erwischt. Sie tanzten den ganzen Abend miteinander und vereinbarten beim Abschied, sich bald wiederzusehen.[11]

Und sie sahen sich nun häufig, entweder allein oder in Gegenwart von Maria Ciano. Eddas ältester Bruder entsinnt sich, daß seine Schwester nun öfter ausging. »Zu Hause wirkte sie glücklicher als sonst, hörte stundenlang Schallplatten, mit einem Wort: sie zeigte alle Merkmale eines verliebten jungen Mädchens.« Auch Tante Edvige, die glücklose Eheanbahnerin, stellte an ihr eine Wesensänderung fest: »Ihre übliche Art, vielleicht ein bißchen exhibitionistisch, spaßhaft und unbekümmert, wich einer rückhaltlosen Herzlichkeit, einer recht eigentlich romantischen Gefühlsregung.«[12]

Costanzo ahnte nichts von der immer heftiger werdenden Romanze und war durchaus nicht angetan, als ihn der Polizeichef von Rom darauf aufmerksam machte, daß die Polizei dem Duce über die Rendezvous des jungen Paares Bericht erstatten müsse. Costanzo stellte seinen Sohn und verlangte eine Erklärung. Galeazzo lachte. Er hatte sich eben mit Edda verlobt.

Edda war die Erstgeborene und das Lieblingskind Mussolinis, was auf die Ähnlichkeiten zwischen beiden zurückzuführen sein mag. Edda war ihrem Vater nicht nur wie aus dem Gesicht geschnitten, sie hatte auch seinen Dickkopf und konnte alle in ihrer Umgebung mit ihren stechenden, hypnotisierenden Augen einschüchtern und bannen. Mussolini schrieb in seinen Erinnerungen, daß sie ihm als kleines Kind einmal zwei Ohrfeigen verpaßte, weil sie ihre Medizin nicht einnehmen wollte.

Von gesellschaftlichen Zwängen ließ sich Edda nie beirren, im Gegenteil, sie forderte die Konvention geradezu heraus. Als eine der ersten Frauen in Italien fuhr sie Auto und trug Hosen, und während andere Mädchen am Strand noch immer ihre Beine schamhaft bedeckten, posierte sie in knappen Badeanzügen. Gern führte sie lockere Reden, spielte Poker, trank Whisky und Gin und schockierte ihren Vater damit, daß sie rauchte. Sie erinnert sich:»Trotz all seiner antibürgerlichen Ansichten war Papa in gewissen Dingen angepaßter als ein Oberst im Ruhestand. So verbot er mir zum Beispiel, die Lippen zu schminken … Auch wollte er nicht, daß ich rauche. Einmal, während eines Empfangs im Palazzo Venezia, sah ich ihn plötzlich mit ausgestrecktem Zeigefinger auf mich zutreten, den drohenden Blick auf die Zigarette gerichtet, die ich mir gerade angezündet hatte. ›Du rauchst …‹, rief er, völlig verblüfft, als traue er seinen Augen nicht. ›Ja‹, erwiderte ich ganz gelassen, ›es überkam mich das Verlangen.‹«[13]

Eddas Bruder Romano, ein in Italien berühmter Jazzmusiker, erinnerte sich 1996 in einem Gespräch, das ich mit ihm in einem verdunkelten römischen Nachtklub führte, wo er sich auf einen Auftritt vorbereitete, voll Liebe an seine ältere Schwester:»Sie war eine sehr gebildete Frau, eine Aristokratin, hineingeboren in eine Familie von Bauern … Sie las Bücher und amerikanische und französische Magazine, hatte gute Tischmanieren und sprach Englisch und Französisch, während wir noch immer nur unser Romagnolo [Dialekt der Provinz Emilia-Romagna, aus der die Mussolinis stammten] sprachen. Sie hatte Freunde im Adel. Und sie war eine couragierte Frau. Ich habe Edda immer sehr gemocht.«[14]

Edda wurde in den frühen Morgenstunden des 1. September 1910 in Forlì geboren, wo ihre Eltern in bedrückender Armut und wilder Ehe lebten. Ihr Vater nannte sie deshalb »Kind des Elends«. Getauft wurde sie auf die Namen Edda Rosa Edvige, Rosa nach Mussolinis Mutter und Edvige nach seiner Schwester. Den ungewöhnlichen Namen Edda verdankte sie Mussolinis Liebe zum Theater. In Mailand hatte er einmal eine Aufführung von Ibsens *Hedda Gabler* gesehen und war von der Hauptfigur so hingerissen, daß er beschloß, eine seiner Töchter nach ihr zu benennen. Bis zu Eddas Tod mutmaßten viele Italiener und besonders politische Gegner ihres Vaters, daß sie in Wirklichkeit nicht die Tochter Racheles, sondern der russisch-jüdischen Emigrantin Angelica Balabanoff sei, die Mussolini in Genf kennengelernt hatte und die später mit ihm an seiner Zeitung *Il Popolo d'Italia* arbeitete. Mussolini hatte bei Eddas Geburt nur sich als Vater eingetragen und hinzugefügt, die Mutter sei nicht bekannt, da er und Rachele damals noch nicht verheiratet waren und tatsächlich erst vier Jahre später ihr Verhältnis legalisieren sollten. Nach italienischem Recht konnte unter solchen Umständen nur der Name des Vaters angegeben werden.

Nach seiner Machtübernahme steckte er Edda in das Florentiner Internat Poggio Imperiale, eine der exklusivsten Privatschulen Italiens, die von den Töchtern des europäischen Hochadels ebenso besucht wurde wie vom weiblichen Nachwuchs reicher Amerikaner und Engländer. Edda hatte nur wenige Freundinnen dort und erwies sich als so schwer zu bändigen, daß der Schulleiter Mussolini nahelegte, seine Tochter von der Schule zu nehmen. Ein Jahr aber brachte sie immerhin zu Ende und erwarb zumindest jenen Schliff, den später viele als ihr aristokratisches Gehabe kritisierten.

Am 15. Februar 1930 begab sich Ciano in die Villa Torlonia, die Residenz der Mussolinis, um offiziell um Eddas Hand anzuhalten. Mussolini empfing ihn in seinem Arbeitszimmer. Galeazzo, der einen grauen Anzug und weiße Handschuhe trug, wurde hineingeführt, während Mussolini das Gesicht in Akten vergraben hatte. Er blickte auf und tat so, als habe er Galeazzos Kommen noch gar nicht bemerkt. Etliche Minuten verbrachten die beiden Männer hinter verschlossenen Türen, dann rief Mussolini Edda und ihre Mutter, die in dem kleinen Vorzimmer gewartet hatten, und teilte ihnen mit, daß er der Heirat zustimme. Galeazzo zog eine kleine Schmuckschatulle aus der Tasche, entnahm ihr einen Ring und steckte ihn Edda an den Finger. Rachele umarmte den zukünftigen Schwiegersohn und sagte zu Eddas Entsetzen:»Sie müssen

Hochzeitsfoto, 24. April 1930

wissen, Edda kann gar nichts. Sie kann nicht nähen, weiß nicht einmal, wie man ein Ei kocht oder einen Haushalt führt. Von ihrem Charakter will ich gar nicht erst reden. Aber ich bin ihre Mutter und wollte Sie gewarnt haben.«[15] Im Treppenhaus, als er ging, tauschten Galeazzo und Edda ihren ersten richtigen Kuß. Später ließ sie ihm von einem Mitglied der italienischen Geheimpolizei einen Ring überbringen, den sie in einen Briefumschlag gesteckt hatte. Galeazzo bestätigte den Erhalt des Rings und schrieb: »Ich habe Dir alles mögliche zugetraut, aber Du schaffst es immer wieder, mich zu überraschen. Daß Du mir einen Ring durch einen Polizisten schickst, entbehrt nicht der Originalität.«[16]

Am 24. April wurden sie in der nahe gelegenen Kirche San Giuseppe getraut. Anschließend fuhren sie zum Petersdom, um wie alle Jungvermählten in Rom den Fuß der Bronzestatue des Heiligen Petrus im Inneren der Basilika zu küssen und so für die künftige Ehe den himmlischen Segen zu erbitten. Nur Mussolini beteiligte sich nicht an dem Ritual. Am frühen Abend setzte sich Edda ans Steuer ihres Alfa Romeo und fuhr mit Galeazzo nach Neapel, wo sie ein Schiff nach Capri nehmen wollten, um dort ihre Flitterwochen zu verbringen. Mussolini, dem plötzlich bewußt wurde, daß er seine Lieblingstochter an einen anderen Mann verloren hatte, sprang in seinen Wagen und nahm mit Rachele an seiner Seite die Verfolgung auf, eskortiert von mehreren Polizeifahrzeugen. Nach etwa zwanzig Kilometern entdeckte Edda im Rückspiegel den Wagen ihres Vaters und fuhr an den Straßenrand.

»Wo willst du denn hin, Papa?« fragte sie, als er neben ihr anhielt. »Es ist doch albern, uns nachzufahren.«

»Ich wollte euch bloß ein Stück begleiten«, entgegnete er kleinlaut.

»Findest du das klug? Du und Mama, ihr habt jede Menge Staub geschluckt. Wie dem auch sei, wir müssen uns nun trennen. Bitte fahr wieder nach Hause und mach dir keine Sorgen. Galeazzo und ich rufen euch sofort an, wenn wir in Neapel sind, das verspreche ich dir.«[17]

In der Hochzeitssuite des Hotels Quisisana auf Capri befiel Edda, wie eine viktorianische Braut, eine nervöse Panik.»Ich brachte keinen Bissen hinunter, so gelähmt war ich, aber ich bestellte immer neue Gerichte, um den maître so lange wie möglich auf Distanz zu halten«, schrieb sie in ihren Erinnerungen.»Zum ersten Mal in meinem Leben war ich allein am Tisch mit einem Mann.«[18] Nach dem Abendessen rannte sie ins Badezimmer und verschloß die Tür hinter sich.»Wenn du mir nahe kommst, springe ich vom Faraglioni ins Meer«, sagte sie unter Hinweis auf den berühmten Felsen vor Capri.

»Das würde ich dir glatt zutrauen«, schrie Galeazzo durch die Tür.»Es fiele mir nicht im Traum ein, dich an etwas zu hindern, was du tun möchtest. Aber wie willst du von hier auf den Felsen klettern, um dann ins Meer zu springen?« Edda trat aus dem Badezimmer, sah erst den Felsen und dann Galeazzo an. Da mußten beide herzlich lachen, und Edda hatte ihre panische Angst überwunden.

2. KAPITEL

Von Shanghai nach
Addis Abeba

Kurz nach den Flitterwochen schifften sich die Cianos nach China ein, wo Galeazzo seine diplomatische Laufbahn fortsetzte, zuerst als Generalkonsul in Shanghai, dann als Geschäftsträger und schließlich als Sondergesandter mit Generalvollmacht in Peking. Er führte den Vorsitz einer Untersuchungskommission des Völkerbundes, die den chinesisch-japanischen Konflikt beilegen sollte. Und er freundete sich mit dem chinesischen Generalissimo Tschiang Kai-shek an, der sich noch Jahre später herzlich seiner erinnerte.

In der Botschaft beim Vatikan, wo er vor der Chinamission tätig gewesen war, hatte sich Ciano nach Aussage seines Vorgesetzten Cesare Maria de Vecchi nicht besonders hervorgetan: »Zuerst machte Galeazzo auf jedermann einen hervorragenden Eindruck. Mir schien, als habe er jene Patina der Oberflächlichkeit abgelegt, die für seinen Charakter typisch war. Schnell merkte ich aber, daß ich etwas voreilig geurteilt hatte, denn nach einem vielversprechenden Anfang wurde er wieder ganz der alte: eitel, geschwätzig, bilderstürmerisch und, offen gestanden, ein Faulenzer.«[1]

In China, wo sie viel Zeit hatte und die Familie mit ihren Zwängen weit weg war, wandte sich Edda dem Glücksspiel zu. Einmal, als sie in Pei Tai-ho viertausend mexikanische Dollar beim Poker verloren hatte, telegrafierte sie Galeazzo in höchster Verzweiflung: »Ich bringe mich um«, woraufhin er zurücktelegrafierte: »Ich habe Dir viertausend Dollar geschickt. Kleine Mädchen lassen die Finger vom Poker und vor allem bringen sie sich nicht um. Das tut man nicht.«[2]

26

Im Shanghai jener Jahre, so der Diplomat Roberto Ducci, gaben sich die Europäer einem *douceur de vivre* hin, das in Europa oder Amerika nicht seinesgleichen hatte. »Wenn das Opium den Abend bestimmte, wurde eine gewisse Promiskuität toleriert und den Beteiligten sogar leicht gemacht«, sagte er und behauptete, daß die Cianos damals anfingen, getrennte Wege zu gehen.[3]

Fabrizio, das erste ihrer drei Kinder, wurde am 1. Oktober 1931 in China geboren. Edda nannte ihn den »kleinen Chink«, aber in der Familie erhielt er den Kosenamen Ciccino. Edda liebte Kosenamen. Aus Galeazzo machte sie »Gallo«, was im Italienischen zufälliger- und sinnigerweise Gockel oder Hahn bedeutet. Er wiederum nannte sie Deda.

Während sich die Cianos in China aufhielten, wurde Hitler zum deutschen Reichskanzler ernannt. Edda reagierte auf die Nachricht begeistert, worauf Ciano erwiderte: »Mein Gott, das ist eine Katastrophe.« In ihren Erinnerungen schrieb Edda später: »Ich fand es ganz normal, daß sich zwei Diktatoren verbündeten. Und dies um so mehr, als Hitler schon bei seiner Machtergreifung 1933 für mich ein echter Held war.« Sie bewunderte vor allem, so bekannte sie noch nach dem Krieg, wie er sich gegenüber den Großmächten behauptete.[4]

Im Juni 1933 kehrten die Cianos nach Italien zurück. Edda war nun mit einer Tochter schwanger, die Raimonda heißen und den Kosenamen Dindina erhalten sollte. Anfangs hatte Edda sich viele Kinder gewünscht, aber nach Fabrizios Geburt entschied sie, daß sie keine weiteren mehr bekommen wollte. Sowohl Raimonda als auch Marzio waren das Ergebnis ungewollter Schwangerschaften, und Edda nannte Raimonda »die Tochter des Versehens«. Eine Zeitlang lebten die Cianos bei Galeazzos Eltern in Rom, aber Edda kam mit ihrer Schwiegermutter Carolina, von der sie insgeheim als von »der Äffin« sprach, auf Dauer nicht zurecht. Mussolini wie auch Costanzo Ciano seien dafür berühmt geworden, daß sie ihren Frauen zu entfliehen suchten, schrieb Edda in ihren Memoiren. Costanzo habe sich lieber den Kanonen ausgesetzt als »den scharfen Vorhaltungen und Sticheleien seiner Frau«.[5] Später zogen Galeazzo und Edda in den vornehmen Stadtteil Parioli um.

Sie kauften sich eine Wohnung mit zwei Etagen. In der unteren quartierten sie ihre Kinder mit der deutschen Gouvernante ein, sie selbst lebten im Stockwerk darüber.

Im Juni 1933 schickte Mussolini seinen Schwiegersohn nach London, wo er mit der italienischen Delegation an einer internationalen Währungskonferenz teilnahm. Danach ernannte ihn der Duce zum Leiter seines Presseamtes, das er im September 1934 zum Staatssekretariat für Presse und Propaganda aufwertete und im Juni des darauffolgenden Jahres schließlich zum Ministerium machte. Ciano, der in fast täglichem Kontakt zu seinem Schwiegervater stand, hatte dafür zu sorgen, daß die streng zensierten italienischen Zeitungen Mussolini in den Himmel hoben, das Regime verherrlichten, feindliche ausländische Regierungen verunglimpften und jede Berichterstattung vermieden, die auf Italien ein schlechtes Licht werfen konnte. Außerdem versuchte er, auf ausländische Korrespondenten einzuwirken, damit sie ein möglichst vorteilhaftes Bild von dem Regime zeichneten.

Trotz seiner anfänglich negativen Reaktion auf Hitlers Ernennung vertrat Ciano damals einen entschieden prodeutschen Standpunkt und übernahm seinen ersten wichtigen Auftrag als Propagandachef mit großer Begeisterung: Bei der ersten Begegnung zwischen Mussolini und Hitler, die am 14. Juni 1934 in Venedig stattfand, war er für die Presseberichterstattung verantwortlich.

Mussolini teilte die Begeisterung seines Schwiegersohns nur in Maßen. Er war mißtrauisch gegenüber dem Emporkömmling Hitler, und dieses Mißtrauen sollte ihn nie ganz verlassen. Für ihn war Deutschland einfach deshalb interessant, weil es ein Gegengewicht zu Frankreich und Großbritannien darstellte. Auch ging er mit Selbstverständlichkeit davon aus, daß er als der ältere Staatsmann, der bereits zwölf Jahre an der Macht war, in der Beziehung zu Hitler die Führungsrolle übernehmen und Italien die dominierende Nation sein würde. Überdies erregten die deutschen Absichten in bezug auf Österreich seinen Argwohn. Nach dem Ersten Weltkrieg war das österreichische Südtirol an Italien gefallen; Mussolini fürchtete, daß der neue deutsche Nationalismus unter der deutschsprachigen Bevölkerung des Alto Adige separatistische Tendenzen wecken könnte.

Dem Duce ging es bei dem Treffen in Venedig hauptsächlich darum, seinen Gast über Österreich auszuhorchen. Hitler, der sich auf eine Unterredung im kleinen, eher privaten Rahmen eingestellt hatte, erschien in Zivil, während Mussolini ihn in funkelnder Paradeuniform empfing und mit einem ausgeklügelten Begrüßungszeremoniell aufwartete, bei dem zweihundert Journalisten aus aller Welt zugegen waren und von Ciano betreut wurden.

Bei der Begegnung wurde rasch deutlich, daß sich an Österreich die Geister schieden, und Ciano sorgte dafür, daß die versammelten Journalisten über den italienischen Standpunkt im Bilde waren. An diesem Abend saß Ciano mit seinem Freund Orio Vergani in der Bar des Danieli und ließ sich bei einem Glas Tomatensaft über die Deutschen aus, und zwar so laut, daß jeder mithören konnte. Hitler, behauptete er, sei ein Irrer. »Er sagt, Europa müsse man überrumpeln, jetzt, wo es in keiner Weise auf einen Krieg vorbereitet ist. Er würde zum Beispiel gern in Frankreich einmarschieren. Wenn wir ihm dabei helfen, glaubt er fest, daß das in vierundzwanzig Stunden zu schaffen ist. Es reiche, wenn wir ihm garantierten, stillzuhalten. Anscheinend verfügt er über ich weiß nicht wie viele Kraftradfahrer mit Maschinengewehren. In weniger als acht Stunden könnten sie die Rheinbrücken passiert haben und ohne vorherige Kriegserklärung in Paris und den größeren Städten Frankreichs sein ... Selbst Mussolini war erstaunt. Er haute mit der Faust auf den Tisch und sagte nein. Hitler hat nur ein Ziel: Krieg und Vergeltung. Für sein Volk ist er eine Art Mohammed mit den Plänen eines Dschingis Khan in petto.«[6]

Die Liebe zwischen Galeazzo und Edda Ciano erkaltete allmählich, und jeder der beiden begann, seine eigenen Wege zu gehen. Sie führten eine offene Ehe und wurden zum Gegenstand der italienischen Skandalpresse. Cianos schweifende Blicke, denen keine weibliche Schönheit entging, seine Angewohnheit, bis spät in die Nacht zu arbeiten, und dann seine Teilnahme am Abessinienkrieg – all das blieb nicht ohne Folgen. Er war von der schönen Welt der italienischen Aristokratie fasziniert und suchte sich seine Geliebten unter Prinzessinnen, Gräfinnen, Marquisen und Baronessen, aber auch für Filmsternchen hatte er eine Schwäche.

Mittelpunkt des gesellschaftlichen Lebens war damals der Palazzo Colonna, wo Prinzessin Isabelle Colonna einen der wichtigsten Salons der italienischen Hauptstadt unterhielt. Sie war syrischer Abstammung, viel älter als Ciano und die Frau des Prinzen Marco Antonio, eines Beamten des Vatikans und Sproß eines der ältesten Adelsgeschlechter Italiens. Des Abends begab sich Ciano gern in den Palazzo Colonna, und zwar allein, ohne Edda, und dort lernte er viele der jungen Aristokratinnen kennen, die in seinem Leben eine Rolle spielen sollten. »In einem der Zimmer des Palastes wurde die jeweilige Tagesfavoritin geweiht«, erinnert sich Roberto Ducci. »Ihre Vorgängerin zog sich seufzend, aber alles in allem klaglos zurück, wußte sie doch, daß derjenigen, die momentan triumphierte, in sechs Monaten oder spätestens einem Jahr das gleiche Schicksal blühte.«[7] Die »Ciano-Witwen«, wie diejenigen genannt wurden, denen er seine Gunst entzogen hatte, trafen sich gewöhnlich zweimal die Woche im Palazzo Colonna, um der verständnisvollen Prinzessin ihr Leid zu klagen.

Susanna Agnelli, 1995/96 italienische Außenministerin, war mit Ciano befreundet und äußerte sich über die zwiespältigen Gefühle, die Ciano bei vielen seiner Bekannten auslöste. »Ciano war das mondäne Abbild der Macht. Da er Golf spielte, fing die römische Gesellschaft an, Golf zu spielen. Um die Mittagszeit versammelten sich alle im Club Acqua Santa und warteten wie Bettler auf das ›Ciao‹ von Galeazzo. Die Frauen benahmen sich mit einem peinlichen Mangel an Würde. Die momentane Favoritin wurde umschmeichelt, beneidet, verabscheut und umworben. Mit Galeazzo eingehängt zu gehen, mit Galeazzo gesehen zu werden, von Galeazzo beschlafen zu werden, das waren die wahren Zeichen des Erfolgs. Auch wenn wir später Freunde wurden, so muß doch gesagt werden, daß Galeazzo bei Gott kein anziehender

Mann war. Das vorgeschobene Doppelkinn, die fettigen, glatten Haare, die kleinen, glänzenden, von einem gelben Hof umgebenen Augen, die kurzen Arme und Beine waren noch nichts, verglichen mit einer scharfen, näselnden Fistelstimme, mit der er sich arrogant an die Umstehenden wandte. Was immer er sagte, alle bogen sich vor Lachen. Ich glaube, er verabscheute sie zutiefst.«[8]

Es war gut, daß die Cianos in einer Etage ihres Hauses wohnten und die Kinder in einer anderen, denn beide Ehepartner neigten zu Jähzorn und stritten sich nun häufig. Edda sagte, Galeazzo sei leicht in Wut geraten und extrem eifersüchtig gewesen, »so daß man gut daran tat, ihn nicht zu provozieren«.[9]

Im Sommer 1934 traf Ciano seine Frau einmal am Strand im Bikini an, was zu jener Zeit als skandalös galt. Er bat Edda, mit ihm in die Umkleidekabine zu gehen, wo er sie streng zurechtwies und ihr zwei Ohrfeigen verpaßte, die so heftig waren, daß ihr der Kopf schwirrte. Dann zwang er sie, auf der Stelle einen »anständigen« Badeanzug anzuziehen.

Über die Seitensprünge ihres Mannes tröstete sich Edda mit häufigen Aufenthalten auf Capri und im Wintersportort Cortina d'Ampezzo hinweg, wo man eine Berghütte nach ihr benannt hatte. In Cortina lernte sie 1934 Emilio Pucci kennen, der ihr Liebhaber werden sollte. Nach dem Krieg erwarb er sich internationalen Ruhm als Modeschöpfer, aber damals war er ein ziemlich verarmter junger Adliger.

Manchmal sah man Edda auch in einem Nachtklub in dem unweit von Cianos Heimatstadt gelegenen Seebad Forte dei Marmi mit verschiedenen Männern engumschlungen tanzen. *Time* berichtete, daß »sie sich mit smarten, aber unbedeutenden jungen Leuten anfreundete, die nicht gerade zu den besten Kreisen Roms gehörten«. Sie hatte eine Vorliebe für athletische junge Männer wie Bergführer und Leibwächter, was den Gerüchten, die über ihre außerehelichen Affären im Land kursierten, neue Nahrung gab. »Edda war keine Hure, wie einige Zeitungen glauben machen möchten«, betonte einer ihrer Freunde im Gespräch mit dem Autor, und ein anderer erklärte: »Sie mochte den Umgang mit Männern. Sie waren ihr lieber als Frauen. Aber das heißt

Galeazzo und Edda Ciano beim Sonnenbad

nicht, daß sie mit allen schlief.« Dennoch hatte sie wohl einige Liebhaber.

In ihrer lässigen Einstellung zu außerehelichen Beziehungen unterschieden sich die Cianos wenig von anderen Mitgliedern der italienischen *high society* jener Zeit. Gräfin Marozia Borromeo d'Adda, eine Freundin der Cianos, wies darauf hin, »daß man sich damals in Italien nicht scheiden lassen konnte. Die Leute hatten eben ihre Flirts und kehrten dann wieder in den Schoß der Familie zurück. Jeder führte sein eigenes Leben, doch die Familie blieb bestehen. Edda hatte viele Flirts und er auch. Aber sie waren nett zueinander und ihren Kindern sehr liebevolle Eltern. Insgesamt gesehen, kamen sie gut miteinander aus.«[10] Flirt steht im Italienischen für Affäre. Laut Ducci, Cianos Mitarbeiter im Außenministerium, der diese Einschätzung teilte, soll Edda einmal gesagt haben:»Es stimmt, ich habe Liebhaber, aber Kinder mache ich nur mit Galeazzo.«[11] Nicht alle großen Damen jener Zeit, so Ducci, konnten das von ihren Kindern behaupten.

Wenn auch zwischen den Cianos nicht mehr die große Liebe bestand, so doch weiterhin ein freundschaftliches Verhältnis. In ihren Erinnerungen geht Edda mit den zahlreichen Kritikern ihres Mannes hart ins Gericht, die behaupteten, er sei ungebildet und gerade mal durchschnittlich intelligent gewesen, und sie habe nur amerikanische Skandalblätter gelesen.»Kurzum, nach ihrer Berichterstattung waren wir das ideale Paar – er geistig minderbemittelt und ich oberflächlich und banal.«[12] Dagegen betont sie Cianos wache Intelligenz, seinen unvergleichlichen Humor, seinen Charme, seine Liebenswürdigkeit im Umgang mit Gästen, seinen Geschmack, seine Belesenheit und sein Talent für Sprachen.»Er war ein Gourmet und eine äußerst elegante Erscheinung«, schrieb sie.»Er wurde in den besten Kreisen Roms hochgeschätzt, und man lud ihn ein, weil er Galeazzo Ciano war, nicht so sehr, weil er der Mann von Mussolinis Tochter war.«[13]

Als Minister für Presse und Propaganda versuchte Ciano, durch seine Kontrolle über die Zeitungen die italienische Öffentlichkeit auf den Abessinienfeldzug vorzubereiten, dem damals Mussolinis vorrangiges Interesse galt. In seiner Jugend hatte der Duce Kolonialkriege als eine Vergeudung nationaler Ressourcen verachtet, dann jedoch 1922 eine Kehrtwendung vollzogen und einen Plan zur Errichtung eines italienischen Protektorats über Abessinien entworfen. Ein italienisches Imperium in Afrika, so glaubte er, könnte als Gegengewicht zu einem mächtiger werdenden Deutschland dienen, dem er mißtraute, und aus diesem Grunde würden italienische Ambitionen von den Briten und Franzosen hingenommen werden. Die Einwände seiner Ministerialbeamten, es fehle Italien an der nötigen Wirtschaftskraft, um seine Kolonien auszudehnen, stießen bei ihm auf taube Ohren. Spätestens 1932 waren Kriegsvorbereitungen im Gange, noch während Mussolini anderen Ländern zu versichern suchte, daß Italien keine aggressiven Absichten hege.

Als dann Ende 1935 der Krieg näher rückte, reihten sich Mussolinis Sohn Vittorio und sein Neffe Vito, der Sohn seines verstorbenen Bruders Arnaldo, unter die Kriegsfreiwilligen ein. Sogar der jüngste Sohn des Duce, der siebzehnjährige Bruno, wurde von der Schule genommen und absolvierte einen Schnellkursus für Piloten. Unter diesen Umständen drängte auch Ciano zu einem freiwilligen Kriegseinsatz. An Kriegsbegeisterung mangelte es ihm nicht, bot sich doch nun eine Gelegenheit, es seinem Vater an Heldenmut gleichzutun. So trat er im Rang eines Hauptmanns in die Luftwaffe ein und fuhr mit dem Schiff nach Afrika. In Asmara übernahm er das Kommando der 5. Bomberbrigade, obwohl ihn seine Fluglehrer als mittelmäßigen Piloten einstuften. Seine Einheit führte den Namen La Disperata nach der Florentiner Faschistengruppe.

Am 2. Oktober 1935 um 16 Uhr wurde in Italien mit Glockengeläut und Sirenengeheul der Krieg erklärt. Es sollte einer der brutalsten Konflikte dieses an brutalen Kriegen reichen Jahrhunderts werden, ein Krieg, in dem die Italiener wahllos und willkürlich äthiopische Zivilisten bombardierten und Tausende mit Giftgas töteten. Kaum war der Krieg erklärt, rief Ciano seine 37 Mann zusammen und eröffnete ihnen, daß ihre Flugzeuge die ersten seien, die im Morgengrauen des nächsten Tages in feindliches Territorium eindringen würden.

Galeazzo Ciano, Vittorio und Bruno Mussolini nahmen am ersten Angriff teil, der sich auf die Stadt Adwa richtete. Als er über die Stadt flog, gab Ciano seinem Freund Alessandro Pavolini, der für den Mailänder *Corriere della sera* als Cianos »persönlicher Korrespondent« mit nach Afrika gekommen war, ein Zeichen, und Pavolini klinkte die erste Bombe über Äthiopien aus. Vittorio Mussolini schrieb später, es sei »sehr amüsant« gewesen, Bomben in Gruppen von Äthiopiern fallen zu sehen.

Die langsamen dreimotorigen italienischen Bomber boten dem Feind ein gutes Ziel, aber Ciano wollte möglichst tief fliegen, damit die Bomben und Maschinengewehrsalven ihre Ziele nicht ver-

Ciano als Leiter des Pressebüros von Mussolini, 1934

fehlten. Am 14. Oktober, der Krieg dauerte noch keine zwei Wochen, wurde einer seiner Motoren von einer Salve getroffen, und Ciano gelang es nur mit Mühe, nach Asmara zurückzukommen. Vier Tage später wurde einer seiner Treibstofftanks von feindlichem Artilleriefeuer durchlöchert, was Ciano zur Notlandung auf einem Feld zwang. Nach einem Angriff schrieb Ciano an Pavolini: »Wir haben ein wahres Blutbad angerichtet«,[14] was Pavolini in einem Buch, das er über die Brigade schrieb, beifällig zitierte.

Trotz seiner offensichtlichen Begeisterung für seine Mission war Ciano schnell enttäuscht von dem Krieg und der Wendung, die die diplomatische Entwicklung in Europa nahm. Italiens Aggression hatte die Mitglieder des Völkerbunds in Genf zu einer

35

einstimmigen Verurteilung und zur Forderung nach wirtschaftlichen Sanktionen veranlaßt. In einem Gespräch mit dem Staatssekretär im Kolonialministerium Alessandro Lessona Ende 1935 bekannte Ciano: »Ein militärischer Sieg kann ausgeschlossen werden, weil es in diesem gebirgigen Gelände keine schnellen Lösungen gibt. In der Zwischenzeit wird man uns durch Sanktionen strangulieren. Wir müssen mit England Gespräche auf diplomatischer Ebene aufnehmen, und zwar sofort. Ich sehe schwarze Wolken am Horizont.«[15]

Ende des Jahres mußte er sich in Rom einer Nasenoperation unterziehen. Seit seiner Dienstzeit in China machten ihm Probleme im Hals-, Nasen- und Ohrenbereich zu schaffen, und diese hatten sich durch Temperaturschwankungen, Klima- und Luftdruckveränderungen während des Fliegens verschlimmert. Zudem litt er seit seinem Chinaaufenthalt unter Asthma, wodurch sich sein Gehör derart verschlechterte, daß er manchmal mit weit offenem Mund tief Luft holen mußte, um seine zwischenzeitliche Taubheit loszuwerden. Als Edda ihn einmal nachäffen wollte, warf er wütend einen Aschenbecher nach ihr, der ihren Kopf nur um wenige Zentimeter verfehlte.

In Rom wiederholte Ciano gegenüber Freunden, daß ein militärischer Sieg unmöglich sei, und als sie ihn fragten, weshalb er das Mussolini nicht sage, entgegnete er: »Mit dem Duce kann man nicht vernünftig reden. Ich habe ihm alles gesagt. Und wißt ihr, was er mir geantwortet hat? ›Sei ruhig. Du wirst sehen, noch vor Ostern hat Badoglio den Krieg gewonnen.‹«[16] Es war die erste ernsthafte Meinungsverschiedenheit mit seinem Schwiegervater. Viele sollten noch folgen.

Damals bekam Mussolini eine Reihe von anonymen Briefen, in denen Cianos privater Lebenswandel angeprangert wurde. Ein Briefschreiber schickte eine ganze Sammlung von »Bulletins« mit dem Titel: »Gedanken des Volkes«: »Es ist einfach ekelerregend, mit ansehen zu müssen, wie ein Superminister, nachdem ihn die Zeitungen spaltenlang auf ihren Titelblättern gepriesen haben, die Front verläßt, um sich in römischen Salons herumzutreiben und, schlimmer noch, sich bis drei Uhr morgens in enger Umarmung mit Delia di Bagno in der Öffentlichkeit zu zeigen ... Und währenddessen setzen seine Waffenkameraden ihr Leben aufs Spiel und sterben und werden enthauptet.«[17] Mitte Februar 1936 kehrte Ciano nach Äthiopien zurück. Am 13. April wurde sein Flugzeug beschädigt und er zu einer weiteren Notlandung gezwungen. Doch trotz seiner düsteren Voraussagen waren die Italiener im Begriff zu siegen, und am 30. April standen ihre Truppen keine sechzig Meilen mehr vor der Hauptstadt Addis Abeba. Ciano flog über die Hauptstadt, um Verteidigungslinien des Feindes auszukundschaften. Noch war es ihm nicht gelungen, es seinem Vater an Heldenmut gleichzutun, aber nun sah er seine Chance gekommen. Er beschloß, auf dem Flughafen von Addis Abeba zu landen, einige Flieger oder Soldaten gefangenzunehmen, um über die feindlichen Abwehrmaßnahmen Aufschluß zu erhalten, und dann wieder aufzusteigen. Der Plan zeugte von Mut, war aber im Unterschied zu den militärischen Leistungen seines Vaters tollkühn bis zum Leichtsinn. Tatsächlich berührte sein Flugzeug das Gras der Rollbahn, aber es geriet unter Maschinengewehrfeuer des Feindes und wurde fünfundzwanzigmal getroffen. Ciano zog es hoch und kreiste noch eine Dreiviertelstunde über der Stadt, obwohl zwei seiner Treibstofftanks leck waren und er schließlich nur mit Mühe zum Fliegerhorst zurückkam. Beim Abdrehen ließ er einen Disperata-Wimpel auf den Hauptplatz der Stadt fallen. Badoglio verlieh ihm einen silbernen Verdienstorden, seinen zweiten im Kriege, und die italienische Presse posaunte seinen Heldenmut in alle Welt. Zum Andenken an sein Abenteuer nahm Ciano einen Pilotensitz aus dem Flugzeug mit nach Hause, der von Kugeln durchsiebt war.

Der Presseattaché der britischen Botschaft in Rom urteilte in einem Funkspruch an sein Außenministerium, der von den Italienern abgefangen wurde: »Die Kommentare der Zeitungen glorifizieren den Kriegseinsatz des Grafen Ciano auf eine ganz widerwärtige Weise.«[18] Ciano befahl daraufhin Alfieri, die Anzahl der Artikel über ihn zu verringern und den Ton zu versachlichen.

Addis Abeba wurde am 5. Mai eingenommen. Kurz darauf kehrte Ciano auf seinen Ministerposten in Rom zurück, und Mussolini belohnte ihn wenig später mit der Aufnahme in den Großen Faschistischen Rat. Am 22. Mai sprach Ciano vor der Abgeordnetenkammer und drohte in seiner Rede damit, jeden niederzumachen, der unter dem Vorwand von Kunst oder Wissenschaft die Ideale des Faschismus angreife. Er versprach, »beleidigende Publikationen gnadenlos auszumerzen«.[19] Individuelle Freiheit, so schloß er seine Rede, müsse den Erfordernissen einer kollektiven Regierung untergeordnet werden. Mussolini stimmte in den aufbrandenden Beifall mit ein. Bald würde er Ciano abermals befördern.

3. KAPITEL
Der jüngste Außenminister Europas

Am 9. Juni 1936 erfuhr Prinz Marcello del Drago, ein junger Mitarbeiter des Unterstaatssekretärs im Außenministerium Fulvio Suvich, daß sein Vorgesetzter demnächst den Job verlieren werde, und begab sich sogleich an den Strand von Castel Fusano bei Rom, um Ciano die Nachricht zu überbringen. »Inmitten einer Gruppe von Verehrerinnen saß dort Ciano in seiner ganzen Leibesfülle«, erinnerte sich del Drago später. »Ich nahm ihn beiseite und sagte zu ihm: ›Morgen bist du Außenminister.‹ Er war sehr bewegt und wiederholte: ›Ach, ich habe es gewußt, aber ich wußte nicht, wie und wann.‹«[1]

Schon seit einiger Zeit spekulierte Ciano, von Edda unterstützt, auf diesen Posten. Mussolini war damals sein eigener Außenminister, nachdem er Dino Grandi abgesetzt und als Botschafter nach England geschickt hatte. Seither führte Suvich die laufenden Amtsgeschäfte. Ciano war mit ihm aneinandergeraten und hatte Mussolini empfohlen, die Abteilungsleiter des Außenministeriums durch Männer zu ersetzen, die dem Regime treu ergeben seien. Das gab die deutsche Botschaft am 13. Februar 1936 an Berlin weiter mit dem Zusatz: »Diese Haltung Cianos ist um so interessanter, als der gegenwärtige Propagandaminister überhaupt nichts dagegen hätte, wenn er zum Außenminister ernannt würde.«[2]

Ciano war nun dreiunddreißig und somit der jüngste Außenminister Europas. Beim italienischen Durchschnittsbürger kam diese Ernennung nicht besonders gut an, man höhnte über den »Herrn Schwiegersohn« und den Emporkömmling, der mehr Glück als Verstand habe. Unbeliebt war Ciano auch bei der Garde der alten Faschisten, die ihm seinen rasanten Aufstieg mißgönnten und diesen einzig und allein seiner Ehe mit der Mussolini-Tochter zuschrieben.

Edda leugnete das; wenn ihr Vater wirklich zu Nepotismus geneigt hätte, argumentierte sie, warum haben dann ihre Brüder Vittorio und Bruno kein öffentliches Amt bekleidet? Nun, Vittorio war nicht im entferntesten dafür geeignet, und Bruno war noch zu jung. Ciano brachte zumindest die für das Amt nötige Ausbildung und Erfahrung mit.

Den Duce bewogen zur Ernennung Cianos zweifellos andere Gründe, als die Launen seiner Lieblingstochter zu befriedigen. Ciano war eifersüchtig auf die ältere Generation der Faschisten, und nach Grandis Worten »machte sich Mussolini diese Schwäche zunutze und leistete ihr Vorschub. Mit Cianos Hilfe gedachte er, einen nach dem anderen von den Männern des alten Faschismus loszuwerden.« Grandi glaubte, daß der leicht zu beeindruckende junge Ciano durch seine Berufung zum Außenminister endgültig korrumpierbar wurde, und schrieb: »Die Deutschen taten ein übriges, wickelten ihn ein, machten aus ihm ein gefügiges, leicht zu handhabendes Werkzeug ihrer Macht ... Eine Welt von Genußmenschen umgab ihn und vollendete das Werk der Korruption, das von Mussolini und den Deutschen eingeleitet worden war.«[3]

Vielleicht war Grandis Sichtweise allzu zynisch, denn anfangs hielt Mussolini große Stücke auf den jungen Grafen und machte ihn nach dem Tode seines Bruders Arnaldo im Jahre 1931 zu seinem engsten Vertrauten. Es war eine Vater-Sohn-Beziehung zwischen zwei Männern, die nicht nur verschiedenen Generationen angehörten, sondern auch aus ganz unterschiedlichen sozialen Milieus stammten. Mussolini war der Sohn eines Dorfschmieds und in ärmlichen Verhältnissen aufgewachsen. Obwohl er später Lehrer und Journalist wurde, war er im wesentlichen Autodidakt und rühmte sich seiner bäuerlichen Wurzeln. Ciano hingegen kam, wie bereits erwähnt, aus einer wohlhabenden Familie, hatte eine gute Ausbildung genossen und bewegte sich in den besseren Kreisen. Aufgrund längerer Auslandsaufenthalte in Südamerika und China verfügte er naturgemäß über mehr Weltläufigkeit und

Überblick als der Duce. Einig waren sie sich lediglich in ihren außenpolitischen Grundsätzen und über den Platz, der Italien in der Welt gebührte. Als jedoch dieser Konsens nicht mehr bestand, hatten sie keine gemeinsame Basis mehr und trieben unweigerlich auf einen fatalen Zusammenstoß zu. Konfliktpunkte gab es von Anfang an. Mussolini ließ sich zumeist von Instinkten, Gefühlen und Vorurteilen leiten. Er verachtete den Vatikan und alles, was mit der katholischen Kirche zu tun hatte, und er haßte die Monarchie, die »verweichlichte« italienische Mittelschicht und den Adel. Ciano dagegen unterhielt gute Beziehungen zum Vatikan und zu König Viktor Emanuel III., identifizierte sich mit der von seinem Schwiegervater geschmähten Bourgeoisie und rekrutierte seinen Freundeskreis und seine Geliebten aus der Aristokratie.

Nachdem Ciano Außenminister geworden war, trafen er und Mussolini sich, wie es scheint, täglich, oder sie telefonierten zumindest miteinander. Ciano hatte einen gewissen Einfluß, aber natürlich bestimmte der Duce weiterhin die Außenpolitik. Zumeist habe ihn Mussolini zu seinem Standpunkt bekehrt, so Edda in ihren Memoiren, doch manchmal habe sich auch Ciano durchsetzen können.

Selbst wenn er Grund gehabt hätte, daran zu zweifeln, daß er durch eigene Verdienste zu diesem Posten gekommen war – und solche Zweifel kannte Ciano nicht –, mußte ein so kometenhafter Aufstieg fast jedem jungen Mann den Kopf verdrehen. Ciano wurde wichtigtuerisch, manchmal auf geradezu lächerliche Weise, manchmal einfach unausstehlich. Nur seine Unterwürfigkeit gegenüber dem Duce, den er vergötterte, hätte größer nicht sein können.

Filippo Anfuso, der ihm sechs Jahre lang als Amtsleiter diente und ein enger Freund war, machte einmal einem Kollegen klar, daß Cianos Versuche, seinen Schwiegervater zu kopieren, als Gesprächsthema tabu seien. »Sie können ihm alles sagen, nur das nicht«, erklärte er. »Sie können ihm ins Gesicht sagen, daß er ein armseliger Literat ist, daß ihn die Frauen nicht mögen, daß er so dick werden wird wie sein Vater. Aber Sie dürfen ihm nicht zu verstehen geben, daß er Mussolini imitiert. Er merkt es nicht. Er weiß, daß das ein unverzeihlicher Fauxpas wäre und überdies eine ungeheuere Geschmacklosigkeit bei einem, der sich, wie er, für einen untadeligen Diplomaten hält.«[4] Mochten sich auch seine Mitarbeiter zurückhalten, die ausländische Presse jedenfalls mokierte sich so häufig darüber, daß es Ciano eigentlich nicht entgangen sein kann.

Sogar Mussolini bereiteten die Nachahmungsversuche seines Schwiegersohnes Kopfzerbrechen. Nachdem er sich Filmaufnahmen einer Rede Cianos in Florenz angesehen hatte, sagte er:»Galeazzo sollte wissen, wie er wirkt. Diese hundert Meter Film sind gefährlich, weil er mit dieser Stimme und solchen Gebärden keine Ehre einlegt. In Florenz haben die Leute einen scharfen Blick und spitze Zungen ... Das Lächerliche ist schrecklich, es kommt nicht an.«[5]

Kurz nachdem er das Amt übernommen hatte, begann Ciano, Tagebuch zu führen. Er benutzte dazu Notizbücher des italienischen Roten Kreuzes, in die er zumeist abends vor Verlassen seines Büros eintrug, was ihm wichtig erschien. Auf diese Weise kamen sieben Bände zusammen, von denen Edda 1944 fünf unter abenteuerlichen Umständen aus Italien herausschmuggelte. Sie bilden Cianos bleibendes historisches Vermächtnis, eine wesentliche Quelle für Mussolini-Biographen und Historiker, die über die Epoche des Faschismus arbeiten.»Ich halte sie für die wertvollsten historischen Dokumente unserer Zeit«, schrieb Sumner Welles nach dem Krieg.»Wer den vollständigen Text des Tagebuchs liest, wird eine klarere Einsicht in das Wesen von Hitlers Deutschland und Mussolinis Italien gewinnen und besser begreifen können, wie die vom Hitlerismus und Faschismus unterjochten Völker in jenen Jahren erniedrigt wurden, als fast die ganze Welt vor den Achsenmächten zitterte. Er wird in den Tagebüchern ein bisher unbekanntes Bild von Deutschlands Machenschaften während jener schicksalhaften Jahre entdecken.«[6]

Ciano verwahrte das Tagebuch in einem kleinen Safe hinter seinem Schreibtisch im Amtszimmer und trug den Schlüssel dazu immer bei sich. Mussolini wußte von diesen Tagebüchern und empfahl seinem Schwiegersohn gelegentlich, den einen oder anderen Vorfall einzutragen.

Einmal fragte Ciano den Präsidenten des Autoren- und Verlegerverbandes Dino Alfieri, wieviel er erzielen könnte, wenn er das Tagebuch veröffentlichen würde. Alfieri schätzte einen siebenstelligen Dollarbetrag. Darauf mußte Ciano schallend lachen und entgegnete:»Stellen Sie sich vor, welch eine Bombe hochginge, wenn ich das Tagebuch jetzt veröffentlichen würde! Aber meine Kinder werden dafür sorgen. Ihnen überlasse ich diese Aufgabe, die ja im Endeffekt eine schöne Erbschaft darstellt.«[7] Zu Vergani sagte er bei anderer Gelegenheit:»Ich vermute, die Amerikaner wären hocherfreut, wenn sie darin lesen könnten ... Die Deutschen denken gewiß, ich verstecke es in der Schweiz.«[8]

Auffällig ist, daß Edda in dem Tagebuch kaum vorkommt, und wenn ihr Name auftaucht, dann meist in nicht besonders schmeichelhaftem Zusammenhang. So schrieb Ciano etwa am 27. September 1937:»Buffarini ... deutete an, daß Edda gestern in Lucca nicht allzu herzlich empfangen wurde. Das tut mir leid. Sie ist ein wundervolles Geschöpf, aber zu unbefangen und lässig, und zu den Massen hat sie kein Verhältnis. Infolgedessen wird sie von der Masse nicht geliebt. Schade, weil sie seltene und großartige Eigenschaften besitzt.«[9]

Cianos Tagebücher sind für den Historiker eine wahre Fundgrube authentischer Äußerungen Mussolinis – einige von schneidender Schärfe, andere gehässig, wieder andere zeugen von kindischer Egomanie. Hier ein paar Beispiele:

19. Dezember 1937:»Auf meinem Grabstein soll einmal stehen: Hier liegt eines der intelligentesten Tiere begraben, die jemals die Erde bevölkerten.«

31. Januar 1938: Mussolini beklagt sich über die negative Reaktion des kleingewachsenen Königs auf die Einführung des Stechschritts beim italienischen Militär:»Meine Schuld ist es nicht, daß der König körperlich eine halbe Person ist. Es versteht sich, daß er den Paradeschritt nicht machen kann, ohne lächerlich zu wirken. Er haßt ihn vermutlich aus demselben Grund, aus dem

er die Pferde gehaßt hat, weil er ja mit einer Leiter hinaufsteigen muß. Aber der physische Defekt eines Souveräns ist doch kein hinreichender Grund, um, wie er es getan hat, die Armee eines großen Landes verkümmern zu lassen.«

20. März 1938: Nach der Entrüstung, die italienische Luftangriffe auf Barcelona ausgelöst hatten, »erklärte er [Mussolini] seine Zufriedenheit darüber, daß die Italiener endlich einmal durch ihre Angriffslust Schrecken verbreiten, statt als Mandolinenspieler Gefallen zu finden. Seiner Meinung nach steigert das auch unser Ansehen bei den Deutschen, die den totalen und unbarmherzigen Krieg lieben.«

13. Mai 1938: Der Duce »wird immer antifranzösischer. Er sagt, es sei ein von Alkohol, der Syphilis und dem Journalismus ruiniertes Volk.«

Cianos Liebedienerei gegenüber Mussolini machte nicht einmal vor seinem Tagebuch halt. In einer Eintragung vom 4. Juli 1938 bekennt er beispielsweise: »Höre am Radio die Rede des Duce in Aprilia. Als ich seine Stimme vernahm, habe ich zu weinen angefangen wie ein Kind.« Mussolini, liest man an anderer Stelle, besitze einen »untrüglichen Instinkt«, eine »eiserne Unerschütterlichkeit«, »einen großen Geist, der immer den Ereignissen und den Menschen voraus ist«. Der Duce »hat immer recht«, »sieht den Dingen auf den Grund«. Wie ein junger Hund, der vor Freude außer sich gerät, wenn man ihm das Köpfchen streichelt, schreibt er einmal: »Der Duce lobte mich mehrere Male – das überwältigte mich so, daß ich ihm nicht einmal zu danken vermochte. Die Wahrheit ist, daß man nur arbeitet, um ihn zufriedenzustellen – diese Belohnung zählt mehr als alles andere.«

In seiner Ciano-Biographie verweist Giordano Bruno Guerri auf Cianos Neigung, nicht nur die Gebärdensprache des Duce zu imitieren, sondern sich auch in seinem Sprachgestus dem derben Mussolinis anzupassen, und führt folgende Beispiele an:

»Ich beneide die Franzosen um das Musée des Invalides und die Deutschen um ihr Zeughaus. Kein Gemälde kann eine erbeutete feindliche Fahne ersetzen.«[10]

44

»Ich mißtraue den Ausländern, die Dante kennen. Sie wollen uns mit der Poesie über die Ohren hauen.«[11]

»Die Revolution muß sich nun auch in dem Lebensstil der Italiener durchsetzen. Es ist Zeit, daß sie lernen, weniger »sympathisch« zu sein, um hart, unnachsichtig und hassenswert zu werden. Mit anderen Worten: Herren.«[12]

In einer Tagebucheintragung während eines Polenbesuchs 1939 heißt es: »Zu viele Maler, Bildhauer und Architekten haben das Bild Italiens in der Vergangenheit in Polen geprägt ... Die Polen lieben an uns mehr die Poesie der Feder als die Stärke der Waffen, an die sie noch nicht so recht glauben. Wir müssen uns anstrengen, um den schlechten Namen zu korrigieren, den wir uns in den letzten drei Jahrhunderten erworben haben.«[13]

Glaubt man Sumner Welles, war Cianos Ergebenheit gegenüber Mussolini vollkommen, und der amerikanische Botschafter in Italien, William Phillips, erinnert sich in wenig schmeichelhaften Worten an eine Begegnung in Rom, als er dem Duce eine Botschaft Präsident Roosevelts überbrachte: »Während der ganzen Unterredung stand Graf Ciano stumm dabei. Er hätte genausogut eine Livree tragen können.«[14]

Dino Alfieri berichtete, wie sich Ciano in dem Bewußtsein sonnte, die Gunst des Duce zu genießen. »Wenn Mussolini eine Versammlung oder öffentliche Kundgebung verließ, bildete die Polizei gewöhnlich einen Kordon vor seinem Wagen, den die applaudierende, wogende Menge oft durchbrach. Dann rief er mit einer freundlichen Geste Ciano an seine Seite. Der konnte sein Freudenlächeln nicht verbergen, als wollte er sagen: ›Schaut her; ich bin der Günstling und Auserwählte.‹ Aufgrund seiner Jugend, seiner mangelnden Lebenserfahrung und Menschenkenntnis wußte Ciano jedoch nicht, wie er das Vertrauen richtig nutzen sollte, das ihm sein Schwiegervater zu erkennen gab.«[15]

Ciano begann seine Karriere als Außenminister mit einer schändlichen Tat. Am 30. Juni 1936 befahl er italienischen Journalisten in Genf, während einer Rede des durch die italienischen Aggressoren außer Landes getriebenen äthiopischen Kaisers Haile Selassie vor dem Völkerbund ein Pfeifkonzert anzustimmen. Der Einfall stammte zwar von Mussolini, aber Ciano setzte ihn besonders raffiniert um: Er ließ von der italienischen Delegation ohrenbetäubende Trillerpfeifen an die Journalisten verteilen. Der Völkerbund verfügte über keine eigene Polizeitruppe, und so dauerte das Pfeifen fünfzehn Minuten, bis endlich die Schweizer Polizei einschritt und die Journalisten festnahm, die dann die Nacht im Gefängnis verbrachten. Als sie am nächsten Tag des Landes verwiesen wurden, empfing man sie in Italien als Helden. Der Abessinienkrieg gehörte im Sommer 1936 bereits der Vergangenheit an. Cianos Aufmerksamkeit galt rasch anderen Dingen: Italiens Verhältnis zu Großbritannien, Frankreich und Deutschland sowie dem Bürgerkrieg in Spanien.

Kaum war Ciano einen Monat im Amt, da initiierte General Franco von Marokko aus jenen Aufstand, der den spanischen Bürgerkrieg auslöste. Franco benötigte Flugzeuge, um seine Truppen nach Spanien zu befördern, und richtete durch den italienischen Konsul in Algier eine diesbezügliche Bitte an die Regierung in Rom. Ciano befürwortete die Entsendung von Flugzeugen, doch Mussolini war entschieden dagegen und gab erst später nach, als er befürchten mußte, daß eine linksgerichtete Regierung in Spanien die Sowjets in den Mittelmeerraum ziehen könnte. Er hielt diese Geste für ausreichend, um einen schnellen Sieg der Franco-Truppen sicherzustellen, doch darin irrte er sich, und Italien schlitterte immer mehr in den Konflikt hinein.

Anfangs schickte Mussolini faschistische Schwarzhemden als »Freiwillige« nach Spanien, aber viele von ihnen waren miserabel ausgebildet, und so mußten schließlich Armeeverbände auf die iberische Halbinsel befördert werden. Die Italiener besetzten die Balearen, und ein besonders brutaler Milizenchef, Arconovaldo Bonaccorsi, trat das Amt eines Prokonsuls auf den Inseln an. Der »rote Graf«, wie er wegen seiner roten Haare genannt wurde, führte ein Terrorregime und war für die Ermordung von fast dreitausend Menschen verantwortlich. »Die Zahl der Gefangenen, die ich bei meiner Ankunft antraf, hat sich erheblich verrin-

gert«, schrieb er an Ciano, nachdem er viele Häftlinge hatte erschießen lassen. »Täglich sind radikale Säuberungen von Plätzen
und infizierten Personen durchgeführt worden.«[16] Bonaccorsi
wurde nie zur Rechenschaft gezogen, sondern im Gegenteil zum
General befördert und nach Äthiopien entsandt.

Bei Cianos Berufung zum Außenminister war Edda zufällig in
Berlin auf Besuch bei ihrer Schwägerin Maria, deren Mann,
Massimo Magistrati, dem Stab der italienischen Botschaft angehörte. Edda merkte, daß die Deutschen sie von einem Tag auf
den andern noch zuvorkommender behandelten. Bei einem Nach-
mittagstee in Goebbels' Villa auf Schwanenwerder wurde sie Hitler vorgestellt, der mit ihr »eine bezaubernde Bootspartie« unternahm. Als Hitler dann auch noch mit den Goebbels-Kindern
spielte, war Edda vollkommen hingerissen.

In Wochenschauen habe Hitler auf sie immer wie eine Marionette gewirkt; mit seinen fahrigen Gebärden und seiner heiseren
Stimme sei er ihr geradezu lächerlich erschienen. »Als er jedoch
leibhaftig vor mir stand, machte er einen ganz anderen Eindruck
auf mich«, schrieb sie. »Von seiner äußeren Erscheinung her war
Hitler nicht mehr der schüchterne, linkische Mann, der vor zwei
Jahren Venedig besucht hatte mit einem unförmigen Hut und einem viel zu großen Regenmantel, dessen Ärmel ihm bis über die
Handgelenke reichten. 1936 war er mit einer gewissen Eleganz
gekleidet, trat selbstsicherer auf und benahm sich wie ein liebens-
würdiger und gebildeter Mann von Welt. Seine blauen Augen waren bezaubernd, obwohl ich von der hypnotischen Kraft, die man
ihnen nachsagte, nichts spürte. Seine Stimme war tief und ange-
nehm, weniger herzlich als die meines Vaters und nicht besonders
schön, aber man lauschte ihr durchaus gern.

Er sprach ruhig, hörte aufmerksam zu und hatte einen erfreu-
lichen Sinn für Humor. Selbst sein chaplinesker Schnurrbart, der
einst so komisch gewirkt hatte, stand ihm nun gut zu Gesicht und
verlieh ihm eine ganz unverwechselbare Note.« In den folgenden
Jahren sollte Edda noch mehrmals mit Hitler zusammenkommen,
und stets war sie »beeindruckt von der außergewöhnlichen Lie-

benswürdigkeit, Herzlichkeit und Geduld, die er mir entgegen-
brachte«.[17]

Grandi behauptete, Edda sei in Berlin wie eine Königin empfangen worden und so »berauscht« nach Italien zurückgekehrt,
daß sie »eine der tatkräftigsten Befürworter der deutsch-italienischen Achse wurde«.[18] Die Stellung, die seine Frau durch ihre
Reise bei den Deutschen erworben hatte, erfüllte Ciano mit einer
gewissen Eifersucht. Auch im herkömmlichen Sinn war ihm dieses Gefühl nicht fremd. Nach ihrer Rückkehr stellte er Edda wegen ihres gesellschaftlichen Treibens in Berlin zur Rede. »Schau
mir in die Augen und sag mir die Wahrheit, wenn du eine wirk-
liche Dame bist. Hast du mich betrogen?« Edda habe ihm gelassen erwidert: »Nein, Galeazzo.« Diesen Vorfall erzählte er
einem Freund und fügte hinzu: »Du kannst dir nicht vorstellen,
wie sehnlich ich mir in diesem Moment ein ›Nein‹ meiner Frau
wünschte.«[19]

Mussolinis anfängliches Mißtrauen gegenüber Hitler hatte sich
inzwischen etwas gelegt. Dagegen wuchs seine Verbitterung über
Frankreich und England, die sich an den vom Völkerbund wegen
des Abessinienfeldzuges über Italien verhängten Sanktionen beteiligten. Hitler indessen stand ihm in dieser schwierigen Zeit bei,
und der dankbare Duce begann sich auf eine förmliche Partnerschaft mit Deutschland einzustellen.

Im Oktober 1936 stattete Ciano dem mächtigen Nachbarn
im Norden seinen ersten Staatsbesuch ab, um mit Constantin
Freiherr von Neurath ein geheimes Protokoll über gegenseitige
Konsultationen und eine Zusammenarbeit mit den spanischen
Nationalisten zu unterzeichnen. Bei dieser Gelegenheit bestätigte
er jene Partnerschaft, die Mussolini bereits die Achse Italien –
Deutschland nannte. Ciano nahm einen ganz anderen Eindruck
von Hitler und den Nazigrößen mit nach Hause als Edda. Er fand
sie langweilig. Gegen Ribbentrop, den er als »Dummkopf« bezeichnete, entwickelte er sofort eine tiefe Abneigung, und von
Görings großspurigem Auftreten war er überrascht. »Selbst wenn
ich es Mussolini in allen Einzelheiten beschriebe, vermöchte ich

das Phänomen nicht genau wiederzugeben. So etwas wäre bei uns nicht möglich.«[20] Nach dem Besuch äußerte er gegenüber zwei italienischen Journalisten, die zu seinem engeren Kreis gehörten: »Von Neurath hält sich für einen alten Fuchs, aber in Wirklichkeit ist er bloßes Mittelmaß und nur ein Diplomat mit einer gewissen Routine. Mit ihm wurde ich leicht fertig. Göring ist ein fetter, vulgärer Ochse. Aber er ist nicht dumm. Goebbels ist mir unsympathisch. Er hat nicht die einfältige Offenheit seiner Kollegen. Hitler – nun, es ist mir nachgerade unbegreiflich, wie ein solcher Mann das ganze deutsche Volk hinter sich bringen konnte. Er hat fixe Ideen, in die er sich von Zeit zu Zeit richtig hineinsteigert, dann hält er endlose, langatmige Reden ... Er ist wirklich verrückt, ein neuer Parsifal. Nicht einmal im entferntesten kann man den Duce und Hitler miteinander vergleichen ... Deutschland ist in den Händen von Männern ohne Format, und diesen Umstand müssen wir uns zunutze machen.«[21]

Während Cianos Besuch wurde ein Beamter in Goebbels' Propagandaministerium von einem Berliner Journalisten gefragt: »Sollen wir Ciano wirklich für einen großen Mann halten?« Darauf kam als Antwort: »Keineswegs, aber er muß glauben, daß wir ihn dafür halten.«[22]

Am 24. Oktober empfing Hitler den italienischen Außenminister in Berchtesgaden. Ciano übergab ihm zweiunddreißig englische Dokumente, die der italienische Geheimdienst abgefangen hatte und aus denen klar hervorging, welche Vorbehalte die Regierung in London gegen Deutschland hegte. Mussolini wollte Hitler damit beweisen, daß Großbritannien einen Krieg gegen Deutschland und Italien vorbereite. Hitler erklärte Ciano, daß Mussolini der führende Staatsmann auf der Welt sei, mit dem sich zu vergleichen niemand das Recht habe. Dem Einvernehmen, das zwischen den Demokratien bestehe, müsse ein deutsch-italienisches Bündnis entgegengesetzt werden, dessen taktische Grundlage der Antikommunismus sei. Die Achse begann Gestalt anzunehmen.

Hitler bemerkte, daß Deutschland in drei Jahren bereit sei, England den Krieg zu erklären; es wäre jedoch besser, noch vier

Cianos erster Staatsbesuch in Deutschland, Oktober 1936:
Der italienische Außenminister
wird von Hitler auf dem Obersalzberg empfangen.
Links Außenminister von Neurath, im Hintergrund
die Botschafter Italiens und Deutschlands,
Attolico und von Hassell

oder fünf Jahre zu warten. Damit täuschte Hitler seinen Verbündeten zum ersten Mal; er hatte nämlich nicht die Absicht, so lange zu warten, wußte aber, daß die Italiener mehr Zeit brauchten, um sich auf einen Krieg vorzubereiten. Er überreichte Ciano ein signiertes Exemplar seines Buchs *Mein Kampf.* Anfuso schrieb über das Treffen: »Die Behauptung, Hitler war zu Ciano zuckersüß, wäre zu tief gegriffen; in seiner nüchternen Nachtportieruniform empfing er den italienischen Minister und tätschelte ihm die Hände … Sein Dolmetscher Schmidt ließ Ströme der Hitlerschen Beredsamkeit auf Ciano herabfließen.«[23]

Vom 9. bis 16. November desselben Jahres besuchten Ciano und Edda die österreichische Hauptstadt. Kanzler Kurt Schuschnigg beschwerte sich über die Einmischung der Nazis in die inneren Angelegenheiten seines Landes. Dies nährte bei den Italienern den Verdacht, daß die Volksdeutschen in Südtirol, die für einen Anschluß an Österreich agitierten, von Deutschland ermuntert wurden.

Die Wiener Bevölkerung bereitete den Cianos einen kühlen Empfang, und Edda nannte Schuschnigg »den langweiligsten Mann, der mir je begegnet ist«. Auch beklagte sie sich über das starre Programm, das man für sie zusammengestellt hatte. »Jeden Morgen um 8 Uhr hielt vor dem Eingang meines Hotels die schwarze Limousine der Prinzessin von Starhemberg, meiner gestrengen Begleiterin ... Unzugänglicher als ein Roboter, steif und reserviert, begleitete mich die Prinzessin von einem Wohlfahrtsinstitut zum nächsten, zu Schulen, Museen und Anstalten. Und überall wurde ich mit eisiger Kälte empfangen ... Als wir dann den Hof eines schmucklosen Gebäudes überquerten, sah ich Männer und Frauen, die bei unserem Anblick wie verrückt die Arme schwenkten, lachten und hüpften. Ich fühlte mich wie von einem Alptraum befreit. Endlich, dachte ich, jemand, der mich feiert, der mich erkannt hat und Italien Glück wünscht ... Ich hatte mich leider getäuscht: Wir befanden uns in einer Irrenanstalt.«[24]

Cianos ohnehin stark ausgeprägte Selbstgefälligkeit nahm in der Rolle, die er nun bekleidete, enorme Ausmaße an. Er brüstete sich vor seinen Freunden und umgab sich mit Schmeichlern.

Jeden Winter gaben der amerikanische Botschafter William Phillips und seine Frau eine große Dinnerparty, deren Ehrengäste der Graf und die Gräfin Ciano waren. »Bei solchen Gelegenheiten wurde von uns erwartet, daß wir seine jugendlichen Favoritinnen einluden, derer es viele gab«, erinnerte sich Phillips. »Er widmete sich den ganzen Abend lang ausschließlich ihnen und schenkte den Botschaftern und deren Gattinnen oder den vornehmen Italienern, die anwesend waren, nur geringe oder gar keine Aufmerksamkeit. Fast die gleiche Haltung nahm die Gräfin Ciano gegenüber den jungen römischen Galanen ein, die ihr den Hof machten. Dieses Benehmen von seiten eines Außenministers und seiner Frau empörte die älteren Mitglieder der römischen Gesellschaft, wurde aber von den jüngeren Leuten als ganz natürlich angesehen ... Offene Kritik daran zu üben, erschien nicht ratsam.«[25]

Am 1. Februar 1937 gab der britische Botschafter Eric Drummond, der nachmalige Lord Perth, der noch auf seine alten Tage ein Bewunderer des Faschismus werden sollte, aus Anlaß der Eheschließung seiner Tochter einen Empfang. Ciano hatte den Jungvermählten eine Toilettengarnitur aus Schildpatt mit diamantenem Monogramm geschenkt. Als er erfuhr, daß die Drummonds beschlossen hatten, die Hochzeitspräsente nicht aufzustellen, machte er seiner Enttäuschung darüber so unmißverständlich Luft, daß die Geschenke eilends herbeigebracht wurden und das seine einen Ehrenplatz erhielt.[26]

Cianos Jähzorn war bekannt. So konnte es durchaus vorkommen, daß er nach Anfuso, seinem engsten Vertrauten im Ministerium, Tintenfässer und ähnliches warf und andere Leute wüst beschimpfte. Als einmal ein Diplomat versehentlich einen an Ciano gerichteten Brief geöffnet hatte, ließ er den Mann auf der Stelle nach Prag versetzen. Ein ähnliches Schicksal ereilte den Diplomaten Roberto Ducci, weil er Ciano bei einer Tanzveranstaltung nicht den römischen Gruß entboten hatte, der Ducci in diesem Ambiente ziemlich unpassend erschienen war. Schon am nächsten Tag gab Ciano einem Mitarbeiter zu verstehen, daß Ducci lange genug im Außenministerium gewesen sei und endlich einmal ins Ausland geschickt werden müsse. Er landete in Kanada.

Cianos Arroganz ging zuweilen mit Intoleranz einher. Der Parteisekretär Achille Starace wurde Zeuge, wie Egilberto Martire, ein Mitglied des Parlaments und einer der Führer der katholischen Partei, äußerte, Ciano habe den bösen Blick; als Ciano dies zugetragen wurde, ließ er Martire Handschellen anlegen und ihn einsperren. Ein faschistischer Abgeordneter, der die Bemerkung ebenfalls gehört, aber nicht weitergegeben hatte, wurde aus der Partei ausgeschlossen. Ciano lobte Staraces Handlungsweise, und

Mussolini bedauerte lediglich, daß er Martire nicht persönlich habe zusammenschlagen können.[27]

1937 wurde in Italien das Gerücht laut, Ciano sei verantwortlich für den Mord an zwei führenden, im Exil lebenden Mussolinigegnern, den aus Florenz stammenden Brüdern Carlo und Nello Rosselli. Sie waren am 9. Juni 1937 auf einer einsamen Straße im Wald von Couterne in der Normandie erstochen worden. Es gab nie einen Beweis, der Ciano überführt hätte, aber die Umstände überzeugten viele von seiner Schuld. Ein Detail war besonders verräterisch. Die römische Zeitung *La Tribuna* behauptete, daß die Rossellis Freimaurer gewesen seien (was nicht stimmte) und der Geheimorden sie habe umbringen lassen. Im Einklang mit dem maurerischen Ritual, hieß es dort, sei ein Messer bei den Leichen gefunden worden. Der italienische Botschafter in Paris, Vittorio Cerruti, sagte aus, daß Ciano ihm einige Wochen nach dem Verbrechen auf die Schulter geklopft und lächelnd gesagt habe:»Sie müssen zugeben, das mit dem Messer war wirklich ein genialer Einfall.«[28]

Die Untersuchungen der französischen Polizei ergaben, daß die Morde von der französischen Faschistenorganisation, Comité Secret d'Action Révolutionnaire, besser bekannt als Cagoulards, begangen worden waren. Ein Mitglied der Cagoulards behauptete, die Morde seien von Major Roberto Navale, einem Angehörigen des militärischen Spionagedienstes in Turin, und von Oberstleutnant Santo Emanuele, dem Chef der italienischen Spionageabwehr, in Auftrag gegeben worden.

Emanuele, der in enger Verbindung zu Ciano stand, verwickelte Anfuso in die Sache und behauptete, die Initiative sei von Ciano ausgegangen. Nach dem Krieg wurde Emanuele vor Gericht gestellt und zu lebenslanger Haft verurteilt. Dasselbe Urteil wurde über Anfuso, Navale und General Mario Roatta gesprochen, die jedoch allesamt flüchtig waren. Später wurden die Urteile in einem neuen Verfahren aufgehoben: Die Rosselli-Brüder seien wahrscheinlich von Antifaschisten ermordet worden.

4. KAPITEL
Die Achse Rom—Berlin

1937 schrieb Ciano in sein Tagebuch:»Niemand kann mich einer feindlichen Gesinnung gegenüber der deutschfreundlichen Politik bezichtigen. Ich habe sie eingeleitet.«[1] Fünf Jahre später brüstete er sich:»Niemand wird mir Germanophilie vorwerfen können.«[2] Während seiner sieben Jahre als Außenminister fiel Ciano in seiner Haltung zu Deutschland von einem Extrem ins andere; mal verachtete er Hitler aus tiefstem Herzen, dann wieder hob er ihn in den Himmel. Zu rechtfertigen versuchte er diese Widersprüche nie; er schrieb und redete, als existierten sie nicht, als habe er die Meinung, die er zuletzt äußerte, schon immer vertreten. Aber so verhielt er sich in fast allen Bereichen.

Niemals jedoch kam Cianos politische Schizophrenie gegenüber Deutschland deutlicher zum Ausdruck als in den letzten Monaten des Jahres 1937 und während des schicksalhaften Jahres darauf, in dem sich die Nazis Österreich einverleibten und Briten und Franzosen die Tschechoslowakei in München einem faulen Kompromiß opferten. Aufgrund der zahlreichen Meinungsschwankungen Cianos war nicht auszuschließen, daß ihn das Verhalten Hitlers eines Tages doch noch in den offenen Widerstand treiben konnte.

Nach Eddas Worten hatte Ciano trotz seiner anfänglichen Begeisterung für ein Bündnis mit Deutschland die Deutschen nie gemocht,»zunächst nicht aus politischen Gründen, sondern einfach weil er als echter Südländer ihrer Mentalität nichts abgewinnen konnte ... Er hielt sie für humorlos (was nicht immer stimmte), kalt, dumpf und schwerfällig. Viel näher fühlte er sich den Engländern, den Spaniern, den Portugiesen und vor allem den Franzosen, deren Sprache er mühelos beherrschte.« Er habe, so

Edda, Deutschlands wachsende Stärke unter Hitler mit Mißtrauen und Angst beobachtet, wohingegen Mussolini den Führer immer mehr bewunderte.³ Ciano war die Stimme seines Herrn, und so rühmte er in seiner ersten Rede als Außenminister vor der Abgeordnetenkammer die italienisch-deutsche Freundschaft, die »die Gesellschaften beider Länder tief durchdrungen habe«.⁴ Ciano und Mussolini vollführten eine Art Drahtseilakt. Bei all seiner Bewunderung für die Deutschen fürchtete auch Mussolini deren hegemoniale Bestrebungen und wollte vor allem eine Verständigung Hitlers mit Großbritannien um jeden Preis verhindern. Hitler indessen ging es darum, daß Italien und England, uneins seit der italienischen Invasion in Äthiopien, ihre einst freundschaftlichen Beziehungen nicht auf seine Kosten wieder aufnahmen. Somit beäugten sich die beiden Diktatoren mit einigem Mißtrauen, während sie nach außen unverbrüchliche Freundschaft bekundeten.

Am 24. September 1937 begleitete Ciano seinen Schwiegervater zu einem Treffen mit Hitler nach Berlin. Mussolini nutzte den Besuch, um öffentlich seine innige Verbundenheit mit dem Hitlerregime zu bekräftigen. Ein mit Ciano befreundeter Journalist, der über den Besuch berichtete, schrieb über den Minister: »Er fühlte sich in Deutschland isoliert. Kritischer römischer Geist, der er ist, vermochte er die Deutschen nicht zu begeistern. Er machte sich lustig über ihre starren Haltungen und ihr blindes Vertrauen in die unabänderliche Vorsehung.«⁵ Dennoch bat Ciano seinen Schwager Magistrati, ein Auge auf Botschafter Bernardo Attolico zu haben, der ein entschiedener Nazigegner war; Ciano traute ihm nicht über den Weg.⁶ Wieder in Rom, prophezeite er Erziehungsminister Giuseppe Bottai: »Von Nazideutschland wird eines Tages wieder ein starkes antihumanes Deutschtum ausgehen, dem wir entgegentreten müssen. Aber der Tag ist noch fern ... Jetzt müssen wir die politisch-kulturelle Vormacht Frankreichs zu Fall bringen.« Erst später sah er ein, was damals eigentlich jedem Diplomaten hätte klar sein sollen: daß Italien von einem mächtigen deutschen Behemoth, der sich Europa unterwarf, mehr zu fürchten hatte als jemals von Frankreich. Bottai belehrte er, es sei falsch, Italien so darzustellen, als spiele es die zweite Geige. »Die Wahrheit ist«, prahlte er, »daß wir die Spielregeln bestimmen. Mussolini sagte zu den Deutschen, ›Ihr führt den Krieg; laßt mich die Politik bestimmen‹.«[7]

Davon wollten die Deutschen natürlich nichts wissen. Ribbentrop, damals noch Botschafter in London, kam am 22. Oktober nach Rom und überredete Mussolini, dem Antikominternpakt beizutreten, den Deutschland kurz zuvor mit Japan geschlossen hatte. Ciano unterzeichnete ihn am 6. November. Er war wieder einmal in einer seiner kriegslüsternen Stimmungen und bemerkte am gleichen Tag in seinem Tagebuch, daß sich die drei Nationen vielleicht auf dem Weg zum Kampf befänden: »Italien hat die Isolierung durchbrochen: es steht im Mittelpunkt der gewaltigsten politisch-militärischen Kombination, die jemals bestanden hat.«

Am 18. Dezember 1937 brachte Edda ihr drittes Kind zur Welt, einen Sohn. Sie nannten ihn Marzio, nach dem römischen Kriegsgott Mars. »Wir wollten der Wahl des Namens eine politische und prophetische Note geben: Krieg«, sagte Ciano.[8] Marzio wurde aber zumeist mit seinem Kosenamen Mowgli gerufen, nach dem Helden von Kiplings *Dschungelbüchern*.

An dem deutschen Botschafter in Italien, Ulrich von Hassell, ließ Ciano kein gutes Haar. Er sei »unangenehm und verlogen«[9] und stehe im Verdacht, kein überzeugter Nazi zu sein. Mit dieser Vermutung hatte Ciano recht. Von Hassell, ein ausgezeichneter Diplomat mit langer Berufserfahrung, war 1932 in Rom akkreditiert und nach Hitlers Machtergreifung nicht abgelöst worden. Doch die Politik der neuen Machthaber, insbesondere deren Maßnahmen gegen die Juden, stieß ihn ab. Nach seiner Abberufung 1938 unterstützte er die Widerstandsgruppe um Goerdeler und Beck, die ihn als Außenminister einer Regierung nach Hitler vorsahen. Nach dem gescheiterten Attentat vom 20. Juli 1944 wurde er verhaftet und gehängt. Seine Tochter Fey, die, mit einem Italiener verheiratet, damals in Italien lebte, fiel den Deutschen in die Hände, und durchlitt wie viele Familienangehörige anderer Verschwörer die Zeit bis zum Ende des Krieges in verschiedenen Konzentrationslagern. »Ciano wurde von meinem Vater für oberflächlich und eitel gehalten«, sagt Fey von Hassell. »Er flirtete nach allen Seiten, kümmerte sich nicht viel um Politik. Als Außenminister wollte er zu Verträgen kommen, die mein Vater nicht wollte. Als er mit den Deutschen den Antikominternpakt und danach den Stahlpakt unterzeichnete, sagte mein Vater: ›Es ist ein Riesenfehler. Das bedeutet Krieg.‹«[10]

»Bei Mussolini hatte mein Vater noch gewisse Hoffnungen. Er hielt ihn für einen Realisten, der zuhören konnte. Über ihn äußerte er sich oft positiv. Ciano war eifersüchtig auf meinen Vater, weil Mussolini ihn mochte und ihn gelegentlich gern zu einem Gespräch einlud. Das ärgerte Ciano ... Ein anderer Grund war, daß sich Ciano gegenüber meinem Vater unsicher fühlte, der älter war und viel größere Berufserfahrung hatte.«

Von Hassell kam auch mit Ribbentrop nicht zurecht, der gemeinsam mit Ciano auf die Entlassung des altgedienten Diplomaten hinarbeitete. Im Tagebuch seiner Tochter findet sich unter dem 25. Dezember 1937 folgender Eintrag: »Papa sagt, ihm bleibe nichts mehr zu tun, er könne das Schlimme nicht aufhalten. Und er fügt hinzu, recht sei ihm nur, daß er nicht selbst um seinen Abschied bitten muß, da sicherlich Ribbentrop und Ciano für seine Absetzung sorgen werden mit der Begründung, er sei für beide Regierungen eine Persona non grata, weil er sich ihrer aggressiven Politik in den Weg zu stellen suche.«[11] Fey von Hassell bekennt, daß die Unvorsichtigkeit eine Schwäche ihres Vaters gewesen sei. »Er äußerte sich oft abfällig über den Faschismus. Später merkten wir, daß uns der Butler ausspionierte und nach Berlin weitergab, was mein Vater bei Tisch gesagt hatte.«[12] Im Februar 1938 wurde Ribbentrop Außenminister, im selben Monat rief er von Hassell aus Rom zurück und stellte ihn zur Disposition.

Das Protokoll verlangte, daß Ciano für den scheidenden Botschafter ein Abschiedsessen gab. Er las eine Rede vor, die kein persönliches oder freundliches Wort für von Hassell enthielt. In seinem Tagebuch beschrieb Ciano seine letzte Begegnung mit von

Unterzeichnung des Antikominternpakts
am 6. November 1937 in Rom.
Erste Reihe von links:
Botschafter von Hassell, Ribbentrop, Mussolini,
Sonderbotschafter Hotta und Ciano

Hassell: »Kaltes, feindseliges, kurzes Gespräch. Ich habe nicht die geringsten Gewissensbisse, daß ich die Abberufung dieses Individuums herbeigeführt habe ... Er gehört schicksalsmäßig und unweigerlich zu jener Welt der Junker, die das Jahr 1914 nicht vergessen können und die, im Grunde gegen den Nationalsozialismus, kein Gefühl für die Solidarität der Regime haben.«[13] Er hatte mitgeholfen, einen Mann zu demontieren, dessen Ansichten er später teilen sollte. Ob er im nachhinein Gewissensbisse verspürte, geht aus seinem Tagebuch nicht hervor. Aber Ciano war kein Mensch der Selbstvorwürfe.

Nach seinem ersten Besuch in Berlin hatte Ciano im privaten Kreis Ribbentrop einen Dummkopf genannt, doch als dieser im Februar 1938 zum Außenminister aufstieg, nannte er das in seinem Tagebuch »sehr zu begrüßen«.[14] Er sollte seine Meinung schnell ändern. Die beiden Männer haßten sich, und Ribbentrop schaffte es schließlich, Ciano aus dem Amt entfernen zu lassen. Ribbentrops englischer Biograph Michael Bloch behauptet, daß Ciano und Ribbentrop viel miteinander gemein hatten: »Beide waren eitel, zynisch, leicht reizbar, protzig; beide hielten sich viel auf ihre Adelstitel zugute, die verdächtig neuen Ursprungs waren; beide gehörten einer neuen Generation an, die die Gepflogenheiten der alten diplomatischen Garde in Frage stellte; und beide verdankten ihre Position einer engen persönlichen Beziehung zu ihrem jeweiligen Führer.« Allerdings, so heißt es bei Bloch weiter, sei Ciano nicht nur eine faszinierendere Persönlichkeit als Ribbentrop gewesen, sondern auch intelligenter und einfühlsamer.[15]

Einmal machte Ribbentrop mit Ciano einen Spaziergang am Fuschlsee bei Salzburg. Ribbentrop warf einen Stock in den See und befahl seinem Schäferhund, ihn zu holen. »Der Hund sah erst ihn an, dann mich, dann schaute er nach dem Stock, er bellte, aber er rührte sich nicht von der Stelle«, erzählte Ciano später merklich schadenfroh. »Ribbentrop schrie, aber der Hund rührte sich nicht von der Stelle. Ich hätte diesen Hund am liebsten umarmt.«[16] Drastischer äußerte er sich in seinem Tagebuch: »Kann es ein größeres Schwein geben als Ribbentrop?«[17]

Ribbentrop war gerade einen Monat im Amt, da marschierten die Deutschen am 12. März 1938 in Österreich ein. Das traf einen neuralgischen Punkt der Italiener, fürchteten sie doch schon seit langem eine Präsenz deutscher Truppen am Brenner. Bei einem Rombesuch im Januar 1937 hatte Göring den Duce zu überreden versucht, den Deutschen in Österreich freie Hand zu lassen, war aber von Mussolini hingehalten worden. Bei seinem Aufenthalt in der italienischen Hauptstadt hatte Göring dem deutschen Botschafter von Hassell geraten, Ciano gegenüber das Thema Österreich nicht anzuschneiden. Schon damals mißtrauten ihm die

Deutschen, die auch von seinem skandalösen Privatleben wußten. Im vertrauten Kreis hatte Hitler ihn einen »Wiener Kaffeehaustänzer« genannt und gesagt, er »habe keine Geheimnisse vor den Frauen, die ihn wie Schmetterlinge umflattern«. Später nannte er ihn einen »abscheulichen Knaben«.[18]

Noch kurz vor dem sogenannten Anschluß stand die italienische Regierung mit den Engländern in Verhandlungen, um schwelende Meinungsverschiedenheiten beizulegen, und Ciano bat den italienischen Botschafter in London, Dino Grandi, die Gespräche voranzutreiben. Chamberlain war zu einer Verständigung bereit, aber Außenminister Anthony Eden lehnte jeden Versuch, mit Diktaturen zu einem Abkommen zu gelangen, strikt ab. Die Differenzen mit Chamberlain über die Italienpolitik führten zu Edens Rücktritt am 20. Februar 1938. Am nächsten Tag notierte Ciano in seinem Tagebuch: »Merkwürdiger Fall: der englische Gesandte beim Heiligen Stuhl, Osborne, beglückwünschte mich und trank mit mir auf Edens Rücktritt.«

Inzwischen wurde immer klarer, was die Deutschen mit Österreich vorhatten. Am 11. März berichtete Antonio Venturini, der italienische Botschafter beim Vatikan, daß sich Kardinal Luigi Maglione über die weitere Entwicklung Sorgen mache. »Sagen Sie Seiner Eminenz, er soll versuchen, Hitler mit Weihwasser aufzuhalten«, entgegnete Ciano. Er und Mussolini wußten, daß sie Hitler nicht an der Annexion Österreichs hindern konnten, bestanden statt dessen aber darauf, daß sich die Deutschen über die Wahl des Zeitpunkts und das Vorgehen mit ihnen verständigten. Tatsächlich wurden die Italiener von dem deutschen Einmarsch in Österreich am Samstag, dem 12. März, ebenso überrascht wie die übrige Welt. In den nächsten Jahren sollte der Duce noch mehrmals vor vollendete Tatsachen gestellt werden. Er vermochte seinen Zorn über diese demütigende Brüskierung zu unterdrücken, Ciano nicht. Aber keiner der beiden wollte die Sache mit Österreich allzu sehr aufbauschen.

Das Abkommen zwischen England und Italien wurde am 16. April 1938, also etwa einen Monat nach dem Anschluß, unterzeichnet. Wie Eden befürchtet hatte, waren die Bedingungen für

Truppenparade aus Anlaß von
Hitlers Staatsbesuch in Italien Anfang Mai 1938.
Zweite Reihe von rechts:
Himmler, Keitel, Goebbels, Ciano, Ribbentrop

Italien sehr günstig. Für das vage Versprechen, die britische Politik in Mitteleuropa zu unterstützen, gaben die Engländer der Eroberung Äthiopiens und Mussolinis Intervention in Spanien ihren Segen. Außerdem wurden in dem Abkommen die Interessensphären Englands und Italiens im Mittelmeer sowie in Afrika und Asien festgelegt.

Am 3. Mai kam Hitler nach Rom, um die Gespräche über einen Beistandspakt wieder aufzunehmen. Ciano fürchtete, daß ein solcher Pakt Chamberlain in Schwierigkeiten bringen würde, der inzwischen bereit war, sich im Völkerbund für eine Anerkennung der italienischen Interessen einzusetzen. Ribbentrop bestand auf einem sofortigen Vertragsabschluß, doch Ciano hielt ihn hin. »Ribbentrops Haupteigenschaft«, erinnerte sich später der Dol-

metscher Paul Schmidt, »war seine Hartnäckigkeit, mit der er ...
seinen Gesprächspartnern unter manchmal direkt taktlosen Be-
gleitumständen so lange zusetzte, bis sie ermüdet, wenn auch
widerwillig auf seine Vorschläge eingingen. Diese Taktik versuchte er auch hier, aber ohne Erfolg. ›Die Solidarität, die zwischen
unseren beiden Regimen besteht‹, sagte Ciano mit einem, wie mir
schien, sarkastischen Lächeln, ›ist in diesen Tagen mit solcher
Deutlichkeit in Erscheinung getreten, daß sich ein formeller
Bündnisvertrag erübrigt!‹«[19]

Hitler und Ribbentrop wiegten die Italiener in dem Glauben,
daß sie keinerlei Absichten auf Polen hätten; ja, sie versicherten
dem Duce und Ciano sogar, daß sie für ein mächtigeres Polen ein-
träten, damit der antibolschewistische Schutzwall gestärkt werde.
Aus ihren Absichten auf die Tschechoslowakei hingegen machten
sie kein Hehl, und Hitler verließ Italien nach einer Woche mit der
Gewißheit, daß die Italiener ihn in dieser Frage unterstützen würden.

Ciano allerdings war entnervt. Seinem Tagebuch vertraute er
an: »Er [Ribbentrop] redet unentwegt und nach allen Seiten von
Kriegführen, ohne einen bestimmten Gegner oder ein klares Ziel
vor Augen zu haben.«[20] Außerdem vermerkte er, daß der König,
Hitlers Gastgeber im Quirinal, dem Reichskanzler feindlich ge-
sinnt sei und »ihn als eine Art von seelisch und physisch degene-
rierten Menschen hinzustellen« suche.[21] Viktor Emanuel hatte
ihm erzählt, daß Hitler in der ersten Nacht im Palast gegen ein
Uhr morgens nach einer Frau verlangt habe. »Dies erregte großes
Erstaunen«, schrieb Ciano. »Dann die Erklärung: es scheint, daß
er nicht einschlafen kann, wenn nicht vor seinen Augen eine Frau
das Bett herrichtet ... Ist das wahr? Oder ist es nicht vielmehr eine
Bosheit des Königs, der auch behauptet hat, daß Hitler sich Ein-
spritzungen mit Reizmitteln und Rauschgiften machen lasse.«[22]
Aber es war nicht nur der König, der darauf hinwies, daß Hitler
ein bißchen sonderbar sei: Nach dem Staatsbesuch bekannte Mussolini gegenüber seinem Schwiegersohn, er sei überzeugt, daß
Hitler Rouge auflege, um seine Blässe zu verbergen.[23]

Im Sommer 1938, ein Jahr nach der Ermordung der Rosselli-Brüder, hatte Ciano erneut einen Regimegegner im Visier. Diesmal
war es Emilio Settimelli, der Gründer des Faschistenblattes *L'Impero*, für welches Ciano in seiner Jugend kurzzeitig Theaterkriti-
ken geschrieben hatte. Settimelli überwarf sich mit dem Duce,
wurde auf die Insel Lipari verbannt und dann nach Monte Carlo
ausgewiesen, von wo er sich nach Frankreich begab und Mussolini
einen bitteren Brief schickte. Am 11. Juni kamen der Polizeichef
von Rom und der Innenminister zu Ciano, beide »sehr in Aufregung über Nachrichten von der Tätigkeit, die Settimelli in Frankreich zu entfalten beabsichtigt«.[24] Unter anderem wollte er »ein
sensationelles Buch« über das Regime in Italien veröffentlichen.
Ciano heckte nun einen Plan aus, Settimelli über See kidnappen
zu lassen. Doch Mussolini legte sein Veto ein.[25]

Im Seebad Forte dei Marmi bei Livorno, wo Ciano mit seiner
Familie den Großteil des Sommers 1938 verbrachte, scheint er eines Abends einen Anflug von schlechtem Gewissen oder eine
schlimme Vorahnung gehabt zu haben. Als er, ohne es zu merken,
mit seinen Freunden plötzlich vor einer Mauer beim Yachtklub
stand, sagte er: »Laßt uns gehen. Ich kann mich keiner Mauer
nähern, ohne daß es mir kalt den Rücken hinunterläuft.« Zu ihrer
Überraschung erklärte er: »Jedes Mal, wenn ich an einer Mauer
entlang gehe, denke ich, daß gleich ein Exekutionskommando auf
mich schießen wird.«[26]

Während sich die Cianos am Meer vergnügten, traf Hitler
letzte Vorbereitungen, die Tschechoslowakei unter seine Herrschaft zu bringen. Als Vorwand sollte ihm die angebliche Unter-
drückung der im Sudetenland lebenden Volksdeutschen dienen.
Vergebens bat Ciano die Deutschen, ihre Absichten offenzulegen.
Mussolini trat öffentlich für die Forderung der Sudetendeutschen
nach mehr Selbstbestimmung ein. Ciano befürchtete nun ernsthaft, daß es zum Krieg kommen werde: »Mein Gott, schütze Italien und seinen Duce.«[27]

Nachdem Hitler Prag ein Ultimatum gestellt hatte, rief der
englische Botschafter Lord Perth am 28. September morgens um
10 Uhr den italienischen Außenminister an und ersuchte ihn drin-

gend um eine Unterredung. Hinkend wegen eines Beinleidens und völlig verzweifelt, erschien er vor Ciano und überbrachte ihm ein Telegramm Chamberlains, der Mussolini bat, bei Hitler eine Verschiebung der zu erwartenden Militäraktion zu erreichen. Die Engländer sahen in einer italienischen Vermittlung die letzte Chance, den Frieden in Europa zu retten. Nach einigen Stunden fieberhafter diplomatischer Bemühungen ging Hitler schließlich auf Chamberlains Vorschlag ein, die Regierungschefs Englands, Frankreichs, Deutschlands und Italiens zu einer Konferenz zusammenzuführen, um die Sudetenkrise beizulegen. Er stellte es Mussolini anheim, ob das Treffen in Frankfurt oder München stattfinden sollte. Mussolini entschied sich für München, und noch am selben Tag um 18 Uhr traten er und Ciano die Bahnreise an. Am Morgen des 29. September stieg Hitler in Kufstein zu. Er und der Duce waren sich einig darüber, daß die Konferenz entweder schnell zum Erfolg führen oder das Problem mit Waffengewalt gelöst werden müsse. In einem Gespräch mit Ciano äußerte Hitler, der Tag werde kommen, da Italien und Deutschland gegen die Westmächte kämpfen würden. »Es ist von großem Wert«, fügte Hitler hinzu, »daß das stattfindet, solange an der Spitze unserer Länder der Duce und ich stehen, und zwar noch jung und in bester Kraft.«[28]

Die Konferenz begann mittags um halb eins. Hitler drohte unverblümt mit einer militärischen Lösung, wenn keine schnelle Einigung erzielt werde. Dann legte Mussolini einen Fünf-Punkte-Plan vor, der vorsah, daß das Sudetenland an Deutschland abgetreten werden sollte. Chamberlain akzeptierte den Vorschlag sofort, aber der französische Premierminister Edouard Daladier verlangte eine Übersetzung, bevor er sich festlegte. Die Konferenz wurde um 14.45 Uhr unterbrochen und um 16.30 Uhr wiederaufgenommen. Nach dem grundsätzlichen Einverständnis Englands und Frankreichs mußten nur noch ein paar Details geklärt werden. »Der Duce«, so berichtete Ciano über Mussolinis Gebaren während der Schlußphase der Konferenz, »ein wenig gelangweilt von der leicht parlamentarischen Atmosphäre, wie sie sich immer in den Konferenzen herausbildet, geht mit den Hän-

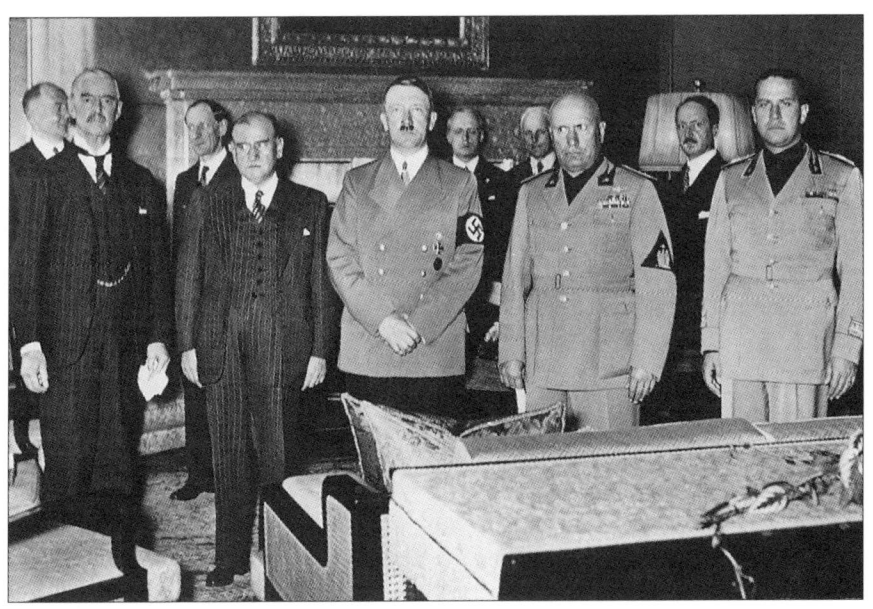

Die Münchener Konferenz
am 29. September 1938 zur Lösung der sogenannten Sudetenkrise.
Links Premierminister Chamberlain und der
französische Ministerpräsident Daladier,
rechts Außenminister Ciano

den in den Hosentaschen und ein bißchen zerstreut im Zimmer auf und ab. Von Zeit zu Zeit hilft er bei der Suche nach einer Formulierung. In seinem großen Geist, der immer den Menschen und den Ereignissen voraus ist, ist das Abkommen bereits überholt, und während die anderen sich noch mit mehr oder weniger formalen Fragen abmühen, interessiert es ihn eigentlich schon gar nicht mehr. Er ist schon weiter und denkt bereits an andere Dinge.«[29] Dies traf wohl auch auf Ciano zu, der während der Konferenz SS-Standartenführer Dollmann beiseite nahm und ihn bat, ihm das Nachtleben der bayerischen Metropole zu zeigen.

Am 30. September, ein Uhr nachts, war das Münchener Abkommen unterzeichnet, die Tschechoslowakei zerschlagen, und

Chamberlain konnte nach London zurückkehren und verkünden, er habe den »Frieden für unsere Zeit« gerettet. Er hatte natürlich das Gegenteil erreicht. Der schändliche Handel, zu dem sich Briten und Franzosen auf Kosten der tschechischen Souveränität hergegeben hatten, bestärkte Hitler in der Überzeugung, daß den westlichen Demokratien ein Krieg zuwider war, und ebnete den Weg zum deutschen Überfall auf Polen ein Jahr später. »Alle sind zufrieden, sogar die Franzosen, ja, sogar die Tschechen, wie mir Daladier sagt«, trug Ciano in sein Tagebuch ein.[30]

Ende Oktober kam Ribbentrop nach Rom, um auf ein Militärbündnis zwischen Deutschland, Italien und Japan zu drängen, auf das er seinen italienischen Kollegen bereits in München angesprochen hatte. Während Ciano mißtrauisch blieb und über Ribbentrop in sein Tagebuch schrieb: »Er hat sich die Idee des Kriegs in den Kopf gesetzt, er will den Krieg, seinen Krieg«,[31] zeigte Mussolini sich von der Idee eines Dreier-Pakts durchaus angetan, erklärte aber, er benötige Zeit, um die öffentliche Meinung darauf vorzubereiten. Hierin pflichtete ihm Ciano bei. Doch offensichtlich war Mussolini inzwischen klargeworden, daß sein Schwiegersohn keine großen Sympathien für die Deutschen hegte, denn einem Besucher gegenüber bekannte er: »Eines Tages wird man mit einem Besen auf die Piazza Colonna gehen müssen, um diesen Ort von einem gewissen anglophilen Lumpenpack reinzufegen, das Galeazzo protegiert.«[32]

Mittlerweile hatten sich die Ungarn über die der Tschechoslowakei gemachten territorialen Zugeständnisse beschwert und Rom und Berlin gebeten, als Schlichter zu vermitteln. Ciano und Ribbentrop trafen sich am 2. November in Wien, wobei letzterer die Partei der Tschechen ergriff und Ciano sich für die Ungarn stark machte. »Lieber Ribbentrop«, soll er gesagt haben, »Sie können doch unmöglich in der Verteidigung der Tschechoslowakei dieselbe Begeisterung an den Tag legen, mit der Sie vor einem Monat ihre Zerschlagung betrieben haben.«[33] Und als er mit einem dicken Bleistift eine Grenzlinie, die von einem deutsch-italienischen Schiedsgericht gezogen worden war, zugunsten Ungarns korrigierte, hänselte er seinen deutschen Kollegen: »Wenn

Sie die tschechischen Interessen weiter so verteidigen, dann werden Sie von Hacha noch einen Orden bekommen.«[34] Gegenüber einem befreundeten Journalisten bemerkte Ciano hierzu:»Früher war ich so dumm, zu glauben, daß die Veränderung der Staatsgrenzen eines europäischen Staates eine sehr ernste Angelegenheit sei, bei der es nicht ohne den Einsatz kriegerischer Mittel geht. Nun habe ich erfahren, daß … man von einem Land Stücke abschneiden und sie dem anderen hinzufügen kann, ohne daß sich irgendeine Großmacht regt und das internationale Klima trübt.«[35]

Damals spukte Ciano und Mussolini die Idee im Kopf herum, von Frankreich »Stücke abzuschneiden« und sie Italien anzufügen. Am 8. November traf der neue französische Botschafter François-Poncet, bis dahin in Berlin akkreditiert, in Rom ein und überbrachte dem Duce die Nachricht, daß seine Regierung das italienische Imperium in aller Form anerkenne. Normalerweise wäre eine solche Nachricht wohl begrüßt worden, aber Mussolini hatte sich bereits entschieden, gegenüber Frankreich auf Konfrontationskurs zu gehen.

Am 30. November sprach Ciano vor der Abgeordnetenkammer, und die Abgeordneten erhoben sich, klatschten Beifall und riefen in Sprechchören:»Tunesien, Korsika, Nizza, Savoyen!« Diese Gebiete wollte Italien von Frankreich haben, und die Demonstrationen dauerten eine Weile an. Später behauptete Ciano, sie seien spontan gewesen, aber in Wirklichkeit waren sie von Starace, dem Generalsekretär der Faschisten, inszeniert worden. François-Poncet legte Protest ein, aber Ciano amüsierte sich köstlich über das Spektakel, das er angezettelt hatte.

1938 stand im Zeichen des »Anschlusses« von Österreich an Nazideutschland und des Münchener Abkommens. Es war aber auch das Jahr, in dem Mussolini den Antisemitismus zum politischen Credo erhob. Dahinter standen zum Teil persönliche Vorurteile, vor allem aber das Kalkül, sich mit dieser schändlichen Politik bei Hitler beliebt machen. In Ciano hatte er den prototypischen Opportunisten an seiner Seite. Keiner der beiden war ein

Rassenfanatiker vom Kaliber eines Julius Streicher, aber beide hegten unterschiedlich stark ausgeprägte antijüdische Ressentiments. Auch in Italien wurden nun Rassengesetze eingeführt, die die jüdischen Mitbürger am Arbeitsplatz und in den Schulen diskriminierten und Ehen zwischen Juden und Nichtjuden verboten. Der Vatikan und die demokratischen Staaten waren entsetzt darüber, zur sichtlichen Begeisterung des Duce.

Vier Jahre zuvor hatte er noch öffentlich seinen »tiefsten Abscheu« gegenüber der nationalsozialistischen Rassenlehre bekundet. Er war beleidigt über die Idee einer Herrenrasse, die sich auf blonde, blauäugige Nordländer beschränkte und daher Italiener ausschloß. Aber seit langem nährte er Vorstellungen, denen zufolge die Italiener einer arischen Herrenrasse angehörten. Afrikaner waren fraglos Untermenschen, weshalb er keinerlei Skrupel gehabt hatte, die Erschießung äthiopischer Kriegsgefangener zu befehlen oder in Äthiopien und Libyen ganze Dörfer mit Giftgas ausrotten zu lassen.

Viele von Mussolinis engen Mitstreitern in der faschistischen Bewegung waren Juden, und eine Zeitlang trat er auch für den Zionismus ein, in der Hoffnung, ihn gegen die Engländer wenden zu können. Er sprach sich für eine jüdische Heimstatt aus, die jedoch nicht in Palästina sein sollte, weil er seine Bemühungen, mit den arabischen Regierungen ins Gespräch zu kommen, nicht gefährden wollte. Auf eine entsprechende Anfrage aus Berlin ließ er durch Ciano den Deutschen ausrichten, daß er nicht gewillt sei, auch nur einen Quadratzentimeter äthiopischen Bodens für jüdische Siedlungen zur Verfügung zu stellen.[36]

Im Juli 1938 verkündete Mussolini seine *Carta di Razza*, ein offen antisemitisches Dokument, dem eine Reihe von Gesetzen folgte. Juden, die nach dem 1. Januar 1919 nach Italien eingewandert waren, sollten ausgewiesen werden. Kein Jude durfte Lehrer, Richter, Journalist, Bankier oder Mitglied der faschistischen Partei sein. Jüdische Kinder durften nur in Schulen der israelitischen Gemeinden unterrichtet werden. Auch Unzucht mit Afrikanern wurde mit Gefängnis bestraft.

Wenn der Genozid an den Juden Ciano jemals Kopfzerbrechen

bereitete, so gab er das nie zu erkennen. Tatsächlich sind die Eintragungen in seinem Tagebuch, die sich auf die Rassenpolitik der Deutschen beziehen, wohlwollend und zustimmend. So schrieb er am 20. November 1937:»Das Geheimnis der Rechtsdiktaturen und ihr Vorteil gegenüber anderen Regierungsformen liegt gerade darin, eine nationale Formel zu besitzen. Italien und Deutschland haben sie gefunden. Die Deutschen in der Rassentheorie, wir im römischen Imperialismus.« Sein Tagebuch ist voll von abschätzigen Bemerkungen über Juden.

Andererseits hatte er zahlreiche persönliche Kontakte zu Juden, und was die offizielle italienische Politik betraf, versuchte er, zu beschwichtigen. Am 4. Mai 1937 traf er Nahum Goldman und versicherte ihm, Italien habe nichts gegen den Zionismus und antijüdische Polemiken in gewissen italienischen Zeitungen gäben keineswegs die Regierungsmeinung wieder. Einen Monat später führte er»ein langes und herzliches Gespräch« mit David Prato, dem Oberrabbiner von Rom, und gab ihm zu verstehen, daß sich die italienische Politik gegenüber den Juden nicht geändert habe, trotz antisemitischer Ausbrüche in der Presse. Ohne erkennbare Ironie fügte er hinzu:»Meine besten Freunde sind Juden.«[37]

Am 3. Dezember 1937 schrieb er in sein Tagebuch:»Die Juden überschwemmen mich mit anonymen Schimpfbriefen, in denen sie mir vorwerfen, ich hätte Hitler versprochen, sie zu verfolgen. Falsch. Niemals haben die Deutschen über dieses Thema etwas zu uns gesagt. Auch glaube ich nicht, daß wir in Italien eine antisemitische Kampagne entfesseln sollten. Das Problem existiert bei uns nicht. Die Juden sind wenig an Zahl und, von einigen Ausnahmen abgesehen, in Ordnung. Und dann darf man niemals die Juden als solche verfolgen. Das fordert die Solidarität aller Juden auf der Welt heraus. Man kann sie unter so vielen anderen Vorwänden treffen.«

Am 16. Februar 1938 gab die Regierung in Rom die *Informazione diplomatica No. 14* zur Judenfrage heraus. Die Texte dieser Schriftenreihe wurden gewöhnlich von Mussolini oder Ciano verfaßt. Michele Sarfatti meint, Ciano habe den ersten Entwurf am 9. Februar verfaßt, den Mussolini dann umschrieb.[38] Die Schrift leugnete, daß Italien die Einführung einer antisemitischen Politik plane, und bekräftigte, daß das Problem nur durch die Schaffung eines jüdischen Staates, jedoch nicht in Palästina, gelöst werden könne.

Alles in allem, so der Historiker Meir Michaelis, sei Ciano »gegen die Adaption antijüdischer Maßnahmen nach dem deutschen Modell« gewesen, »und es gibt auch keinen Beweis dafür, daß in seinen Gesprächen mit den deutschen Führern jemals das Judenproblem berührt wurde«.[39]

5. KAPITEL

Der Feldzug in Albanien

Hitler hatte in München das Sudetenland gewonnen, aber das genügte ihm noch lange nicht: er wollte die ganze Tschechoslowakei. Am 15. März 1939 überschritten deutsche Truppen die tschechische Grenze nach Böhmen und brachten ein weiteres Land unter ihre Kontrolle. Wieder einmal waren die Italiener nicht informiert worden. Aber Ciano gab dem amerikanischen Botschafter zu verstehen, daß die Deutschen im Einverständnis mit dem Duce gehandelt oder ihn zumindest informiert hätten. »Es ist so widerlich, lügen zu müssen«, schrieb er hinterher in sein Tagebuch. Mussolini war wütend, weil man ihm nicht rechtzeitig Bescheid gesagt hatte. Erst fünf Tage war es her, daß er Ciano belehrt hatte: »Die Deutschen sind ein militärisches Volk, aber kein Volk von Kriegern. Man gebe ihnen genügend Wurst, Butter und Bier und ein billiges Auto, und sie werden keine Lust mehr haben, ihre Haut zu Markte zu tragen.«[1] Doch so ungehalten er auch war, den Gedanken, mit Hitler zu brechen, wies er weit von sich und bemerkte nur bitter: »Jedesmal, wenn Hitler ein Land besetzt, gibt er mir hinterher darüber Bescheid.«[2] Wetterwendisch wie stets, beschloß er am 19. März, daß es dennoch kein Militärbündnis mit Deutschland geben könne. »Selbst die Steine würden sich dagegen aufbäumen«, sagte er zu Ciano.[3]

Ciano zeigte sich bestürzt über ein Deutschland, »das macht, was es will, und auf uns herzlich wenig Rücksicht nimmt«.[4] Hitlers Behauptung, nur deshalb gehandelt zu haben, weil die Tschechen ihre Truppen nicht von der Grenze zurückgezogen, ihre Kontakte zur Sowjetunion nicht abgebrochen und Volksdeutsche mißhandelt hätten, kommentierte er in einem Gespräch mit Hitlers Sondergesandten d'Assia erbost: »Solche Vorwände mögen für Goebbels' Propaganda taugen, aber die Deutschen sollten sie sich ersparen, wenn sie mit uns reden; unser einziger Fehler besteht darin, ihnen gegenüber viel zu loyal gewesen zu sein.«[5] Und am 19. März, nach einer weiteren langen Unterredung mit Mussolini, schreibt Ciano in sein Tagebuch:»Die Ereignisse der letzten Tage haben meine Meinung über den Führer und Deutschland grundlegend verändert: auch er ist unaufrichtig und treulos, und man kann mit ihm keine Politik machen. Seit heute arbeite ich mit dem Duce auf die Verständigung auch mit den Westmächten hin.«[6]

Doch schon am darauffolgenden Tag erklärte Mussolini:»Wir können unsere Politik nicht ändern, wir sind ja schließlich keine Huren.«[7] Vor dem Großrat bekräftigte er am 21. März die Notwendigkeit, gegenüber der Achse eine Politik der bedingungslosen Loyalität einzuschlagen.»Er hielt eine großartige Rede, polemisch, logisch, kaltblütig und heroisch«, begeisterte sich Ciano, ungeachtet der Tatsache, daß er selbst mit einer solchen Politik nicht einverstanden war. Den bissigen Zwischenruf General Italo Balbos, die Regierung werde den Deutschen noch die Stiefel lecken, kommentierte Ciano in seinem Tagebuch mit den Worten des Duce: Balbo sei und bleibe nun mal ein »demokratisches Schwein«.[8]

Ciano gefiel vielleicht nicht, was die Deutschen getan hatten, ihre Perfidie bot ihm jedoch einen willkommenen Vorwand, die von ihm seit langem geplante Annexion Albaniens voranzutreiben. Mussolini fürchtete sich vor einem solchen Schritt, der Deutschland zu einer Besetzung Kroatiens reizen konnte. Ciano drängte, doch Mussolini schob die Entscheidung weiter vor sich her. Nichts könne geschehen, sagte er zu Ciano, solange der Krieg in Spanien nicht zu Ende sei und Italien sich mit Deutschland verbündet habe. Zwar hatte er bereits im Mai 1938 seine grundsätzliche Zustimmung zu einer Annexion im darauffolgenden Jahr gegeben, aber erst nach dem Einmarsch der Deutschen in der Tschechoslowakei und dem Ende des spanischen Bürgerkrieges wurde der Plan umgesetzt.

Seit einiger Zeit schon bestand zwischen Italien und Albanien ein besonderes Verhältnis. Ein beim Ausbruch des Ersten Weltkriegs in London unterzeichnetes Abkommen hatte festgelegt, daß Albanien nach dem Krieg zwischen Italien, Griechenland, Montenegro und Serbien aufgeteilt werden sollte, doch das Abkommen trat nie in Kraft. Albanien wurde 1917 ein italienisches Protektorat. Unter internationalem Druck sah sich Italien dann 1920 genötigt, Albanien seine volle Unabhängigkeit zurückzugeben und die Aufnahme des Landes in den Völkerbund zu unterstützen. Als 1926 Albanien mit Italien ein Verteidigungsbündnis schloß, wurde das Land de facto zu einem italienischen Vasall.

Ciano gab sich damit nicht zufrieden. In einer seiner ersten Amtshandlungen als Außenminister schickte er einen Bevollmächtigten, Francesco Jacomoni, in die albanische Hauptstadt Tirana, und 1937 unterzeichnete er einen Vertrag mit Jugoslawien, der eine Geheimklausel enthielt, die Italien freie Hand in Albanien garantierte. Im April desselben Jahres besuchte Ciano Albanien und gab Jacomoni zu verstehen, daß König Zogu »eliminiert« werden müsse. Er erwartete von Jacomoni, »eine Politik zu betreiben, die den König innerhalb eines Jahres zum Verlassen des Landes nötige«.[9]

1938 saß Zogu noch immer auf dem Thron. Überdies beschloß der fünfundvierzigjährige Junggeselle, nun doch noch zu heiraten. Ciano schlug ihm mehrere junge Damen aus dem italienischen Adel vor, doch Zogu hatte Bedenken. Schließlich entschied er sich für die ungarische Gräfin Geraldine Apponyj und bat Ciano, Trauzeuge zu sein.

Auf Cianos Befehl ließ Jacomoni Gruppen von Banditen und Bergkriegern bewaffnen, um Zogus Regime zu destabilisieren. Am 17. Juli 1938 kündigte Ciano seinem Schwager Magistrati an: »Der Tag ist vielleicht nicht fern, an dem wir unsere Positionen in Albanien, einem Land, das die uns nötigen Vorkommen an Bodenschätzen und Arbeitskräften zu bieten scheint, wieder mit allen Mitteln werden ins Auge fassen müssen.«

Am 27. Oktober 1938 vertraute Ciano seinem Tagebuch an:

»Die Aktion beginnt sich klar abzuzeichnen: die Ermordung des Königs (es scheint, daß das Koci für die Summe von zehn Millionen auf sich nimmt), Straßenaufstände, Eingreifen der uns ergebenen Banden, Appell an Italien nach politischer und wenn nötig auch militärischer Intervention ... und in einer späteren Phase dann die Annexion. Jacomoni garantiert dafür, daß dies alles mit einem Monat Vorankündigung geordnet vonstatten geht.«

Jake Koci, ein albanischer Minister und Vertrauter des Königs, wurde rekrutiert, um diesen ermorden zu lassen, und zwar durch einen von des Königs Dienern, der versprach, seinem Herrn Gift in den Kaffee zu tun. Aber der König erfuhr von der Verschwörung, worauf er Koci zu sich rief und ihm erklärte: »Es wird Ihnen niemals gelingen, mich zu töten. Notfalls werde ich es sein, der Sie tötet!« Koci erwiderte: »Sie täuschen sich. Ich werde Sie töten!«[10]

Am 1. Dezember schrieb Ciano in sein Tagebuch: »Das Regime von Zogu wirkt immer unsicherer und steht vor dem Zusammenbruch. Man muß entschlossen und skrupellos vorgehen. Im übrigen ist es nur human, ein Leben vorzeitig abzubrechen, wenn man damit Hunderte und Tausende retten kann.« Am 3. Dezember traf er mit Jacomoni und Koci zusammen, und zwei Tage später schrieb er: »Das Verschwinden des Königs wird jedes Widerstandszentrum beseitigen, und die Bewegung wird das Land in wenigen Stunden erfassen.«

Zu dem Attentat sollte es nie kommen. Jacomoni behauptete nach dem Krieg, die Operation sei ausgesetzt worden, weil er bis zum letzten versucht habe, eine Übereinkunft mit Zogu zu erzielen. Koci sagte, er habe den Auftrag nicht ausgeführt, weil Ciano Zweifel gekommen seien, daß Mussolini seine Zustimmung gebe. Der Duce unterstützte Cianos Plan einer Invasion, aber am 16. März um 9 Uhr morgens bekam er plötzlich kalte Füße. Er befahl Ciano, die Operation abzublasen, weil er fürchtete, damit die Bildung eines unabhängigen kroatischen Staates unter deutscher Protektion zu fördern.

Am nächsten Tag versicherte der neue deutsche Botschafter in Rom, Hans Georg von Mackensen, dem italienischen Außenminister, daß Deutschland kein Interesse an Kroatien habe, was Ribbentrop drei Tage später in einem langen Brief bestätigte. Mussolini entschloß sich nun zum Handeln, und am 23. März unterbreiteten er und Ciano einen Vorschlag für ein italienisches Protektorat und baten Zogu, ihn anzunehmen. Aber Viktor Emanuel, der dem Besitz Albaniens wenig Wert beimaß, warnte den Duce, ein solches Risiko einzugehen, nur »um vier Steine zu gewinnen«.[11] Verärgert über die Reaktion des Königs, sagte Mussolini zu Ciano: »Wenn Hitler mit einem Trottel von einem König fertigwerden müßte, hätte er Österreich und die Tschechoslowakei nie einnehmen können.«[12] Am 28. März kapitulierte Madrid, und der spanische Bürgerkrieg war zu Ende. In den letzten Wochen des Krieges waren viele Italiener, die für die Republik gekämpft hatten, in Gefangenschaft geraten. Ciano setzte Mussolini davon in Kenntnis, und dieser befahl, alle zu erschießen: »Tote reden nicht.«[13]

Bei einem Treffen mit Jacomoni und zwei italienischen Generälen am 31. März erfuhr Ciano, daß es der italienischen Armee an der für die albanische Operation nötigen Ausrüstung fehle, aber er war fest entschlossen, weiterzumachen. Er legte Mussolini einen Vertragsentwurf für Albanien vor, und der Duce billigte ihn mit leichten Veränderungen.

Am 5. April stellte Mussolini König Zogu ein Ultimatum, das Ende der Souveränität Albaniens bis zum Mittag des nächsten Tages zu akzeptieren. Zogu, der um Zeit bat, das Land zu verlassen, versprach, bis zum 6. April abends sechs Uhr zu antworten. Es kam keine Antwort. Im Morgengrauen des 7. April landeten italienische Truppen an der albanischen Küste, während Zogu mit seiner Familie nach Griechenland floh. Die Invasion verlief zwar nicht reibungslos – »Wenn die Albaner ein Korps von gut ausgebildeten Feuerwehrleuten gehabt hätten, hätten sie uns in die Adria geworfen«, urteilte Anfuso[14] –, aber die Italiener überwanden den Widerstand, und Ciano flog noch am gleichen Tag an den »Kriegsschauplatz«.

Zurück aus Albanien und immer noch in Fliegerkluft, empfing Ciano Botschafter Phillips und versicherte ihm, daß Italien keineswegs vorhabe, die Unabhängigkeit des Balkanstaates zu untergraben. Phillips schrieb in sein Tagebuch: »Ich fragte mich nur, warum Ciano sich die Mühe gemacht hatte, mir und meinen Kollegen offiziell zu versichern, daß die Unabhängigkeit Albaniens geachtet werde, wo er doch wußte, daß das Gegenteil geschah. Durch diese nutzlose und unnötige Täuschung büßte er natürlich bei uns allen an Achtung ein.«[15] Am 8. April flog Ciano nach Tirana, wo er den Albanern versicherte, ihre Unabhängigkeit zu achten. Er ließ alle politischen Gefangenen auf freien Fuß setzen und verteilte Geld an die Armen.

Am 21. April hielt er vor der Abgeordnetenkammer eine Rede, in der er die erfolgreiche Invasion in den rosigsten Farben schilderte. In gehobener Stimmung telefonierte er danach mit Giovanni Ansaldo, dem Herausgeber seiner Zeitung *Il Telegrafo* in Livorno. Das Gespräch wurde vom italienischen Geheimdienst mitgeschnitten und hatte folgenden Wortlaut:

»Ciano (mit Stentorstimme): Ansaldo!

Ansaldo (mit honigsüßer Stimme): Zu Befehl, Exzellenz!

Ciano: Was hältst du von ihr?

Ansaldo: Von wem, Exzellenz?

Ciano: Von meiner Rede natürlich!

Ansaldo: Ach so, Exzellenz. Ich habe sie noch nicht gelesen. Sie geben mir die Manuskriptseiten immer erst nach und nach, wenn sie das Stenogramm entziffert haben.

Ciano: Wie findest du das, was du bereits gelesen hast?

Ansaldo: Ausgezeichnet!

Ciano: Nicht mehr?

Ansaldo: Einprägsam, mitreißend! Sie wird bestimmt ein weltweites Echo auslösen. Die Darstellung ist gut begründet, luzide, von souveräner Logik.

Ciano: Gut! Ich verlasse mich darauf, daß du all das in deinen Kommentaren deutlich herausstellst. Besser noch, schreib einen Leitartikel. Betone besonders, daß die Aufnahme, die meine Rede beim Publikum fand, wirklich außerordentlich gewesen ist. Nie in meinem Leben bin ich so bewegt gewesen.

Ansaldo: Das glaube ich, Exzellenz. Noch andere Befehle?

Ciano: Besonderen Wert lege ich darauf, daß keine Unterbre-
chungen im Redetext weggelassen werden.
Ansaldo: Worauf spielen Sie an, Exzellenz?
Ciano: Auf den Beifall, auf die Bemerkungen der applaudieren-
den Menge. Habe ich mich deutlich ausgedrückt?
Ansaldo: An mir soll es nicht fehlen, Exzellenz!
Ciano: Besonders der Schluß. Der Schlußapplaus! Ich habe
nämlich eine Menge erhalten. Laß es in Großbuchstaben druk-
ken! Spar nicht mit den Großbuchstaben!«[16]
Schon wenige Tage nach dem Überfall schlug eine Gruppe von
Exilalbanern den Herzog Amadeo von Aosta als neuen König vor,
und Mussolini stimmte zu. Die Entscheidung wurde Viktor Emanuel übergeben, der klar zu verstehen gab, daß er die Krone für
sich beanspruche. Damit war die Heuchelei der Beibehaltung
albanischer Unabhängigkeit entlarvt. Die Exilalbaner trafen sich
dann heimlich mit Ciano und boten ihm die Krone an. Ciano
lehnte mit der Begründung ab, er müsse auf dem Posten arbeiten,
auf den ihn der Duce gestellt habe.[17]
Am 12. April war Ciano noch einmal nach Tirana geflogen, um
für sein Vorhaben zu werben und die hartnäckigsten Gegner unter
den Albanern zu bestechen, was ihm offenbar gelang. Die Konsti-
tuierende Versammlung bot schließlich Viktor Emanuel die albanische Krone an. Nach der anschließenden Zeremonie im Qui-
rinalspalast schrieb Ciano: »Der König antwortet mit unsicherer,
bebender Stimme. Er ist wirklich kein Redner, der sein Publikum
beeindruckt, und diese Albaner, ein hartes, kriegerisches Berg-
volk, blicken, teils erstaunt, teils eingeschüchtert, auf dieses alte
Männchen auf dem großen vergoldeten Sessel, zu dessen Füßen
ein bronzener Riese steht: Mussolini. Und sie verstehen nicht, wie
all das möglich ist.«[18]
Der italienische Polizeichef Bocchini verbot seinen Beamten,
sich in irgendeiner Weise um albanische Angelegenheiten zu
kümmern. »Albanien ist Cianos Sache, und ich möchte es nicht
zum Bruch mit ihm kommen lassen«, sagte er.[19] Guido Leto, der
damalige Leiter der politischen Abteilung im Amt für öffentliche
Sicherheit, berichtete, daß jeder Hinweis, der den Ciano-Clan in

ein schlechtes Licht hätte setzen können, sofort unter den Teppich gekehrt wurde. »Cianos Macht«, so erinnerte er sich, »wuchs von Tag zu Tag, und Bocchini, der an seinem Posten klebte, wurde ein wahrer Sukkubus des Außenministers.«[20] Auch der italienische Diplomat Emanuele Grazzi bemerkte, daß Ciano Albanien als sein »persönliches Lehen« betrachtete. »Er ließ luxuriöse Jagdschlösser erbauen und Jagdreservate einrichten und die Schlösser auf Kosten der albanischen Staatskasse ausstatten. Er setzte seine eigenen Leute ein, und selbst die Ortsnamen ... mußten neuen weichen, damit sie noch in Jahrhunderten von seinem Ruhm und dem seiner Familienmitglieder kündeten.«[21] Santi Quaranta wurde zu Port Edda. Später bezeichnete Ciano Albanien als sein »Großherzogtum«.

Natürlich fanden sich nicht alle Albaner widerspruchslos mit der italienischen Übernahme ab. Ciano verfolgte gegenüber Dissidenten eine harte Politik. Am 12. Mai schrieb er in sein Tagebuch: »In albanischen Intellektuellenzirkeln ist die Luft geladen, weshalb etwa zwanzig Personen sofort in Konzentrationslager gesteckt werden. Man darf nicht das geringste Zeichen von Schwäche erkennen lassen.«[22]

Ciano war Aktionär bei zwei italienischen Erdölkonzernen, der ANIC und der AGIP, aber albanisches Öl erwies sich als schwefelhaltig, eine Raffinierung als kostspielig und somit unprofitabel. Deutsche Spione, die später über Ciano Ermittlungen anstellten, vermochten keinen Beweis dafür zu erbringen, daß er von dem albanischen Unternehmen profitierte. Auch für Italien zahlte sich das Unternehmen nicht aus, wohl aber für die Albaner, weil Rom Geld in ein Entwicklungsprogramm für das rückständige Land pumpte. Zwei Jahre später, in einen Krieg verwickelt, den sie nicht wollten, hatten im Sold der italienischen Regierung stehenden Albaner genug davon. Erfolgreich baten sie um die Auflösung der Faschistischen Partei Albaniens, die Aufhebung des Staatssekretariats für Albanien und den Wiederaufbau ihrer Armee.

Nach dem Krieg bestritt Jacomoni, daß es eine ernsthafte Verschwörung gegen König Zogu gegeben habe. Er behauptete, sich

Ciano in seinem »Großherzogtum« Albanien,
Aufnahme 1941

dem Plan vehement widersetzt zu haben, der nur die Laune eines
Augenblicks gewesen sei. Ein römisches Gericht sprach ihn am
12. März 1945 von dem Vorwurf frei, Zogus Ermordung geplant
zu haben. Aber dieser Prozeß fand vor der Veröffentlichung der
Ciano-Tagebücher für die Jahre 1937 bis 1938 statt. Darin ist von
drei Begegnungen Jacomonis mit Ciano die Rede, bei denen der
Plan für ein Attentat auf Zogu erörtert wurde.

6. KAPITEL

Das Privatleben gerät in Unordnung

Nach der Annexion Albaniens hätte sich Ciano eigentlich obenauf fühlen können, aber inzwischen gingen er und Edda getrennte Wege, und es wurde gemunkelt, daß sie ihn verlassen wolle. Als sie drauf und dran war, es zu tun, ging sie zu ihrem Vater:»Papa, ich möchte Galeazzo verlassen.«

»Warum? Gibt er dir nicht genug zu essen? Läßt er dir nicht genug Geld, oder hält er dich irgendwie kurz?«

»O nein, das ist es nicht.«

»Dann betrügt er dich also?«

»Vielleicht.«

»Liebst du einen anderen?«

»Nein!«

»Dann geh nach Hause und red nicht mehr solchen Unsinn.«[1]

Über Eddas angeblich skandalöses Privatleben rankten sich allerlei Gerüchte, so daß selbst der britische Botschafter Sir Percy Loraine sich bemüßigt fühlte, seinen Premierminister und Außenminister Lord Halifax davon in Kenntnis zu setzen. Sie sei eine Nymphomanin, schrieb er, und gebe sich im Alkoholrausch sexuellen Ausschweifungen hin.[2]

Ciano bekannte gegenüber Curzio Malaparte:»Mein wahrer Feind ist Edda … Wenn Edda mich eines Tages verläßt, wenn es einen anderen Mann in ihrem Leben gibt, etwas Ernstes, wäre ich verloren. Alles hängt von Edda ab. Verschiedene Male habe ich bereits versucht, ihr klarzumachen, wie gefährlich manche ihrer Verhaltensweisen für mich sind. Aber mit Edda kann man nicht reden. Sie ist eine schwierige, merkwürdige Frau. Man weiß nie, womit man bei ihr rechnen muß. Manchmal macht sie mir Angst.

Ich weiß nicht, wer die dummen Gerüchte über Edda in die Welt
setzt, darüber, daß sie unsere Ehe auflösen will, um irgendeinen
anderen zu heiraten.«[3] Und doch war Edda, so jedenfalls sagte er
einmal zu Orio Vergani, die einzige Frau, die er wirklich liebte,
und seine einzige Freundin.
    In seinem Kolportageroman *Kaputt* verglich Malaparte Edda
mit Stavroghin aus Dostojewskis *Dämonen* :»Elle aime la mort ...
Sie hat ein ganz ungewöhnliches Gesicht. An manchen Tagen ist
es die Maske des Mords, an anderen Tagen die Maske des Selbst-
mords. Ich würde mich nicht wundern, wenn man eines Tages
hörte, sie habe jemanden ermordet oder habe sich umgebracht ...
Mussolini weiß, daß seine Tochter zur Rasse Stavroghins gehört,
und er hat Angst um sie, er läßt sie überwachen, er will jeden ihrer
Schritte, jedes ihrer Worte erfahren, alle ihre Gedanken, alle ihre
Laster. Er ist sogar so weit gegangen, ihr einen Mann der Polizei
in die Arme zu werfen, um, wenn auch nur mit den Augen eines
anderen, seine Tochter in den Augenblicken der Hingabe beobachten zu können ... Sein einziger Feind, sein wahrer Rivale,
ist seine Tochter. Sie ist sein geheimes Gewissen. Das ganze
schwarze Blut der Mussolinis ist nicht in den Adern des Vaters, es
ist in den Adern Eddas. Wenn Mussolini ein gesetzmäßiger König
und Edda ein Prinz, sein Erbe wäre, würde er sie aus dem Weg
räumen lassen, um sich den Thron zu sichern. Im Grunde ist
Mussolini glücklich über das regellose Leben seiner Tochter, über
die Krankheit, die ihr nachstellt. Er kann so in Frieden herrschen.
Doch kann er in Frieden schlafen? Edda ist unversöhnlich, sie be-
drängt seine Nächte. Es wird eines Tages Blut fließen zwischen
diesem Vater und dieser Tochter.«[4]
    Cianos chaotisches Privatleben indes bereitete Mussolini min-
destens ebenso viele Sorgen. Anfang 1938 brachte er während einer Unterredung mit Ciano dessen gesellschaftliches Treiben im
Golfklub Acqua Santa zur Sprache. »Ich bekomme laufend Berichte über diesen Golfklub«, sagte er. »Die Beamten des Außenministeriums geben sich zu viel mit schönen und ziemlich durchtriebe-
nen Frauen ab.« Ciano lachte. »Du sprichst von mir, nicht wahr?«
Mussolini bejahte und gab ihm bei dieser Gelegenheit auch Duff

Coopers Talleyrand-Biographie zurück, nicht ohne spitz zu bemerken: »Wenn ein Mann immer nur schöne Frauen begehrt und schreckliche Bücher liest, ist er dem Untergang geweiht.«[5]

Die meisten seiner Freunde und Bewunderer sprachen Englisch und Französisch und machten aus ihrer Sympathie für die Westmächte kein Hehl, wobei wahrscheinlich eher gesellschaftliche als politische Erwägungen eine Rolle spielten. Die Deutschen dagegen hielten die meisten für ungehobelt. Je mehr sich Cianos Verhältnis zu Mussolini verschlechterte, desto mehr geriet er in den Bann dieser Clique.

Eugen Dollmann, Dolmetscher der SS, der viele Jahre in Rom gelebt hatte, schrieb in seinen Erinnerungen: »Wie gut der Golfklub über Regierungs- und Staatsgeheimnisse der Achse orientiert war, mag man daraus ersehen, daß Galeazzo Ciano mehr als einmal, soeben von einer wichtigen Mission zurückgekehrt, seinen geliebten Golfklub aufsuchte, noch bevor er sich zum Rapport bei seinem Schwiegervater gemeldet hatte.«[6]

Der Historiker Attilio Tamaro behauptete, die Aristokraten in Cianos Bekanntenkreis hätten einen verhängnisvollen Einfluß auf ihn ausgeübt: »Sie stellten die Deutschen als Langweiler hin, als stets schlecht gekleidet, begleitet von biederen, fülligen, häßlichen Frauen, und sie redeten ihm ein, daß diese Leute nicht die Zivilisation repräsentieren könnten, wie es die römische Aristokratie mit ihren Institutionen, Traditionen, ihrer Raffinesse vermochte ... Und Ciano ließ sich nach und nach davon überzeugen.« Ciano, so Tamaro, sei umgegeben gewesen von »ausländischen Nymphchen«, die ihm schöne Augen machten. »In diesem Milieu, in dem er hofiert ... und bereits als Nachfolger Mussolinis betrachtet wurde, lenkte er die Außenpolitik des Landes und führte des öfteren Gespräche über Dinge, die hätten geheimbleiben sollen.«[7]

Während sich die internationale Lage immer mehr eintrübte, alberten Ciano und seine Anhänger und Verehrer an den Tischen des Golfklubs in einem Kauderwelsch aus Italienisch, Französisch und Englisch. Der einzige Deutsche, der diesem Kreis angehörte, war Otto von Bismarck, ein Enkel des Eisernen Kanzlers und Ge-

*Immer auf der Suche nach
attraktiven Frauen aus den besseren Kreisen:
Ciano beim Tanz mit der Erzherzogin Anna von Österreich,
Januar 1938*

sandter an der deutschen Botschaft in Rom. Er und seine aus Schweden stammende Frau Ann-Mari hatten zwar eine signierte Fotografie Görings auf ihrem Klavier stehen, gaben sich aber in ihren Gesprächen mit Ciano und Anfuso als entschiedene Nazigegner zu erkennen. Von Bismarck plauderte gegenüber Ministerialen des Palazzo Chigi eine Menge aus, lebte jedoch in ständiger Angst, dabei ertappt zu werden. Auch Carl Clemm von Hohenberg von der deutschen Botschaft und seine Frau Veronica wurden Freunde Cianos. Es wurde gemunkelt, daß die deutsche Regierung, die Cianos Schwäche für schöne Frauen kannte, die beiden Diplomaten nach Rom geschickt habe, damit deren Frauen das Vertrauen des Außenministers gewönnen und ihn aushorchten. Der hielt sie offenbar auf Distanz. Gleichwohl galten die beiden Paare manchen, wie etwa der Gräfin Marozia Borromeo d'Adda, als deutsche Spione.[8]

Curzio Malaparte schildert in *Kaputt* einen Nachmittag im Golfklub Acqua Santa im Jahre 1942, wo er, eben als Kriegsberichterstatter von der Ostfront zurückgekehrt, Ciano bei seiner Lieblingsbeschäftigung erlebte, dem Flirten:

»Ciano stand vor Brigitte, lachend und, wie es seine Gewohnheit war, mit lauter Stimme zu ihr sprechend, während er den Kopf hierhin und dorthin wandte. Brigitte hielt die Ellbogen auf den Tisch gestützt, und das Gesicht in den Händen bergend, blickte sie mit ihren schönen, unschuldig boshaften Augen zu ihm empor. Dann stand sie auf und ging zusammen mit Galeazzo in den Garten hinaus, wo wir sie in schmachtender Unterhaltung um das Schwimmbecken herum spazieren sahen. Graf Ciano hatte seine galante Miene, er sprach mit lauter Stimme, sich umschauend, mit seinem selbstzufriedenen und herzlichen Gesichtsausdruck. Alle beobachteten die Szene und nickten in vollem Einverständnis einander zu:

›Ça y est!‹ bemerkte Ann-Mari.

›Brigitte ist eine wirklich charmante Frau‹, sagte von Bismarck.

›Galeazzo ist unwiderstehlich für Frauen‹, äußerte Georgette.

›Es gibt keine Frau hier, die nicht ihre Geschichte mit Galeazzo gehabt hätte‹, sagte Anfuso.

Der Schein eines harmonischen Privatlebens blieb gewahrt:
Ciano bei der Einschulung seines ältesten Sohnes Fabrizio,
Oktober 1938

›Ich kenne verschiedene‹, sagte Ann-Mari, ›die ihn in die Schranken zu weisen wußten.‹

›Ja, aber die sind nicht hier‹, sprach Anfuso, während sein Gesicht sich verfinsterte.«[9]

Der damalige amerikanische Botschafter in England, Joseph Kennedy, der Vater des späteren US-Präsidenten und wie dieser selbst ein notorischer Schürzenjäger, konstatierte bei seinem Rom-Besuch 1938 an Ciano eine geradezu abstoßende Obsession für das weibliche Geschlecht: »Ein so aufgeblasener und eitler Schwachkopf ist mir noch nie begegnet. Die meiste Zeit redet er über Frauen, und ernsthaft konnte man sich überhaupt nicht mit ihm unterhalten, weil er dauernd Angst hatte, die zwei oder drei Mädchen, hinter denen er her war, aus dem Blickfeld zu verlieren. Ich verließ ihn mit der Überzeugung, daß wir mehr bei ihm erreicht hätten, wenn wir ihm ein Dutzend hübscher Mädchen geschickt hätten statt unserer Diplomaten.«[10] Vor einer Reise nach Berlin soll Ciano sogar dem italienischen Generalkonsul Giuseppe Renzetti telegrafiert haben:»Sorgen Sie für Frauen.«

Etwas nachsichtiger äußerte sich Lord Vansittart, der Ciano 1934 kennengelernt hatte:»Er war ein Stromer. Aber das ist schließlich keine Sünde. Er liebte die Frauen und die Karriere; andere hatten die gleichen Neigungen, nur konnten sie sie weniger befriedigen. Er sah gut aus, war gutmütig und zeigte zuweilen Sinn für Humor. Er genoß das Leben zu sehr, als daß er sich Schwierigkeiten hätte wünschen mögen; und der Widerwille eines *jouisseur* gegen den Krieg ist verläßlicher als der eines Pazifisten, weil er praktischer ist.«[11]

Die Gräfin Borromeo d'Adda indes erinnert sich noch heute gern an Cianos Hilfsbereitschaft:»Wenn ein Problem auftauchte, eine mittellose Person eine Wohnung oder ein Mann in unserem Bekanntenkreis eine Arbeit suchte, wandten wir uns immer an ihn, und er kümmerte sich darum.«[12]

Der Maler Aldo Raimondi, dem Ciano 1938 im Palazzo Chigi für ein Porträt saß, mußte die Sitzungen mehrmals unterbrechen, weil Anfuso ins Zimmer trat, um weibliche Gäste anzukündigen. Ciano begab sich dann mit der einen ins Nebenzimmer, und Anfuso schnappte sich die andere.»Galeazzo liebte die Frauen«, sagte Cyprienne del Drago.»Er war kein Clark Gable, der die Frauen im Sturm eroberte. Im Gegensatz zu Filippo Anfuso sah er gar nicht aus wie ein Herzensbrecher.«[13] Anfuso galt damals als einer der bestaussehenden Männer in Rom. Vor seinem Eintritt in den diplomatischen Dienst ein vielversprechender Dichter, war er auch der intelligentere von beiden, segelte aber stets in Cianos Kielwasser, zuerst in China, dann im Außenministerium, wo er verschiedene Ämter bekleidete. Er war ein Zyniker, kalt und berechnend, und konnte es zweifellos nicht verwinden, daß ihn auf

*Filippo Anfuso, einer der engsten Vertrauten Cianos
sowohl in politischen als auch in privaten Angelegenheiten*

der Karriereleiter jemand überholt hatte, der ihm geistig unter-
legen war. In seinen Memoiren findet sich kein gutes Wort über
Ciano, obwohl Anfuso vorgab, dessen enger Freund gewesen zu
sein. Im Golfklub ließ er einmal verlauten, Ciano brauche keine
Freunde und wolle auch keine: »Er weiß gar nicht, was er mit ihnen anfangen soll. Er verachtet sie und behandelt sie wie Lakaien.
Die Freundschaft mit Mussolini ist ihm genug.«[14]
   Gleichzeitig war Ciano neidisch auf Anfuso, weil dieser mehr
Erfolg bei den Frauen hatte und besser schreiben konnte. Fast
alle, die beide Männer kannten, waren sich darin einig, daß Anfu-
so einen starken und verderblichen Einfluß auf Ciano ausübte.
Giorgio Nelson Page sagte, Anfuso habe mit seinem »zersetzen-
den Geist« Ciano um seine Begeisterung und seinen Glauben

gebracht und ihn zu einem Zyniker gemacht, dessen er sich zu bedienen wußte.[15]

Ciano ging mit den Frauen, die um ihn herumtänzelten, nicht nur ins Bett, sondern bediente sich ihrer auch zu Repräsentationszwecken, wenn er Einladungen oder Empfänge gab. Giorgio Nelson Page hat in *L'americano di Roma* die Funktionsweise des Cianoschen Hofstaats beschrieben: »Hatte der französische Adel von Ludwig XIV. bis zur Revolution nur eine dekorative Funktion am Hof von Versailles, so fiel dem kleinen Kreis italienischer Adliger am Hofe Galeazzo Cianos eine ganz wesentliche Aufgabe zu. Bei den Galadiners und Empfängen ... waren immer, genau dosiert, einige charmante Damen vertreten, die mit den Gästen zu Tisch saßen.« Die einen hätten dafür gesorgt, daß die Konversation mit Vertretern der angelsächsischen Staaten in tadellosem Englisch vonstatten ging, die anderen, die für die Betreuung von Gästen aus Deutschland oder den Satellitenstaaten zuständig waren, mußten gegenüber angelsächsischer Lebensart Gleichgültigkeit zur Schau stellen und auf Französisch konversieren, als wollte man damit sagen: »Schaut uns genau an, wir sind anmutig, elegant, parfümiert. Wir haben unsere Liebhaber, und wir amüsieren uns prächtig. Aber wir sprechen Französisch mit euch, weil ihr weder in der Lage noch höflich genug seid, Italienisch mit uns zu sprechen, und wir keine Lust haben, euer barbarisches Idiom zu erlernen.«[16]

7. KAPITEL

Krieg in Sicht

Zu Beginn des Jahres 1939 stand für Hitler der Überfall auf Polen fest. Zuvor aber wollte er Italien durch ein Militärbündnis an Deutschland ketten. Als Göring Mitte April nach Rom kam und diffuse Drohungen gegen Polen richtete, fühlte sich Ciano unwillkürlich an die Zeit vor dem »Anschluß« Österreichs und an die Zerschlagung der Tschechoslowakei erinnert. Er warnte vor jedem übereilten Vorgehen, fand aber kein Gehör.

Am 20. April erhielt er einen »sehr ernsten Bericht von Attolico, der einen bevorstehenden deutschen Angriff auf Polen ankündigt«.[1] Schon seit einiger Zeit sprach der italienische Botschafter in Berlin solche Warnungen aus, aber Ciano fragte dann jedesmal bei Massimo Magistrati nach, der immer noch in Berlin akkreditiert war und ihm stets versicherte, daß Attolico falsch informiert sei. Obwohl Hitler am 3. April tatsächlich Weisung zur Vorbereitung eines Krieges gegen Polen gegeben hatte, glaubte Ciano lieber seinem Schwager Massimo.

Am 28. April kündigte Hitler den Nichtangriffspakt mit Polen und das deutsch-britische Flottenabkommen aus dem Jahr 1935. Mussolini beauftragte Ciano, bei einem für Mai geplanten Treffen mit Ribbentrop am Comer See das Verhältnis Italiens zu Deutschland vertraglich festzulegen. Einerseits wollte der Duce vorerst eine Politik des Friedens verfolgen, andererseits lag ihm daran, ein deutsch-italienisches Militärbündnis mit Japan vehement voranzutreiben.

Ciano begann nervös zu werden bei der Aussicht, daß Italien in einen Krieg taumelte, auf den es in keiner Weise vorbereitet war. Das Militär, so schrieb er, übertreibe die Stärke der Streitkräfte und beschönige die tatsächlichen Mängel, um Mussolini zufrie-

denzustellen.»Die Munitionslager sind leer, die Artillerie ist ver-
altet. An Flugabwehr- und Panzerabwehrraketen herrscht totaler
Mangel. Im Bereich des Militärs ist viel geblufft worden, und
selbst der Duce hat sich getäuscht ... [Luftwaffengeneral] Valle
behauptet, wir hätten 3 006 einsatzfähige Flugzeuge, während der
Nachrichtendienst der Marine von nur 982 spricht.«[2]

Dennoch war Cianos Verhalten im Frühjahr 1939 wie immer
von unverzeihlicher Verantwortungslosigkeit. Wiederholte Hinweise auf deutsche Drohungen gegenüber Polen nahm er nicht
ernst oder gar nicht erst zur Kenntnis. Im Februar 1939 besuchte
er mit Edda Warschau, um einen Eindruck von der dortigen Lage
zu gewinnen. Er gebärdete sich dabei wie ein verzogenes Kind.
Während eines Dinners warf er mißgelaunt mit Brotstücken um
sich und stieß seinen Gastgeber, den polnischen Außenminister
Oberst Beck, absichtlich vor den Kopf. Als Beck von seiner
Freundschaft zur polnischen Botschafterin in Rom Wieniawa
Dlugoszovski sprach, erwiderte er:»Jetzt verstehe ich, mein lieber
Beck, Ihren guten Ruf haben Sie wegen Wieniawa verloren.«
Beck gab spitz zurück:»Ich glaube, Ihr Ruf bedarf keiner Wienia-
wa mehr, um noch schlechter zu werden.«[3]

Nach seiner Rückkehr äußerte Ciano gegenüber Mussolini, er
habe den Eindruck gewonnen, daß die Deutschen bereit seien,
wegen Danzig »alle Brücken hinter sich abzubrechen«.[4] Zu Vergani sagte er, Italien könne sich mit Polen, Ungarn und Jugoslawien zusammenschließen, um die Deutschen aufzuhalten. »Das
ist das einzige, was unser Land auf diplomatischem Gebiet tun
kann«, erklärte er, »um Deutschland vom Krieg abzuhalten.«[5]
Doch seine Worte wurden von seinen Taten Lügen gestraft, ganz
besonders bei den Unterredungen mit Ribbentrop.

Das Treffen wurde vom Comer See nach Mailand verlegt, weil
die französische Presse von bevorstehenden antideutschen Pro-
testdemonstrationen gegen ein deutsch-italienisches Militärbündnis berichtet hatte. Am 6. Mai trafen Ribbentrop und seine Frau
in Mailand ein, und Ciano sagte vor Journalisten:»Über Danzig
werden wir uns bestimmt nicht in die Wolle kriegen.«[6] In einer
ersten Gesprächsrunde machte Ciano unmißverständlich deut-

lich, daß Italien noch mindestens drei Jahre Frieden brauche, bis es kampfbereit sei, worauf Ribbentrop ruhig entgegnete, daß auch Deutschland von der Notwendigkeit einer mindestens vier- oder fünfjährigen Friedensperiode überzeugt sei. Noch am selben Abend unterrichtete Ciano den Duce über den positiven Verlauf der Gespräche, und Mussolini wies ihn an, die Presse von der Existenz eines deutsch-italienischen Bündnisses zu informieren.

Ciano hätte allen Grund gehabt, Ribbentrops beschwichtigenden Worten zu mißtrauen, entschied sich aber für das Gegenteil. Er war im Begriff, seine Nation auf ein Bündnis festzulegen, das furchtbare Konsequenzen haben konnte, doch aus purer Faulheit oder Leichtfertigkeit kümmerte er sich nicht weiter darum, wie der Vertragsentwurf konkret aussehen sollte. »Nicht genug, daß er die Abfassung des Textes den Deutschen anheimstellte, er versäumte es sogar, vorher über die allgemeinen Richtlinien seines Inhalts zu diskutieren und zu einem Einverständnis zu gelangen ... Alles blieb der Initiative von Ribbentrops überlassen.«[7]

Am Abend des 7. Mai fuhren Ciano und Ribbentrop dann in die Villa d'Este am Comer See. »Alle schönen Frauen der Mailänder Gesellschaft waren anwesend, es herrschte eine sehr heitere Atmosphäre, und jeder gab seiner Freude über den neuen Pakt Ausdruck. Ribbentrop, in bester Laune, tanzte ausgelassen Walzer mit der Gräfin Durini. Sie sprach von der Möglichkeit eines neuen Krieges und fragte ihren Tanzpartner, wie sich seiner Meinung nach Rußland in einem solchen Fall verhalten würde. Ribbentrop lachte herzlich und antwortete, die eben vom Orchester gespielte Melodie mitsummend: ›Aber Rußland ist doch auf unserer Seite.‹«[8]

Der Vertragstext des sogenannten »Stahlpakts« wurde Ciano am 13. Mai überreicht, als er mit einer Besucherdelegation aus Jugoslawien den Zug nach Florenz bestieg. Die ersten beiden der insgesamt sieben Artikel enthielten die Forderung nach regelmäßigen Konsultationen über Fragen von gemeinsamem Interesse sowie im Fall von Kriegsgefahr. In Artikel III hieß es: »Wenn es entgegen den Wünschen und Hoffnungen der vertragschließenden Teile dazu kommen sollte, daß einer von ihnen in kriegerische

Verwicklungen mit einer anderen Macht oder anderen Mächten gerät, wird ihm der andere vertragschließende Teil sofort als Bundesgenosse zur Seite treten und ihn mit allen seinen militärischen Kräften zu Lande, zur See und in der Luft unterstützen.«[9] Dies hätte Ciano nachdenklich stimmen und ihn veranlassen müssen, die Formulierung in Frage zu stellen. Aber sein einziger Kommentar dazu lautete: »Einen derartigen Vertrag habe ich noch nie gelesen. Er ist wahrlich Dynamit.«[10] Später teilte er Mussolini mit, daß Phillips ihn darauf hingewiesen habe, Amerika werde sich bei einem möglichen europäischen Konflikt nicht heraushalten. Den Duce ließ das kalt.[11]

Am 21. Mai traf Ciano in Berlin ein, um den Vertrag zu unterzeichnen, und war beeindruckt von der »spontanen« Begrüßung, die ihm die Bevölkerung bereitete.[12] Tatsächlich jedoch hatte die deutsche Regierung Mühe gehabt, genügend Leute zusammenzutrommeln, und deshalb den Arbeitern einen Tag freigegeben, damit sie an der Straße stehen konnten. Ciano wurde von Hitler im Kaiserhof empfangen und notierte in sein Tagebuch: »Er machte auf mich einen guten Eindruck, richtig heiter, weniger aggressiv. Ein bißchen gealtert. Er hat tiefere Falten um die Augen. Er schläft wenig. Immer weniger. Bis tief in die Nacht hinein ist er von Mitarbeitern und Freunden umgeben. Frau Goebbels, die bei diesen Zusammenkünften stets zugegen ist und sich darüber sehr geehrt fühlt, schilderte sie mir, ohne verbergen zu können, daß sie die dort herrschende Eintönigkeit etwas langweilt. Es redet praktisch immer nur Hitler! Führer hin oder her, aber er wiederholt sich unentwegt und langweilt seine Gäste. Zum ersten Mal höre ich aus eingeweihten Kreisen von der Zuneigung des Führers zu einem schönen Mädchen. Sie ist zwanzig Jahre alt, hat wunderschöne, sanfte Augen, regelmäßige Gesichtszüge und einen herrlichen Körper. Sie heißt Sigrid von Lappus [in Wirklichkeit Sigrid von Laffert]. Sie treffen sich oft, auch unter vier Augen.«[13]

In Gegenwart Hitlers wurde der Stahlpakt dann am Sonntag, den 22. Mai in der Reichskanzlei unterzeichnet. Im Anschluß verlieh Hitler Ciano das Goldene Großkreuz vom Deutschen Adler, die höchste Auszeichnung, die Nazideutschland zu vergeben

hatte. Eine Menschenmenge, die hauptsächlich aus jungen Braun-
hemden bestand, jubelte Hitler und Ciano vor der Reichskanzlei
zu. Es folgte ein Mittagessen in der italienischen Botschaft, wo
Ciano seinem deutschen Kollegen im Namen des Königs den Annunziataorden verlieh, den höchsten Orden Italiens, von dem es
nur zwanzig gab und der nach dem Tod des Trägers an den König
zurückfiel. Göring, der ebenfalls anwesend war, fühlte sich als Ar-
chitekt des Stahlpakts übergangen. Er soll darüber so wütend geworden sein, daß ihm Tränen in die Augen traten, woraufhin ihn
Ciano mit dem Versprechen tröstete, ihn bei späterer Gelegenheit
mit dieser Auszeichnung zu bedenken.

Am Abend gab Ribbentrop in seiner Villa in Dahlem für Ciano
eine Party, zu der auch etliche bildhübsche Damen eingeladen
waren. Die Frau des italienischen Botschafters Attolico vertraute
Ciano an, was Hitler zu ihr über Ribbentrop bemerkt hatte:
»Nach den vielen Polemiken müssen die Leute inzwischen zugeben, daß dieser Mann einiges im Kopf hat.«[14] Auch Mussolini
zählte zu den Kritikern Ribbentrops; man brauche sich bloß dessen Kopf anzuschauen, hatte er einmal zu seinem Schwiegersohn
gesagt, dann werde einem sofort klar, wie wenig Verstand er habe.

Vor seiner Abreise besuchte Ciano noch den sogenannten Salon Kitty, ein feudal möbliertes Etablissement in der Giesebrecht-
straße, das Reinhard Heydrich, der Chef der Sicherheitspolizei
und des SD, hatte einrichten lassen. In den Zimmern, in denen
sich wichtige ausländische Gäste und Nazigrößen in Gesellschaft
verführerischer und gepflegter Frauen amüsieren konnten, waren
Wanzen installiert. Manche der Besucher gaben überraschende
Informationen preis, die Heydrich, so der spätere Chef des SD-
Ausland Walter Schellenberg, »mit seinem gewohnten Scharfsinn
zum Schaden Ribbentrops und des Außenministeriums aus-
schlachtete ... Eines der denkwürdigsten Opfer war Graf Ciano,
der mit anderen wichtigen Diplomaten dort hinging.«[15]

Als Ciano am 23. Mai Berlin verließ, schärfte Hitler seinen
Mitarbeitern ein, daß der bevorstehende Angriff auf Polen selbst
gegenüber den Bündnispartnern Japan und Italien geheimgehal-
ten werden müsse. Fünf Tage später übergab Mussolini seinem

Ciano nach der Unterzeichnung des Stahlpakts
am 22. Mai 1939 mit Ribbentrop, Hitler und Göring
auf dem Balkon der Reichskanzlei

Schwiegersohn ein Memorandum, das er an Hitler weiterleiten sollte. Darin wurde noch einmal ausdrücklich darauf hingewiesen, daß Italien vor 1943 für einen militärischen Konflikt nicht gerüstet sei. Das Memorandum, das General Ugo Cavallero nach Berlin brachte, blieb unbeantwortet.

Ciano machte sich noch immer keine Sorgen, daß Italien in einen Krieg hineingezogen werden könnte. Nach der Unterzeichnung des Stahlpakts beruhigte er Bastianini, daß der Vertrag keine Folgen für Polen habe, weil die Deutschen »sehr genau wissen, daß Warschau nicht Prag ist«.[16] Solcherart verblendet, schlug Ciano weiterhin alle Warnungen in den Wind, die Attolico ihm aus Berlin zukommen ließ.

Bei seiner Ankunft in Rom wurde Ciano ein Telegramm des

Königs überreicht, in dem dieser seiner »tiefempfundenen Freude« über den Erfolg des Außenministers Ausdruck verlieh. Viktor Emanuel erwog sogar, ihn zum Marquis zu erheben, was ihm Mussolini jedoch mit der Begründung ausredete, daß dies Ciano in den Augen des Volkes nur schaden könne. Seit 1900, so bekannte der König bei der nachfolgenden Unterredung mit Ciano, habe er keinem Minister mehr ein Telegramm geschickt. Warum er Ciano ausgerechnet zum Zustandekommen des Stahlpakts gratulierte, ist unklar, zumal er sich hinsichtlich des Bündnispartners keinerlei Illusionen hingab. »Solange sie uns brauchen, werden die Deutschen höflich, ja sogar unterwürfig sein«, sagte er zu Ciano. »Aber bei der ersten Gelegenheit werden sie zeigen, was sie für Schurken sind.« Seinem Tagebuch vertraute Ciano an, daß der Stahlpakt in Deutschland populärer sei als in Italien. »Wir müssen einfach zur Kenntnis nehmen, daß der Haß gegen Frankreich bisher noch keine Liebe für Deutschland erwecken konnte.«[17]

Am 26. Juni erlag Costanzo Ciano völlig unerwartet einem Herzinfarkt, nachdem er in einem Livorneser Restaurant ausgiebig getafelt hatte. Zwar war er bereits einen Monat zuvor von einer leichten Herzattacke heimgesucht worden, doch dachte er, wie er einem Freund sagte, nicht an den Tod. Auf der Heimfahrt nach Ponte Mariano ließ er seinen Chauffeur zweimal anhalten, um Luft zu schnappen und in einem Landgasthaus einen Schluck Wasser zu trinken. Zu Hause ließ seine Frau sofort den Arzt kommen, doch es war zu spät: Costanzo starb kurz vor seinem dreiundsechzigsten Geburtstag.

Ciano war am Boden zerstört. Ein sechseinhalb Seiten umfassender Eintrag in seinem Tagebuch zeugt von einer persönlichen Betroffenheit, die man in seinen Aufzeichnungen sonst nirgendwo findet. Als er am 10. Juli zu einem offiziellen Besuch nach Spanien aufbrach, machte er sich in einem Gespräch mit einem Freund bittere Vorwürfe wegen des arroganten Benehmens, das er seinem Vater gegenüber oft an den Tag gelegt hatte. Costanzo hätte gern mehr über die Arbeit seines Sohnes und dessen Treffen mit Mussolini erfahren, er habe seinen Vater aber immer mit dem Hinweis abgespeist, gewisse Dinge gingen ihn nichts an.»Kann man sich dümmer verhalten als ein Sohn gegenüber seinem Vater?« fragte er.»So viele Male habe ich ihn enttäuscht. Es hätte mich so wenig gekostet, wenn ich manche wichtige Neuigkeit zuerst ihm erzählt hätte ... Er wäre dann einen Monat lang glücklich gewesen ... Das sind die Todsünden der Söhne.«[18]

Sir Andrew Noble vom britischen Außenministerium, der in Italien gedient hatte, verfaßte nach Costanzos Tod eine Denkschrift, in der es hieß, der Verstorbene habe durch Mißbrauch von Insider-Informationen, wenn nicht gar aufgrund schlimmerer Machenschaften, offenbar ein großes Vermögen angehäuft.»Graf Galeazzo Ciano, der ebensowenig Skrupel hat wie sein Vater, mag die Aussicht auf persönlichen Vorteil dazu veranlassen, eine prodeutsche Politik zu betreiben: Ich traue ihm das durchaus zu. Seine Finanztransaktionen würden wohl kaum einer genaueren Prüfung standhalten.«[19]

In seiner Ausgabe vom 24. Juli 1939 berichtete *Time* über die Familie Ciano. Edda, deren Foto auf der Titelseite prangte, wurde als»eine der erfolgreichsten Intrigantinnen und Drahtzieherinnen Europas« bezeichnet. Bei den Italienern, so hieß es, sei sie nicht beliebt, und viele lasteten ihr die Einführung antisemitischer Gesetze nach nationalsozialistischem Vorbild an. Auch für Ciano war der Artikel alles andere als schmeichelhaft. Vor seiner Eheschließung mit Edda Mussolini habe er sich gerne in Nobelhotels herumgetrieben, wo reiche amerikanische Erbinnen abzusteigen pflegten, schrieb *Time* und ließ durchblicken, daß sein Vater korrupt gewesen sei und sich nach Kräften bereichert habe.

Ciano hatte anscheinend nicht mit der Wimper gezuckt, als Mussolini ihm gegen Ende des spanischen Bürgerkriegs befahl, italienische Gefangene erschießen zu lassen, aber als er am 15. Juli Vittoria besuchte, war er entsetzt über die miserablen Haftbedingungen der republikanischen Gefangenen und äußerte Mitleid mit ihnen.»Sie sind keine Kriegsgefangenen mehr, sie sind Kriegssklaven«, schrieb er und beschwor Franco, das Problem so schnell wie möglich zu lösen, freilich ohne Erfolg.[20]

Unmittelbar nach seiner Rückkehr aus Spanien sah sich Ciano erneut mit dem polnischen Problem konfrontiert. Attolico warnte vor einer »neuen und vielleicht fatalen Krise« und telegrafierte am 20. Juli, daß die Deutschen Anstalten machten, sich Danzig bis Mitte August einzuverleiben. Der italienische Botschafter in Prag berichtete von großangelegten Truppenbewegungen. Ciano konnte es offenbar nicht fassen. »Ist es möglich, daß dies alles ohne unser Wissen stattfindet und noch dazu nach so vielen Friedensbeteuerungen von seiten unseres Achsen-Partners?« schrieb er. »Warten wir's ab.«[21] Kurz zuvor hatte ihm Mussolini einen Plan unterbreitet, das Danzig-Problem durch ein Plebiszit zu lösen, was Ciano für »ziemlich utopisch« hielt. Zur Lösung der Krise hatte Mussolini Hitler vorgeschlagen, eine Konferenz mit den Staatsoberhäuptern Italiens, Deutschlands, Englands, Frankreichs und Polens einzuberufen. Ribbentrop bezeichnete den Vorschlag als inakzeptabel und versicherte dem ungläubigen Attolico, daß Deutschland einen Konflikt vermeiden wolle. Als ihm sein Schwager Magistrati am 21. Juli zu verstehen gab, Attolico gerate ohne ersichtlichen Grund in Panik, war Ciano erleichtert und schrieb in sein Tagebuch: »Ich bin mir jetzt über Attolicos Befähigung im Zweifel, sehr im Zweifel. Er hat den Kopf verloren.«[22]

Dieses Urteil offenbarte einen erstaunlichen Mangel an Vertrauen in einen der erfahrensten Diplomaten Italiens. Zunächst Staatssekretär beim Völkerbund, danach Kommissar in Danzig, ernannte ihn Mussolini zum Vertreter Italiens beim Völkerbund in Genf und schickte ihn dann 1935 als Botschafter nach Berlin. Attolico war ein Mann von untadeliger demokratischer Gesinnung und verachtete die politische Führung in Berlin: »gefährliche Narren, die nichts von der Welt verstehen«. Nach dem Angriff Deutschlands auf Polen setzte er sich erfolglos für die Aufkündigung des Stahlpakts ein, den er von Anfang an zu verhindern versucht hatte. Wiederholt hatte er Ribbentrop gegenüber erklärt, er irre sich, wenn er glaube, daß ein deutsches Vorgehen gegen Polen keinen allgemeinen Krieg heraufbeschwöre.

Attolicos Warnungen wurden Ciano gewöhnlich von einem Carabinieri-Offizier der Botschaft in Berlin persönlich überbracht. Trotz dieser Vorsichtsmaßnahme waren die Deutschen über den Inhalt seiner Berichte stets im Bilde. Attolicos Sohn Bartolomeo ist noch heute davon überzeugt, daß die Deutschen jemanden dafür bezahlten, daß er die Berichte auf Cianos Schreibtisch las, aber es kann auch sein, daß Ciano selbst sie dem deutschen Botschafter in Rom zeigte. Jedenfalls beschwerte sich Ribbentrop bei Attolico einmal mit den Worten: »Wie können Sie es wagen, solche Dinge zu schreiben?«[23]

Am 2. August schließlich, als Attolico berichtete, Hitler plane, am 15. August gegen Polen loszuschlagen, beschlichen Ciano erstmals gewisse Zweifel. »Entweder hat der Botschafter den Verstand verloren, oder er sieht und weiß etwas, das uns völlig entgangen ist«, schrieb er. »Es spricht zwar alles für die erste Möglichkeit, aber wir müssen die Dinge sorgfältig beobachten.« Diese Passage unterstrich er in seinem Tagebuch. Als Attolico ihn am 4. August mit weiteren Warnungen bombardierte, gab Ciano zu, nicht mehr weiter zu wissen: »Der Augenblick ist gekommen, wo wir wirklich wissen müssen, wie die Sache steht.«

Zwei Tage später kündigte der König einem völlig verdutzten Mussolini an, daß er Ciano den Annunziataorden zu verleihen gedenke. Mussolini war entschieden dagegen und riet seinem Schwiegersohn, die Auszeichnung abzulehnen. Doch auf Eddas, und möglicherweise auch Cianos, Drängen hin willigte der Duce ein. In der italienischen Öffentlichkeit erweckte die Verleihung wenig Begeisterung.

An dem Tag, als der König die Ordensverleihung bekanntgeben ließ, weilte Edda am Lido von Venedig und verlor bei einer Partie Poker mit Giorgio Nelson Page in ihrer Suite im »Excelsior« fünftausend Lire. Aus einem Telegramm ihrer Mutter erfuhr sie von der Ehrung ihres Mannes, worauf Page boshaft bemerkte, auf diese Weise werde sie nun eine Cousine der Herzogin Sofia Badoglio, der Ehefrau des Marschalls, der ebenfalls Träger des Ordens war. Page wußte genau, daß die Cianos und die Badoglios einander nicht ausstehen konnten. Wütend ging Edda in die Hotelbar, wobei ihr ausgerechnet die Badoglio über den Weg lief. Wortlos rauschten die beiden Frauen aneinander vorbei.

Während ihres Venedig-Aufenthalts wurde Edda einmal von Barbara Hutton in eines der besten Restaurants der Stadt zum Lunch eingeladen. Auch Elsa Maxwell saß mit am Tisch, und Edda fragte sie, wie ihr Venedig gefalle, worauf diese antwortete:
»Venedig hat mir immer gefallen, seit ich 1919 zum ersten Mal herkam. Aber heute gefällt es mir nicht mehr so gut, denn es schmerzt mich, so viel Deutsch zu hören.« Edda lachte und entgegnete:»Da irren Sie sich. Sie müssen nämlich wissen, daß die Deutschen im nächsten Krieg auf unserer Seite sein werden. Und ihr Amerikaner werdet bestimmt auch auf unserer Seite sein, wenn wir England den Krieg erklären, weil es in New York mehr Italiener gibt als in Mailand.«[24]

Am 6. August hatte Ciano eine weitere Unterredung mit Mussolini über Polen. Wenn es zum Krieg komme, schrieb er hinterher, sei Italien militärisch wie wirtschaftlich überhaupt nicht darauf vorbereitet.»Sollte die Krise eintreten, werden wir kämpfen, und sei es auch nur, um unsere ›Ehre‹ zu retten. Aber wir müssen einen Krieg vermeiden.« Um die Lage zu klären, schlug er ein Treffen mit Ribbentrop vor, und Mussolini stimmte zu.

Am 11. August traf Ciano in Salzburg ein. Die Kraftprobe mit Ribbentrop begann.

8. KAPITEL
Kraftprobe mit den Deutschen

Im Zug nach Salzburg, wo die wichtigste Begegnung seiner Laufbahn stattfinden sollte, probte Ciano in Gegenwart von Mackensens und seiner eigenen Mitarbeiter, was er zu Ribbentrop sagen würde: »Sie alle werden begreifen, daß dies nicht der Zeitpunkt für einen Krieg ist; niemand würde etwas gewinnen, wenn man einen Krieg anfinge. Nicht einmal Deutschland … Es wäre ein fataler Fehler, das Schwert zu ziehen!« Er gab seiner Zuversicht Ausdruck, daß Deutschland Danzig und den Korridor sowie seine Kolonien auch ohne Krieg zurückbekomme. »Wir werden mit den Engländern, den Franzosen und den Polen Gespräche führen. Wir werden sie überzeugen.« Unvermittelt wandte er sich dann an Mackensen. »Freilich, wenn Deutschland es von uns erwartet, dann werden wir England und Frankreich das Rückgrat brechen und siegen.« Als er sah, wie geknickt Marcello del Drago und Leonardo Vitetti bei dieser letzten Bemerkung dreinblickten, blinzelte er ihnen zu und meinte aufmunternd: »Aber selbst Deutschland will keinen Krieg. Ich sage es euch. Ich weiß es.«[1]

Vor seiner Abreise hatte Ciano von Mussolini letzte Instruktionen erhalten. Er solle, so der Duce, die Deutschen darauf aufmerksam machen, daß ein Krieg in dieser Zeit Wahnsinn sei. »Unsere Vorbereitungen sind nicht so weit gediehen, daß wir mit Sicherheit von einem Sieg ausgehen können«, hatte Mussolini gesagt. »Wir müssen einen Konflikt vermeiden, weil man ihn inzwischen nicht mehr eingrenzen kann, und ein Krieg wäre für alle katastrophal.«[2]

Bei seiner Ankunft in Salzburg wurde der in der Uniform eines Generals der Miliz auftretende Ciano von einem italienischen Journalisten gefragt, ob es Krieg geben werde. »Nun«, antwortete er, »wenn ich den kleinen Schnauzbart zu sprechen kriege, werde ich ihm diese Idee schon ausreden.«[3] Dann legte er Zivil an und fuhr nach Schloß Fuschl, der etwa fünfzehn Kilometer von Salzburg entfernten Sommerresidenz Ribbentrops am Ufer des gleichnamigen Sees.

Vor dem Mittagessen trafen sich die beiden Außenminister im Garten der Villa zu einem Gespräch unter vier Augen, das Ribbentrop mit der Bemerkung eröffnete, die polnische Regierung habe unmißverständlich ihre Weigerung wiederholt, Berlin ein Mitspracherecht in Danzig einzuräumen. Der Reichsaußenminister drückte seine Empörung darüber aus und bekräftigte, daß die deutsche Reaktion vernichtend sein müsse. Energisch legte Ciano dagegen Protest ein. Nach Ende der Unterredung flüsterte er Magistrati zu: »Wir sind handgreiflich geworden!« Und zu del Drago sagte er: »Es läuft nicht gut.«[4]

Das Mittagessen, das die beiden Delegationen gemeinsam einnahmen, verlief in eisiger Atmosphäre und recht schweigsam. Schließlich brachte Ribbentrop die Sprache auf die Jagd und aufs Angeln. Um Viertel nach drei setzten die Minister im Arbeitszimmer des Gastgebers ihre offiziellen Gespräche fort, die, unterbrochen durch eine kurze Teepause in Gesellschaft der Dame des Hauses, bis halb acht dauerten. Während dieser Nachmittagssitzung fragte Ciano, ob Hitler nur Danzig oder zugleich auch den gesamten Korridor wolle. »Gestern vielleicht«, gab Ribbentrop zur Antwort. »Heute wollen wir viel mehr. Wir wollen Krieg.«[5] Ciano war entsetzt. Die Deutschen hatten ihre Maske fallen lassen: Es würde keine drei- oder vierjährige Periode des Friedens und der Aufrüstung geben. Ciano argumentierte dagegen für eine Verschiebung des Konflikts und zeigte Ribbentrop ein von Mussolini vorbereitetes Kommuniqué, in dem eine internationale Konferenz zur Beilegung der Krise gefordert wurde. Aber der Deutsche blieb hart und meinte, Italien solle sich die Lage zunutze machen, um in Kroatien und Dalmatien alte Rechnungen mit Jugoslawien zu begleichen. Außerdem deutete er an, daß zwischen Berlin und Moskau Verhandlungen im Gange seien. Es werde sich um einen begrenzten Konflikt handeln, versicherte er Ciano und

fügte hinzu, selbst wenn Frankreich und England eingreifen soll-
ten, wäre ein deutscher Sieg sicher. Ribbentrop wurde wütend, als
Ciano dies in Frage stellte, und bot ihm eine Wette an:»Wenn
Frankreich und England sich nicht rühren, geben Sie mir ein altes
Gemälde. Wenn sie sich hingegen auf die Seite Polens schlagen,
bekommen Sie von mir ein Sammlung historischer Waffen.«[6]
Ciano nahm die Wette an.

Paul Schmidt, der Chef-Dolmetscher des Auswärtigen Amtes,
schrieb in seinen Erinnerungen über Cianos Auftritt:»Er redete
mit Engelszungen, warnte, beschwichtigte und unterstrich die italienische Schwäche. Aber es half nichts. Ribbentrop befand sich
bereits in einem Zustand fieberhafter Aufregung, wie ein Jagd-
hund, der ungeduldig darauf wartet, von seinem Herrn auf die
Beute losgelassen zu werden. Er erging sich in verkrampft über-
triebenen Angriffen gegen England, Frankreich und Polen, ver-
stieg sich zu grotesken Erklärungen über die deutsche Macht und
war völlig untraitabel.«[7]

Siebenundfünfzig Jahre nach diesem denkwürdigen Treffen
vergegenwärtigt sich einer von Cianos Mitarbeitern, nunmehr ein
alter Mann, bei einer Tasse Tee in seiner römischen Wohnung die
ominöse Begegnung in Salzburg. Als die beiden Außenminister
nach Beendigung ihres Gesprächs die Treppe herunterkamen –
vorbei an einem Defilé der italienischen Beamten auf der rechten
und der deutschen auf der linken Seite –, war zu spüren, daß
Ciano wütend war. Beim Vorübergehen sagte er zu seinem Mitarbeiter:»Diese Leute sind wahnsinnig. Sie wollen Krieg!« Ciano
sei vollkommen entsetzt gewesen. Von diesem Tag an war für ihn
nichts mehr so wie früher, seine Einstellung zum Bündnis mit
Deutschland änderte sich schlagartig. Er hatte sich verantwor-
tungslos leichtgläubig verhalten, und das Gefühl der erlittenen
Demütigung sollte ihn nie wieder verlassen.

Hinterher machte Ciano seiner Wut über Ribbentrop in einem
Gespräch mit dem Journalisten Gaetano Polverelli Luft.»Es hat
keinen Zweck, mit diesem Mann zu reden«, sagte er und demon-
strierte seinem Landsmann die Borniertheit des Reichsaußenmi-
nisters an einem Beispiel:»Ich habe Ribbentrop gefragt, wie viele

U-Boote Deutschland hat. Darauf wußte er keine Anwort. Das
nenne ich einen verantwortlicher Minister, der es gegenüber einer
der großen Seemächte auf einen Krieg ankommen läßt und nicht
weiß, wie viele U-Boote sein Land aufbieten kann!«[8]
An diesem Abend bewirteten die Deutschen ihre italienischen
Gäste im berühmten »Weißen Rößl« am Wolfgangsee. Ciano saß
zur Rechten der Gastgeberin, Ribbentrop ihm gegenüber. Laut
del Drago richtete Ciano während des Abendessens kein einziges
Wort an die beiden. Zurück in ihrem Salzburger Hotel, versam-
melte sich die italienische Delegation in Cianos Badezimmer, da
man hoffte, zumindest dort nicht abgehört zu werden. Attolico
riet zu einem sofortigen Bruch mit Deutschland, aber Ciano, der
wußte, daß Mussolini nicht einwilligen würde, verwarf diesen
Vorschlag. Er sei entschlossen, sagte er, Ribbentrop an der Her-
ausgabe eines Kommuniqués zu hindern, das Italien verpflichten
würde, an der Seite der Deutschen zu kämpfen.

Am nächsten Morgen trafen die Italiener in Berchtesgaden mit
Hitler zusammen, der einen müden, abwesenden und ziemlich
nervösen Eindruck machte. Nach einem schweigend verlaufenen
Mittagessen fand eine fast vierstündige Unterredung zwischen
Hitler und Ciano statt, bei der auch Ribbentrop, Dollmann und
Schmidt anwesend waren. Del Drago beschrieb sie als »die denk-
würdigste Versammlung pockennarbiger Schurken, die sich um
den einstmals untreuen Untertanen Kaiser Franz Josephs scharten«.[9] Hitler stand vor einem großen, mit Generalstabskarten bedeckten Tisch und erklärte, daß Deutschlands Westwall undurch-
lässig sei, die Briten nur drei Divisionen nach Frankreich verlegen
könnten und Polen in kürzester Zeit besiegt sein werde. Deutschland könne dann hundert Divisionen im Westen zusammenziehen
»zum Kampf auf Leben und Tod, der dann beginne«. Ciano
brachte seine Überraschung zum Ausdruck, beklagte sich darüber,
daß Italien nicht auf dem laufenden gehalten worden sei, und wies
warnend darauf hin, daß ein Konflikt mit Polen sich zu einem
europäischen Krieg ausweiten könnte. Hitler unterbrach ihn, indem er seine felsenfeste Überzeugung äußerte, daß die westlichen
Demokratien davor zurückschrecken würden, einen allgemeinen

Krieg zu entfesseln. Ciano machte nachdrücklich geltend, daß Italien auf einen Krieg nicht vorbereitet sei. Hier warf Ribbentrop verächtlich ein: »Wir brauchen euch nicht!« Worauf Ciano entgegnete: »Das wird die Zukunft zeigen.«[10] Dann nannte er noch einen weiteren Grund, der Mussolini auf die Verschiebung des Krieges drängen ließ: 1942 sollte in Rom die Weltausstellung stattfinden, und der Duce maß diesem Ereignis große Bedeutung bei. In diesem Sinne plädierte Ciano noch einmal dafür, mit Polen den Verhandlungsweg zu beschreiten. Doch dafür war es zu spät.

Als er das einsah, versuchte Ciano, Hitler auf das Datum des Angriffs gegen Polen festzulegen, erhielt jedoch nur die ausweichende Antwort, daß die Entscheidung über Polen bis Mitte Oktober fallen müsse, denn wenn die Herbststürme einsetzten, würden seine Panzerdivisionen und motorisierten Einheiten in einem Land mit nur wenigen befestigten Straßen unbrauchbar werden.

Nach Darstellung Dollmanns war Hitler nunmehr aufs äußerste erbost und derartig geladen, daß ein Wutausbruch unvermeidlich erschien. »Aber es kam nicht dazu. Während Hitler nervös auf- und abschritt und Ribbentrop wie ein homerischer Kriegsgott dastand und Ciano sich zu kratzen begann – was ja immer ein Zeichen höchster Erregung ist –, geschah gerade noch rechtzeitig das Wunder. Die Tür ging auf und Hewel vom Auswärtigen Amt stürzte ins Zimmer. Er flüsterte seinem Chef etwas ins Ohr, der dann seinerseits mit Hitler flüsterte. Die Mienen hellten sich auf.«[11]

Weder Dollmann noch Ciano ahnten, worum es ging. Walther Hewel hatte die Nachricht überbracht, daß die Russen von möglichen Verhandlungen über einen Nichtangriffspakt zwischen beiden Ländern gesprochen hätten. Hitler strahlte über das ganze Gesicht. In diesem Fall würde er Polen überfallen können, ohne sich über eine Intervention der Russen Sorgen machen zu müssen.

Nach dem Gespräch mit Ciano begab Hitler sich zu den im Garten wartenden Mitgliedern der italienischen Delegation und den deutschen Beamten, riß Witze und erzählte, wie sehr er vegetarische Kost, Kinder und Blumen liebe. »Über den bevorstehenden Krieg mit Polen verlor er kein Wort, und Ciano versuchte immer wieder vergebens, die Rede darauf zu bringen«, kommentierte del Drago.[12] Vom Fenster ihres Zimmers aus fotografierte Eva Braun den italienischen Außenminister mit Teleobjektiv. Später gab sie unumwunden zu, daß sie Ciano attraktiv finde, und wollte ihm vorgestellt werden, was Hitler jedoch ablehnte. Ciano sah sie am Fenster stehen und fragte Ribbentrop nach ihrem Namen, bekam aber nur eine ausweichende Antwort. Inzwischen hatte Hitler einen SS-Mann ins Haus geschickt, der Eva Braun befahl, das Fenster zu schließen.[13] Die Gespräche wurden auf den nächsten Morgen vertagt.

Nach dem ersten Treffen vertraute Ciano seinem Tagebuch an: »[Hitler] hat beschlossen loszuschlagen, und das wird er auch tun. Er wiederholt immer wieder, daß er den Konflikt mit Polen begrenzen wird, aber da er bekräftigt hat, daß der große Krieg geführt werden muß, solange er und der Duce noch jung sind, glaube ich, daß er abermals wortbrüchig wird … Im Grunde spüre ich, daß das Bündnis mit uns für die Deutschen nur insofern zählt, als wir ein gewisses Kontingent von Streitkräften des Feindes auf uns ziehen können. Sonst nichts. Unser Schicksal interessiert sie nicht. Sie wissen, daß der Krieg von ihnen und nicht von uns entschieden werden wird. Am Ende versprechen sie uns ein Almosen.«[14]

Am Abend telefonierte Ciano mit Mussolini, da er aber fürchtete, von den Deutschen abgehört zu werden, faßte er sich kurz und wies nur darauf hin, daß die Lage ernst sei: »Hitler sagt, er wolle einen Korridor, aber er wird sich die ganze Wohnung nehmen.«[15]

Das Abendessen gestaltete sich schwierig. Ribbentrop ließ seine Gäste zwei Stunden warten, ehe er, sichtlich erregt und mit einem merkwürdigen Leuchten in den Augen, den Schauplatz betrat. In der einen Hand hielt er ein Telegramm. Doch sein Auftritt wurde ihm verpatzt, weil Ciano aus Wut über die Unhöflichkeit seines Gastgebers demonstrativ auf sein Zimmer gegangen war. Als dann schließlich alle beisammen waren, verkündete Ribbentrop, daß Rußland Verhandlungen über einen Nichtangriffspakt führen wolle und er in ein paar Tagen nach Moskau fliegen werde.

Zweieinhalb Wochen vor Kriegsausbruch:
Ribbentrop, Hitler und Ciano auf dem Obersalzberg,
12. August 1939

Die Nachricht schlug ein wie eine Bombe und wurde im deutschen Lager mit Begeisterung, bei den Italienern mit Entsetzen aufgenommen. Mit steinerner Miene gratulierte Ciano seinem deutschen Kollegen, der sogleich ein Kommuniqué über das weitere gemeinsame Vorgehen der beiden Länder aus der Tasche zog. Ciano weigerte sich, es zu unterschreiben. Er müsse erst mit dem Duce darüber sprechen, erklärte er: Das Kommuniqué »bedeutet Krieg für mein Land«. Ribbentrop schlug ein Telefonat mit Mussolini vor, doch Ciano lehnte ab. Das Gespräch mit Hitler am nächsten Morgen auf dem Obersalzberg dauerte nur eine halbe Stunde. Hitler wiederholte vieles von dem, was er schon am Vortag gesagt hatte. Allerdings kündigte er nun an, daß der Angriff auf Polen unmittelbar bevorstehe, und Ribbentrop fügte hinzu, daß Rußland über die deutschen Absichten vollständig im Bilde sei. Schmidt registrierte mit Verwunderung, daß Ciano, der sich bisher so tapfer geschlagen hatte, nun »wie ein Taschenmesser« zusammenklappte. »›Sie haben schon so oft recht behalten‹, sagte er zum Schluß zu Hitler, ›wenn wir anderen gegenteiliger Meinung waren, daß ich es für sehr gut möglich halte, daß Sie auch dieses Mal die Dinge richtiger sehen als wir.‹«[16]

Hitler verabschiedete Ciano mit den Worten, er empfinde es als großes Glück, in einer Zeit zu leben, in der außer ihm noch ein anderer Staatsmann herausrage, und versicherte, er werde stets an der Seite des Duce stehen. Man kam überein, auf ein gemeinsames Kommuniqué zu verzichten. Doch während Ciano am Nachmittag nach Rom zurückflog, brachte das Deutsche Nachrichtenbüro eine Erklärung heraus, in der es hieß, beide Seiten hätten völlige Übereinstimmung erzielt. Ciano erfuhr davon erst durch Mussolini, der ihn am Telefon zur Rede stellte. Nachdem er dem Duce noch am selben Abend ausführlich Bericht erstattet hatte, schrieb er in sein Tagebuch: »Völlig angewidert von den Deutschen, ihrem Führer, ihrer Handlungsweise, nach Rom zurückgekehrt. Sie haben uns getäuscht und belogen. Und jetzt ziehen sie uns in ein Abenteuer mit hinein, das wir nicht gewollt haben und das das Regime und das ganze Land kompromittieren kann. Das italienische Volk wird vor Entsetzen beben, wenn es von der Aggression gegen Polen erfährt, und vielleicht sogar gegen Deutschland zu den Waffen greifen wollen ... Die Reaktionen des Duce sind gemischt. Zuerst hat er mir recht gegeben. Dann sagt er, die Ehre zwinge ihn dazu, mit Deutschland zu marschieren. Und schließlich bekräftigt er, daß er seinen Anteil an der Beute in Kroatien und Dalmatien haben will.«[17]

Als der französische Botschafter Charles de Chambrun am Tag darauf das Arbeitszimmer des Ministers im Palazzo Chigi betrat, saß Ciano, den Kopf in die Hände gestützt, an seinem Schreibtisch. Cyprienne del Drago-Roux, die Tochter des damaligen französischen Botschafters beim Heiligen Stuhl, erinnert sich noch lebhaft an die Schilderung ihres Vaters. Ciano ließ ihn zu sich kommen und sagte: »Hoffen wir, daß Frankreich sich zurückhält. Wer soll meinen Schwiegervater jetzt noch aufhalten? Wir wollen zu Gott beten, daß Frankreich klaren Kopf behält!«[18]

Infolge zunehmender Differenzen über die gegenüber Deutschland einzuschlagende Politik begann sich das Verhältnis zwischen Ciano und Mussolini immer mehr zu verschlechtern. Ciano versuchte Mussolini davon zu überzeugen, daß die Deutschen Verräter seien und Italien keine Skrupel haben sollte, sich von ihnen zu trennen. Mussolini gelangte zwar zu der Überzeugung, daß Italien Deutschland nicht blindlings folgen dürfe, verlangte aber Zeit, um den Bruch vorzubereiten. Drei Tage später befürchtete er, daß eine Aufkündigung des Stahlpakts Hitler veranlassen könnte, Polen zu vergessen und statt dessen Italien anzugreifen. Ciano setzte für Mussolini einen Brief auf, in dem die Deutschen gebeten wurden, ihren Angriffsplan noch einmal zu überdenken. Doch Mussolini schickte ihn, mit roter Tinte durchgestrichen, an den Schwiegersohn zurück.

Am 21. August schließlich, wenige Tage vor Ausbruch des Krieges, unternahm Ciano noch einmal einen energischen Versuch, Mussolini umzustimmen: »Zerreiß den Vertrag. Wirf Hitler die Fetzen ins Gesicht, und Europa wird in dir den natürlichen Führer des Kreuzzugs gegen die Deutschen erkennen. Willst du, daß ich nach Salzburg fahre? Ja, ich fahre und werde mit den

Deutschen so reden, wie man mit ihnen reden muß. Mich wird Hitler nicht meine Zigarette ausdrücken lassen wie weiland Schuschnigg.«[19]

Mussolini war beeindruckt und stimmte dem Vorschlag zu, Ribbentrop zu einer Unterredung am Brenner einzuladen, um sich von ihm Italiens Rechte in der Partnerschaft bestätigen zu lassen. Doch es wurde nichts daraus, denn Ribbentrop war auf dem Sprung nach Moskau zur Unterzeichnung des Abkommens, das unter seinem und Molotows Namen in die Geschichte eingehen sollte. Ciano beschloß, das Treffen bis zur Rückkehr des Deutschen zu verschieben, doch plötzlich dachte auch er an Kriegsbeute, wie seine Tagebucheintragung vom 22. August belegt: »Kein Zweifel, die Deutschen haben einen meisterhaften Coup gelandet ... Wir dürfen nichts überstürzen, sondern müssen abwarten und, wenn möglich, uns bereithalten, uns unseren Anteil der Beute in Kroatien und Dalmatien zu sichern.«[20]

Am 23. August, einem glühendheißen Tag, erhielt Ciano von Mussolini den Auftrag, dem britischen Botschafter Sir Percy Loraine einen Plan zu unterbreiten, dem zufolge Danzig an Deutschland zurückgegeben und anschließend eine große Friedenskonferenz einberufen werden sollte. Loraine war einer Ohnmacht nahe. »Ich weiß nicht, ob vor lauter Aufregung oder wegen der Hitze«, notierte Ciano in seinem Tagebuch.[21] Doch noch am selben Abend sprach der wankelmütige Mussolini wieder vom Krieg, denn General Alberto Pariani hatte mitgeteilt, die Armee sei in gutem Zustand. Ciano nannte ihn in seinem Tagebuch einen »Verräter und Lügner«.[22]

Zwei Tage später ließ sich Mussolini von Ciano überreden, Hitler in einem Schreiben anzukündigen, daß Italien Neutralität zu wahren gedenke. Doch kaum war Ciano zurück in seinem Amt, da bestellte ihn Mussolini erneut zu sich. Er hatte sich inzwischen wieder anders besonnen. Als der Außenminister in den Palazzo Chigi zurückkehrte, rief von Mackensen bei ihm an, der vorbeikommen wollte. Er überbrachte Mussolini eine Botschaft von Hitler, der einen baldigen Angriff auf Polen andeutete und von Italien keine Beteiligung, sondern nur »Verständnis« verlangte.

Auf Betreiben Cianos antwortete Mussolini darauf, daß Italien nur dann in den Krieg eintrete, wenn Deutschland für den Nachschub und die erforderlichen Rohstoffe sorge. Von Mackensen, der, laut Ciano, gegen ein militärisches Abenteuer war, drängte die Italiener, eine möglichst lange Liste zu erstellen, in der Hoffnung, dies könnte seine Regierung in ihrem Vorhaben bremsen. Am 26. August, nach einem Treffen zwischen Ciano und hohen Militärs, war die Liste fertiggestellt, in der 17 Millionen Tonnen Rohstofflieferungen und 17 000 Fahrzeuge gefordert wurden. »Das brächte einen Bullen um – wenn ein Bulle sie lesen könnte«, vermerkte Ciano süffisant.[23] Attolico übergab die Liste der deutschen Regierung und fügte auf eigene Rechnung hinzu, dies alles werde »sofort« benötigt. Hitler reagierte wie erhofft. Er bot Italien Eisen, Kohle und Holz sowie ein paar Flugabwehrgeschütze an und erklärte, er werde Polen ohne italienische Hilfe auslöschen und sodann Frankreich und England besiegen. Sogleich bedauerte Mussolini wieder, nicht dabei zu sein, aber Ciano war erleichtert.

Am Tag darauf übermittelte die britische Regierung den Text eines Vorschlags, den Hitler ihnen gemacht, den Italienern aber verheimlicht hatte. Der Duce war empört, ließ es sich aber, so Ciano, nicht anmerken, sondern deutete das Manöver zu seinen Gunsten. Die Deutschen, behauptete er, suchten eine Einigung mit England, weil sie Angst hätten, er werde sich einschalten und die Krise im letzten Moment noch beilegen und damit an Prestige gewinnen, was Hitlers Eifersucht errege. Ciano sah darin nichts als Verrat und bezeichnete Ribbentrop als den widerlichsten Schurken, den es je gegeben habe.

In diesen letzten Augusttagen riefen der französische Premierminister Edouard Daladier und sein Außenminister Reynaud mehrmals mitten in der Nacht bei Ciano an und drängten auf eine Konferenz oder dergleichen, um einen Krieg zu verhindern, auf den nun vieles hindeutete: Warschau ordnete die allgemeine Mobilmachung an, Danzig erklärte sich zur deutschen Stadt, und Rom erlebte seine erste Verdunkelung.

Am 31. August schlug Ciano in letzter Minute Frankreich und England für den 5. September eine Konferenz vor, auf der der

Versailler Vertrag revidiert und damit der Frieden gerettet werden sollte. Er erhielt darauf keine Antwort. Als Bottai ihn am Abend im Palazzo Chigi besuchte, wirkte er müde und verzweifelt. Bottai, einer der Vordenker des Faschismus, hatte ihn anfangs als einen der Partei von Mussolini oktroyierten Emporkömmling betrachtet, im Laufe der Jahre jedoch seine Einstellung zu ihm geändert. Beide verband nun die Sorge vor einem drohenden Krieg und die Überzeugung, daß Italien in keiner Weise, weder militärisch noch moralisch, gerüstet sei. Ciano sah aus dem Fenster. Mussolini hatte nicht nur Verdunkelung angeordnet, sondern auch alle Restaurants schließen lassen und die Männer zu den Waffen gerufen, Schritte, die von den Franzosen und Engländern als Maßnahmen der Kriegsvorbereitung gedeutet wurden. »Man brauchte nur die Lichter einzuschalten, und unsere Lage würde sich klären. Im wahrsten Sinne des Wortes«, sagte Ciano, als plötzlich Anfuso ins Zimmer trat und verkündete, daß Frankreich und Großbritannien die Telefonverbindungen nach Italien gekappt hätten. Wütend verließ Ciano das Außenministerium Richtung Palazzo Venezia. Bottai begleitete ihn. »Neben mir in der stockdunklen Nacht keucht er wie ein Verwundeter«, schrieb Bottai in seinem Tagebuch. »Der erste Verwundete des unmittelbar bevorstehenden Krieges.«[24] Unterwegs trafen sie del Drago, und Ciano befahl ihm mitzukommen. »Ich werde dieser gottverdammten Torheit ein Ende machen«, rief er.[25]

Nach del Dragos Darstellung stürmte Ciano in Mussolinis Vorzimmer und verlangte, den Duce zu sprechen, was ihm der diensthabende Beamte verwehrte. Als er Alfieri und Starace bemerkte, die dort warteten und bei seinem Erscheinen aufsprangen und den Arm zum Faschistengruß hochrissen, stürzte er auf sie los und schrie sie an: »Und ihr Idioten, Narren, Schwachköpfe, die ihr nicht mehr Verstand in euren jämmerlichen Hirnen habt als eine Kuh – ihr stachelt ihn auch noch an ... Wißt ihr, daß die Telefonverbindungen mit Frankreich und England gekappt sind und wir morgen vielleicht schon französische und englische Flugzeuge über uns haben, die Rom bombardieren? Bloß weil ein alter Mann, umgeben von einfältigen und ehrlosen Schurken, wieder zum Kind geworden ist.«[26] Dann verschaffte sich Ciano gewaltsam Zutritt zum Arbeitszimmer Mussolinis.

Was dort geschah, ist nicht überliefert. Aber Ciano ging hinterher wieder in den Palazzo Chigi, riß die drei großen Fenster zur Piazza Colonna auf und sagte:»Wenigstens hier in meinen Fenstern sollen die Römer etwas Licht sehen.«[27] Er bestellte die Botschafter Frankreichs und Englands zu sich und erklärte ihnen, daß Italien nicht in den Krieg eintreten werde. Darauf wurden die Telefonleitungen wieder geschaltet, und in Rom gingen wieder die Lichter an. Ribbentrop beschuldigte Ciano später, durch seine Indiskretion gegenüber den beiden Botschaftern Franzosen und Briten zum Kriegseintritt provoziert zu haben.

Am Freitag, den 1. September 1939 morgens um 4.45 überschritten deutsche Truppen die Grenze nach Polen. Im Morgengrauen fielen die ersten der 50 Millionen Menschen, die im Zweiten Weltkrieg sterben sollten. Einige Stunden später rief Mussolini sein Kabinett zusammen und erklärte, daß Italien sich nicht an dem Krieg beteiligen werde. Hitler hatte dem zugestimmt und verkündete dies auch in der Rede, die er am Morgen des 1. September in Berlin hielt. Nach der Kabinettszusammenkunft sagte ein erleichterter Ciano zu Bottai:»Nun müssen wir zur Normalität zurückkehren. Und dabei arbeiten. Mit unserer Handelsmarine können wir Geld verdienen und mit Geld Waffen kaufen. Wir werden aufrüsten. Wir sollten uns keinen Illusionen hingeben. Fünf oder sechs Jahre werden wir Krieg haben. Wir werden mitmachen müssen. Wann und wie, das wird sich zeigen. Und auch mit wem. Sollte Deutschland beispielsweise Rußland nach Europa ziehen, wird man die Situation gänzlich neu überdenken müssen.«[28] Die Aktienkurse an der italienischen Börse stiegen.

Noch hatte Ciano die Hoffnung, einen Krieg in Europa vermeiden zu können, nicht gänzlich aufgegeben. Am Tag nach dem deutschen Einmarsch ließ er den britischen und französischen Botschafter kommen und telefonierte in ihrer Gegenwart mit dem französischen Außenminister Bonnet und seinem britischen Kollegen Lord Halifax und drängte sie, Mussolinis Vorschlag einer

Konferenz anzunehmen. Der Botschafter Frankreichs, André François-Poncet, hatte nach dem Gespräch Cianos mit Bonnet den Eindruck, daß der Vorschlag angenommen, das Problem gelöst und der Frieden in Europa gerettet sei.

Abends um 19.10 Uhr teilte Halifax Ciano telefonisch mit, daß die britische Regierung Mussolinis Vorschlag nur unter der Bedingung annehme, daß die Deutschen polnisches Gebiet sofort räumten. Ciano gab dies dann an Bonnet weiter, der offenbar mit den Briten Rücksprache gehalten hatte. Dabei wußte er nur zu gut, daß die Deutschen nicht darauf eingehen würden. Damit war die letzte Hoffnung, den Frieden zu bewahren, dahin. Am Tag darauf erklärten Frankreich und Großbritannien Deutschland den Krieg.

9. KAPITEL
Bruch mit Mussolini

Unter dem Eindruck des deutschen Überfalls auf Polen hat das Verhältnis zwischen Mussolini und Ciano nachhaltig gelitten. Monatelang verharrte der Duce in einem Zustand der Unentschlossenheit; zum Bruch mit den Deutschen, den Ciano forderte, konnte er sich aber nicht durchringen. Einerseits war er von den Deutschen hintergangen worden und hätte also allen Grund gehabt, das Bündnis aufzukündigen. Andererseits redete er sich ein, den Verpflichtungen nachkommen zu müssen, die er eingegangen war, was jedoch die italienische Armee in einen Krieg verstricken würde, für den sie nicht gerüstet war. Doch wenn sich Italien heraushielte, käme es um seinen Anteil an der deutschen Kriegsbeute.

Mussolini gab sich gern als ein Mann von Entschlußkraft und eisernem Willen. In Wirklichkeit war er in einem fast pathologischen Ausmaß sprunghaft, und wenn er eine Entscheidung traf, konnte es geschehen, daß er sie innerhalb der nächsten halben Stunde zurücknahm und sie dann doch wieder aufgriff, ehe der Tag zu Ende ging. Aber letztlich war er ein Schakal, der nach dem Aas giert. Das hieß freilich, sich auf Dauer mit der Rolle des Unterlegenen gegenüber den mächtigeren Deutschen abzufinden. Der Duce, der sich einst als Herr der Achse betrachtet hatte, konnte sich diesbezüglich keinen Illusionen mehr hingeben, aber seine Gier war stärker als alle anderen Überlegungen. Er mußte jetzt nur noch den richtigen Moment wählen, an dem er zu den geringsten Kosten für Italien in den Krieg eintreten konnte.

Mussolinis Stimmungsschwankungen wurden im Herbst 1939 so heftig und unberechenbar, daß Bottai gegenüber Ciano die Vermutung äußerte, der Duce leide an einem psychischen Defekt infolge eines Wiederauflebens der Syphilis, die er sich als junger Mann zugezogen hatte. Ciano zeigte sich überrascht und verärgert, mußte aber zugeben, daß das widersprüchliche Verhalten seines Schwiegervaters jedem die Zusammenarbeit mit ihm erschwerte, nicht zuletzt ihm selbst. Mussolinis Sturheit brachte ihn bisweilen zur Verzweiflung, und dann wieder glaubte er an ihn. Je mehr sich sein Haß gegen die Deutschen verstärkte, desto größer wurde seine Enttäuschung über den Mann, den er zuvor als eine Art Halbgott betrachtet hatte. Aber immer noch zögerte er, seinen Förderer zu verdammen. Ciano, so vertraute Bottai seinem Tagebuch an,»hat den Rubikon bereits überschritten, was der eigentliche Caesar noch immer nicht zu tun wagt«.[1]

Cianos Wandlung hatte mehrere Gründe. In erster Linie empfand er es als eine nationale Kränkung, daß Deutschland seinen Verbündeten nicht konsultiert und dessen Eintreten für eine Verschiebung des Krieges nicht honoriert hatte. Außerdem schätzte er die Stärke Frankreichs und Englands realistischer ein als Mussolini und war überzeugt, daß der Krieg länger dauern und erbitterter geführt werden würde, als die Deutschen und der Duce glaubten. Als sich dann die ersten deutschen Siege auf dem Schlachtfeld einstellten, wurde ihm die Anfälligkeit Italiens in einem Europa unter deutscher Hegemonie bewußt.

Von General Carboni wußte Ciano, daß es den Streitkräften an Nachschub fehlte, die Kommandostruktur miserabel organisiert und die Bevölkerung demoralisiert war. General Rodolfo Graziani konfrontierte ihn mit genaueren Einzelheiten: Die Armee verfügte nur über zehn erstklassige Divisionen; fünfunddreißig weitere hatten nicht die nötige Mannschaftsstärke und waren schlecht ausgerüstet. Solche Informationen häuften sich im Laufe der kommenden Monate. Als Mussolini befahl aufzurüsten, erfuhr Ciano von Finanzminister Arturo Riccardi, es sei absurd, für siebzig Divisionen zu planen, wenn kaum genug Material vorhanden sei, zehn mit Waffen zu versorgen. General Soddu äußerte die Überzeugung, daß Italien vor 1940 überhaupt nicht daran denken könne, in den Krieg einzutreten, außerdem stand es für ihn fest, daß die Deutschen geschlagen würden.

Am 17. September begann die Sowjetunion mit der Besetzung des östlichen Teils von Polen, und sechs Tage später erklärte die Wehrmacht den Feldzug für beendet. Wieder handelte die deutsche Regierung hinter dem Rücken ihres italienischen Verbündeten, als Ribbentrop sich nach Moskau begab und die Italiener erst aus den Presseagenturen von seiner Reise erfuhren, deren Zweck schnell klar wurde: Der deutsche Außenminister unterzeichnete mit seinem sowjetischen Kollegen Molotow einen neuen Vertrag, in welchem sie das besiegte Polen unter sich aufteilten.

Erst danach lud Hitler Mussolini zu Gesprächen nach Berlin ein, aber der Duce lehnte aus Verärgerung ab und schickte statt dessen am 30. September seinen Schwiegersohn in die Reichshauptstadt. Hitler war in Siegerlaune und ließ Ciano wissen, daß er in seiner nächsten Rede vor dem Reichstag England und Frankreich ein Friedensangebot machen wolle. Dann ersuchte er Ciano, sich für einen Kriegseintritt Italiens stark zu machen. Wenn Italien dazu bereit wäre, so erklärte er, würde er eine solche Rede gar nicht halten und sogleich zur Tat schreiten, denn es sei seine feste Überzeugung, daß Italien und Deutschland gemeinsam England und Frankreich niederwerfen und ein für allemal ihre Rechnungen mit diesen beiden Ländern begleichen könnten. Amerika fürchte er nicht, setzte er hinzu, weil Deutschland durch den Schutz seiner U-Boote sicher sei.

»Wir müssen den Krieg gewinnen, und wir werden ihn gewinnen«, sagte Hitler. »Sollten wir ihn jedoch verlieren, so hätten wir kein Recht mehr, zu leben, und ich wäre der erste, der sich erschösse.« Hier flüsterte Giovanni Ansaldo seinem Außenminister ins Ohr: »Warum macht er's nicht gleich jetzt?«[2] Ciano schrieb darauf in sein Tagebuch: »Am meisten beeindruckte mich sein Vertrauen auf den Endsieg. Entweder ist er völlig verblendet oder – wahrhaftig – ein Genie ... Ob er recht behält? Meiner Ansicht nach wird die Partie nicht so leicht werden, wie er glaubt.«[3]

Am Abend des 1. Oktober speiste Ciano im Hause Ribbentrop, konnte sich aber nur selten dazu überwinden, das Wort an seinen Gastgeber zu richten, und wandte sich daher hauptsächlich an Paul Schmidt. »Als ich ihm Ribbentrops Worte übersetzte«, erinnerte sich der einstige Chef-Dolmetscher, »blickte er stumm, ohne auch nur eine Miene zu verziehen, auf seinen Teller. Deutlicher konnte ein ›Bundesgenosse‹ dem anderen eigentlich sein Mißfallen nicht zum Ausdruck bringen.« Schmidt, der in jenen Jahren des öfteren Gelegenheit hatte, sich persönlich mit Ciano zu unterhalten, schrieb: »Im Gegensatz zu seinem reichlich arroganten und zum Teil ungezogenen Benehmen bei offiziellen Gelegenheiten lernte ich in diesen Gesprächen einen Mann kennen, der die Entwicklung mit großem Scharfsinn und Klarblick erkannte und sich von den schönen Worten Hitlers und Ribbentrops nicht beeindrucken ließ.«[4]

Am 2. Oktober reiste Ciano wieder ab. Im Zug entledigte er sich sogleich seiner Militärstiefel, knöpfte seinen Uniformrock auf und redete sich im Gespräch mit einem befreundeten Journalisten seinen Ärger über Mussolini von der Seele. Cianos Worte, so der Journalist, hätten selbst den härtesten Antifaschisten vor Neid erblassen lassen. Aber als der Zug im ersten Bahnhof jenseits des Brenners anhielt und Ciano die begeisterte Menschenmenge auf dem Bahnsteig erblickte, war er plötzlich wie ausgewechselt, sein Oppositionsgeist wie weggezaubert. Schnell schlüpfte er wieder in seine Stiefel und knöpfte sich die Uniformjacke zu. Mehrmals prüfte er sein Gesicht im Spiegel, ob dessen Ausdruck auch schön »grimmig« wirke. Dann stieg er aus und ließ sich von der Menge feiern, warf sich in die Brust und hob den rechten Arm zum Faschistengruß. »Die Italiener beten mich an«, sagte er befriedigt, als er wieder eingestiegen war.[5]

Mussolini wußte immer noch nicht, wie er sich entscheiden sollte. Am 3. Oktober war er fest davon überzeugt, daß Frankreich und England gegenüber Deutschland hart bleiben würden. Drei Tage später, nachdem Hitler seine Rede gehalten und darin den beiden Ländern ein Friedensangebot unterbreitet hatte, meinte er, der Krieg sei nun vorbei. Ciano teilte seinen Optimismus keineswegs, hatte er doch noch immer zu viel Respekt vor den Engländern und Franzosen, als daß er geglaubt hätte, sie gingen Hitler in die Falle. Im übrigen zog er, wie er Freunden gegenüber äußerte, eine englische Hegemonie der deutschen bei weitem vor: »Es ist die Hegemonie von Golf, Whisky und Komfort.«[6]

Italiens *nonbelligerenza* bereitete Mussolini, der diesen Ausdruck gewählt hatte, um den in seinen Augen verfänglichen Begriff Neutralität zu vermeiden, zunehmend Kopfzerbrechen und wohl auch schlaflose Nächte. Am 9. Oktober offenbarte er sich Ciano, der ihn noch nie so depressiv erlebt hatte: »Nachdem die Italiener nun achtzehn Jahre lang meine Kriegspropaganda gehört haben, verstehen sie einfach nicht, wie ich jetzt, wo Europa in Flammen steht, zum Friedensherold werden kann. Es gibt dafür keine andere Erklärung als die, daß das Land nicht gerüstet ist – aber auch dafür werde ich verantwortlich gemacht.«[7] Dabei verzehrte er sich vor Neid über Hitlers militärische Erfolge; und nachdem dieser am 9. November in München nur knapp einem Attentat entgangen war, fiel es ihm schwer, ein Glückwunschtelegramm zu verfassen. Es sollte herzlich sein, schrieb Ciano, aber auch nicht zu herzlich, »weil seiner Meinung nach kein Italiener über Hitlers Rettung große Freude empfunden hat. Und am wenigsten von allen der Duce.«[8]

Am 31. Oktober kündigte Mussolini eine große Kabinettsumbildung und ein Revirement in der militärischen Führung an. Dem neuen Kabinett gehörten etliche Freunde und Förderer Cianos an, woraufhin Goebbels mißmutig in sein Tagebuch kritzelte: »Ciano ist der starke Mann, sogar mehr noch als vorher.« Aber in Mussolinis Regierung war nur Platz für *einen* starken Mann.

Ende November glaubte Ciano, Anzeichen für einen Sinneswandel des Duce zu bemerken: »Der deutsche Stern beginnt nun auch in seiner Seele zu erblassen, und das ist das wichtigste.«[9] Als ein in Posen lebender Italiener einen Bericht über die dort von Deutschen begangenen Greuel nach Rom schickte, war Mussolini empört und veranlaßte Ciano, dafür zu sorgen, daß der Bericht an die Redaktionen amerikanischer und französischer Zeitungen gelangte. »Die Welt muß davon erfahren«, sagte er.[10] Hatten die Deutschen mit ihm ein doppeltes Spiel getrieben, so wollte er nun zeigen, daß er das auch konnte.

Nachdem die Sowjetunion am 30. November Finnland den Krieg erklärt hatte, äußerte Ciano im Gespräch mit einem Freund, daß Faschisten sich freiwillig gemeldet hätten, um gegen Rußland zu kämpfen,»den Verbündeten unseres Verbündeten«.[11] Er wirkte müde und deprimiert. Acht Tage vorher war seine Schwester, die seit Jahren an Magersucht gelitten hatte, an Tuberkulose gestorben.»Ich habe den einzigen Menschen verloren, der mich liebte«, bekannte er gegenüber Freunden. Seine Niedergeschlagenheit war indes nur von kurzer Dauer, wie die Rede zeigte, die er am 16. Dezember vor der Abgeordnetenkammer hielt, eine der wichtigsten seiner gesamten Karriere. Er vertrat darin, durchaus im Einklang mit dem Duce, einen entschieden neutralistischen Standpunkt und enthüllte erstmals öffentlich, wie Berlin sich über die im Stahlpakt verankerte Forderung nach gegenseitigen Konsultationen der beiden Partner hinweggesetzt hatte. Deutschland und Italien, sagte er, konzentrierten sich auf eine volle militärische Einsatzbereitschaft und den inneren Wiederaufbau, wozu Italien noch drei Jahre brauchen werde.»Meine Rede ist sehr gut angekommen, auch wenn nicht alle sofort das subtile antideutsche Gift bemerkten, mit dem sie durchsetzt ist. Der erste Eindruck mag stark antibolschewistisch sein, während sie doch im Grunde gegen Deutschland gerichtet ist.«[12] Kurz darauf notierte er, daß das italienische Volk seine Äußerungen vollauf verstanden und »meine Rede als das wahre Begräbnis der Achse« betrachtet habe.[13]

Cianos Hinweis, daß Italien erst in frühestens drei Jahren in den Krieg eintreten werde, sollte natürlich die Deutschen ärgern. Phillips deutete dies als »eine Information an den Feind« und nicht etwa als einen unbeabsichtigten Ausrutscher. Während Ribbentrop mit Wut reagierte, überhörte Goebbels offenbar die antideutschen Untertöne der Rede.

Trotz all seiner Stimmungsschwankungen war Mussolini weiterhin neidisch auf Hitler, und so beauftragte er Ende Dezember seinen Schwiegersohn, die Botschafter Hollands und Belgiens zu informieren, daß Italien indirekt von einem möglichen Angriff der Deutschen auf ihre Länder erfahren habe. Diese Information

gab der belgische Botschafter am 2. Januar in einem Telegramm
an seine Regierung weiter, welches jedoch von den Deutschen abgefangen wurde, die auf diese Weise von Cianos »Verrat« erfuhren.

Als Mussolini am 31. Dezember, in einem neuerlichen Anflug
von Deutschenfreundlichkeit, Hitler in einem Brief versichern
wollte, daß in Italien die Vorbereitungen weiterliefen, fragte sich
Ciano in seinem Tagebuch: »Aber wofür? Zu einem Krieg an der
Seite Deutschlands darf und wird es nie kommen. Er wäre ein
Verbrechen und eine Dummheit.«[14] Ciano konnte sich allenfalls
einen Krieg gegen Deutschland vorstellen, denn die westlichen
Demokratien galten ihm damals als die einzigen Länder, »mit
denen man ernsthaft und ehrlich verhandeln kann«.[15] Aus seiner
Haltung machte Ciano offensichtlich auch gegenüber dem englischen Botschafter kein Hehl, so daß John Colville, Churchills
persönlicher Sekretär, am 31. Dezember in sein Tagebuch schrieb:
»Es wird immer deutlicher, daß Ciano sich nun im alliierten Lager befindet. Er ... übt einen zurückhaltenden Einfluß auf seinen
Schwiegervater aus, der Demokratie haßt und die Sanktionen
nicht vergeben und vergessen kann.«[16] Doch dieser Einfluß, so-
fern er bei einem völlig unberechenbaren Mussolini überhaupt
etwas bewirkte, verminderte sich von Tag zu Tag.

Am 26. Februar 1940 stattete der Sondergesandte Roosevelts,
Sumner Welles, dem italienischen Außenminister einen Besuch
ab, der in herzlicher und offener Atmosphäre verlief, anders als
die anschließende Begegnung mit dem Duce, der sich dem Amerikaner gegenüber sehr reserviert zeigte und hinterher seinem
Schwiegersohn gegenüber tönte: »Zwischen uns und den Amerikanern kann es keinerlei Verständigung geben, weil sie die Probleme nur oberflächlich beurteilen, während wir in die Tiefe gehen.«[17]

Welles gewann aus seinem Gespräch mit Ciano den Eindruck,
daß der italienische Außenminister seinen deutschen Kollegen
verachtete, ja regelrecht haßte, und auch gegenüber Hitler deutliche Vorbehalte hatte.[18] In dem Vorwort, das er nach dem Krieg
für die englische Ausgabe des Ciano-Tagebuchs schrieb, behaup-

tet er, daß Ciano der einzige Politiker der Achsenmächte gewesen
sei,»der mir ungeschminkt und ohne zu zögern klarmachte, daß
er immer gegen den Krieg gewesen war und sein werde, daß eine
Ausweitung des Krieges seiner Meinung nach für ganz Europa
verheerende Folgen haben würde«.[19]

Zwei Tage später erzählte Mussolini Anfuso von dem, was ihm
über das Treffen zwischen Ciano und Welles zu Ohren gekommen war, und setzte hinzu:»Es gibt in Italien immer noch einige
Idioten und Kriminelle, die glauben, daß Deutschland besiegt
wird. Ich sage Ihnen, Deutschland wird siegen.« Ciano, dem
Mussolinis Worte von Anfuso zugetragen wurden und der genau
wußte, auf wen sie gemünzt waren, meinte, den Idioten nehme er
hin,»aber Krimineller ist ungerecht«.[20]

Nachdem die Briten ihre Drohung, Kohlelieferungen von
Deutschland nach Italien zu unterbinden, wahr gemacht und
allein am 3. März dreizehn Schiffe an der Weiterfahrt gehindert
hatten, legte Ciano beim Botschafter Protest ein und wies darauf
hin, daß die britische Regierung mit solchen Maßnahmen Italien
endgültig in die Arme der Deutschen treibe. Mussolini ließ seiner
Wut freien Lauf:»England wird geschlagen werden, unerbittlich
geschlagen werden. Das ist die reine Wahrheit, und die solltest du
– auch du – dir langsam einprägen.«[21] Ciano, der diese Drohung
offenbar wörtlich zitierte, war bestürzt über den Ton, den Mussolini auf einmal anschlug, und fügte, leicht eingeschnappt, der Eintragung hinzu:»Wenn mir mein Amt wichtiger wäre als mein Gewissen, wäre ich heute nacht sehr beunruhigt. Ich bin jedoch
völlig gelassen, weiß ich doch, daß ich meinem Land und ihm, den
ich liebe und dem ich so viel verdanke, ehrlich diene.«[22] Noch immer verehrte er den »Verrückten«, über den er sich sechs Monate
zuvor beschwert hatte.

Am 10. März schickte Hitler seinen Außenminister nach Rom,
um Mussolini mitzuteilen, daß die Dinge nur auf dem Schlachtfeld gelöst werden könnten und Italiens Platz an der Seite
Deutschlands sei. Ciano empfing Ribbentrop ausgesprochen kühl.
Dieser gab ihm gleich auf der Fahrt vom Bahnhof zu verstehen,
daß demnächst eine deutsche Offensive an der Westfront bevor-

stehe und ein schneller Sieg sicher sei. Für Italien heiße das, »jetzt oder nie. Der Sieg Deutschlands wird natürlich auch der Sieg Italiens sein … Abseits zu stehen, bedeutet, auf die Führung in Europa zu verzichten«, fügte er hämisch hinzu. Ciano eilte zu Mussolini und berichtete ihm davon.[23]

In seiner Unterredung mit dem Duce suchte Ribbentrop dessen Widerwillen gegen eine Kampfgemeinschaft mit den Sowjets zu überwinden, indem er behauptete, Stalin habe auf eine kommunistische Weltrevolution verzichtet. Seine Worte erzielten die beabsichtigte Wirkung, denn schon tags darauf billigte Mussolini den deutsch-sowjetischen Vertrag und erklärte sich bereit, mit Moskau wieder diplomatische Beziehungen aufzunehmen. Außerdem versprach er, daß Italien zum passenden Zeitpunkt in den Krieg eintreten werde, um so aus seinem mediterranen »Gefängnis« auszubrechen.

Ribbentrops Besuch in Rom veranlaßte den italienischen König zu einer höchst diskreten Initiative. Graf Alberto Acquarone, der Minister bei Hofe, trat am 14. März auf dem Golfplatz an Ciano heran, äußerte sich besorgt über die politische Lage und versicherte ihm, daß auch der König über das »Unbehagen im Lande« auf dem laufenden sei. Der König habe den Eindruck, sein Eingreifen könnte irgendwann nötig werden, »um den Dingen eine andere Wendung zu geben«.[24] Der Hinweis hätte deutlicher kaum sein können, zumal Acquarone betonte, welch großes Wohlwollen und Vertrauen der König dem Außenminister entgegenbringe. Aber Ciano zeigte offenbar keinerlei Bereitschaft, sich an einer Verschwörung zum Sturz des Duce zu beteiligen. Eine günstige Gelegenheit war somit vertan.

Nachdem er die Stimmung in der britischen und französischen Regierung ausgelotet hatte, kehrte Welles am 16. März nach Rom zurück, wo er Ciano und Mussolini mitteilte, daß die Alliierten einlenken und die geschaffenen Tatsachen in Polen anerkennen würden, wenn sie gewisse Sicherheitsgarantien erhielten. »Ich glaube«, kommentierte Ciano in seinem Tagebuch, »wenn sie wirklich diesen Weg einschlagen, dann gehen sie einer Niederlage entgegen.«[25]

Auch diesmal begegnete er Welles mit großer Offenheit und verschwieg ihm weder das Ergebnis des Ribbentrop-Besuchs noch die Siegesgewißheit der Deutschen, die innerhalb von fünf Monaten sowohl Frankreich als auch England niederzuringen gedachten. Ciano machte kein Geheimnis daraus, daß er diesen Optimismus nicht teilte, und verglich das Regime in Deutschland mit einem Tuberkulosekranken, der auf den ersten Blick gesund und stark wirkt und dennoch den Keim des baldigen Verfalls in sich trägt. Doch erinnerte er Welles daran, daß Mussolini entschieden prodeutsch eingestellt sei. Beim gemeinsamen Abendessen prophezeite Ciano seinem amerikanischen Gast, daß die Deutschen auch vor der Bombardierung ganzer Städte nicht zurückschreckten und eine Terrorherrschaft über Europa errichten würden. Welles hatte eigentlich vorgehabt, am nächsten Morgen abzureisen, doch Ciano drängte ihn, noch ein paar Tage zu bleiben, damit er ihm von dem bevorstehenden Treffen Mussolinis mit Hitler Bericht erstatten könne. Welles willigte ein.

Am 18. März traf der Duce auf der schneebedeckten Paßhöhe des Brenners mit Hitler zusammen, um Genaueres über dessen weitere Pläne zu erfahren. »Hitler redet die ganze Zeit«, schrieb Ciano hinterher, »er wirkt körperlich fit. Mussolini lauscht ihm interessiert und andächtig. Er sagt wenig und bekräftigt seine Absicht, mit Deutschland zu marschieren. Er behält sich nur die Wahl des richtigen Augenblicks vor.«[26]

Am Tag darauf aß Ciano mit Welles im Golfklub zu Mittag und erzählte ihm vom Treffen am Brenner. Hitler, so sagte er, wolle seine Offensive im Westen verschieben, aber sofort mit der Bombardierung britischer Häfen und Städte, vor allem Londons, beginnen. Außerdem prophezeite er seinem Gast, daß Hitler sich irgendwann gegen Rußland wenden werde, und machte Welles Mut zu weiteren amerikanischen Friedensinitiativen.[27]

Cianos Verhalten und seine Äußerungen gegenüber Vertretern der westlichen Demokratien blieben natürlich nicht geheim und erregten Verdacht. Seine Lage wurde prekärer. Mehrfach erhielt er Warnungen, so etwa von seiten des vatikanischen Nuntius für Italien, Monsignore Francesco Borgongini Duca, der ihm riet, sich nicht nur vor den Deutschen in acht zu nehmen, »sondern auch vor den Italienern, weil es auch unter ihnen so manchen mit bösen Absichten geben kann«.[28] Ciano indes glaubte sich vom italienischen Volk geliebt, was sich als folgenschwerer Irrtum erweisen sollte.

Allerdings kamen ihm auch Gerüchte zu Ohren, daß Mussolini ihn als Außenminister entlassen wolle. »Ich glaube es einfach nicht«, schrieb er. »Sollte es dennoch geschehen, würde ich dieses Amt mit Freuden aufgeben, in dem ich fast vier Jahre – und was für Jahre! – gedient und dabei den Kopf hoch getragen habe. Alles, was ich tat, habe ich in der alleinigen Absicht getan, meinem Vaterland und dem Duce zu dienen.«[29]

Am 9. April, um drei Uhr morgens, landeten deutsche Truppen in Norwegen, gleichzeitig überschritten Wehrmachtsverbände die dänische Grenze. Eine Stunde vorher wurde Ciano durch einen Boten geweckt, der ihm einen Brief des deutschen Botschafters überbrachte, in dem dieser um eine Audienz um 7 Uhr bat. Mackensen kam eine halbe Stunde früher, blaß und müde aussehend, und gab die jüngsten Akte deutscher Aggression bekannt. Gemeinsam begaben sie sich zu Mussolini, um ihm einen Brief Hitlers auszuhändigen. Trotz der offensichtlichen Unhöflichkeit, ihn auf diese Weise zu informieren, stimmte der Duce aus vollem Herzen zu. »So gewinnt man Kriege«, rief er aus. »Die Demokratien haben das Rennen verloren.« Zornrot im Gesicht verließ Mackensen darauf den Palazzo Venezia.[30]

Der Handstreich der Deutschen wurde von den Italienern anscheinend positiv aufgenommen, zumindest vermerkt Ciano dies in seinem Tagebuch, und er gibt auch den Kommentar Mussolinis wieder: Das italienische Volk sei »eine Hure und immer auf der Seite des Siegers«.[31] Der Duce grämte sich zusehends mehr: »Es ist demütigend«, soll er gesagt haben, »dazusitzen und die Hände in den Schoß zu legen, während andere Geschichte schreiben. Wer gewinnt, ist dabei ziemlich egal. Um ein Volk großzumachen, muß man es in die Schlacht schicken, selbst wenn man ihm dabei in den Hintern treten muß. Das werde ich tun. Ich habe noch nicht vergessen, daß es 1918 540 000 Deserteure gab.«[32]

Wegen einer schweren Erkältung mußte Ciano acht Tage lang das Bett hüten. Am 20. April schrieb er in sein Tagebuch:»Rom ist voll von Gerüchten über meinen Rücktritt. Natürlich haben die deutschen Erfolge viele Desertionen in den Reihen meiner sogenannten Freunde bewirkt.«[33] Mussolini erklärte zwar, daß Ciano sein volles Vertrauen genieße, aber gegen Ende des Monats ließ er dem Schwiegersohn schon eine deutliche Warnung zukommen. Er legte Ciano eine französische Illustrierte vor, die einen Artikel über das Ende des SA-Chefs Ernst Röhm enthielt, und forderte seinen Schwiegersohn auf, ihn zu lesen. Der Titel lautete:»Röhm, der Mann, der Hitlers Nachfolger werden wollte«. Hitler hatte den SA-Chef 1934 als angeblichen Verschwörer ermorden lassen. Ciano blätterte die Zeitschrift durch und sagte, er kenne die Geschichte bereits. Aber Mussolini bestand darauf, daß er den Artikel lese, dann erst ließ er ihn gehen. Was er damit bezweckte, war allzu klar, und Ciano bekam Angst. Später, bei einem Treffen mit Anfuso im Golfklub, bemerkte er:»Vielleicht will er mich erschießen lassen. Es gibt im Grunde zwei Möglichkeiten: Entweder, er hält mich in der Regierung, um mich zu kompromittieren, da ich ja den Stahlpakt unterzeichnet habe. Wenn die Sache schiefgeht, will er die Verantwortung mit mir teilen. Oder er schickt mich fort, weil er Morgenluft wittert und den Triumph allein einheimsen will, zumal es ihm nicht paßt, daß ich den Deutschen nicht grün bin und ihm deshalb Schwierigkeiten mache. Soll ich jetzt gehen? ... Schwiegersohn gegen Schwiegervater? Und was kann ich tun, wenn ich nicht mehr Minister bin? Einfach nur der Schwiegersohn sein? Nein. Ich muß versuchen, in der Regierung zu bleiben und weiter zu tun, was ich kann, solange es noch möglich ist.«[34]

Während sich Ciano um seine berufliche Zukunft und den bevorstehenden Kriegseintritt Italiens sorgte, mußte er sich auch noch mit Görings verletzter Eitelkeit befassen. Die Nazis schickten sich an, in Frankreich einzumarschieren, und der Chef der deutschen Luftwaffe hatte offenbar nichts anderes im Kopf als den Annunziataorden, der ihm beim Abschluß des Stahlpakts verweigert worden war. In seinem Tagebuch schrieb Ciano bissig von einer »Tragikomödie um die Ordenskette« und meinte: »Wir sollten den beleibten Ersatzdiktator des Reichs nicht länger leiden lassen. Mussolini, der diese Auszeichnungen aus tiefstem Herzen verachtet, beauftragt mich, an den König ein Gesuch zu richten und ihm das bedauernswerte Los des empfindlichen Herrmann zu schildern.«[35] Widerwillig fand sich der König zur Ordensverleihung bereit.

Am 24. April teilte Mackensen dem italienischen Außenminister mit, daß seine Regierung es gern sähe, wenn Attolico von seinem Posten abgelöst werden würde. »Natürlich«, kommentierte Ciano sarkastisch, »er ist Italiener und ein Ehrenmann.«[36] Drei Tage später berichtete ihm der nach Rom zurückberufene Botschafter, daß Ribbentrop seine Abneigung gegenüber ihm, Ciano, nicht mehr verhehle und ihn für die abwartende Haltung Italiens verantwortlich mache. »Worauf ich stolz bin«, konterte Ciano.

Mussolini schickte Dino Alfieri als neuen Botschafter nach Berlin und folgte damit der Empfehlung seines Schwiegersohns, obwohl dieser keine hohe Meinung von dem Diplomaten hatte und ihn einmal so charakterisierte: »Er hat keine Ahnung und hat nichts zu sagen, aber das tut er sehr wortreich.«[37]

Vier Tage später nahm Ciano an einem Diner in der Deutschen Botschaft teil. Beim Abschied deutete Mackensen an, daß er ihn möglicherweise bald wieder mitten in der Nacht stören müsse. Tatsächlich rief er ihn um 4 Uhr morgens an und vereinbarte für 5 Uhr ein Treffen mit Mussolini. Diesmal ging es um den deutschen Einmarsch in Holland und Belgien. Abermals brachte Mussolini seine rückhaltlose Zustimmung zum Ausdruck und, nachdem Mackensen gegangen war, seine Absicht, in den Krieg einzutreten, was Ciano ihm wieder einmal auszureden versuchte.

Mit dem deutschen Überfall auf die Nachbarn im Westen war das politische Schicksal Chamberlains besiegelt. Er trat am 10. Mai zurück und machte damit den Weg frei für Winston Churchill. Aus dem Krieg zwischen England und Deutschland begann nun Ernst zu werden.

Dem amerikanischen Botschafter erklärte Ciano am 12. Mai, daß Italien mit hoher Wahrscheinlichkeit in den Krieg eintreten

Bernardo Attolico, der italienische Botschafter in Berlin, der stets vor der Kriegstreiberei Hitlers gewarnt und bis zum Schluß ein deutsch-italienisches Militärbündnis zu verhindern versucht hatte. Im April 1940 wurde er auf Betreiben Berlins abberufen und durch Dino Alfieri ersetzt.

werde, der Duce praktisch entschlossen sei, sich Deutschland an-
zuschließen, und die Mehrheit des italienischen Volkes den Krieg
wolle, was eine glatte Lüge war, wie Phillips sofort erkannte.
»Glaubte er wirklich«, so fragte er sich, »daß ich ihm das abneh-
me?«[38]

Nach Erhalt dieser Nachricht setzte das State Department
umgehend die Regierungen in Paris und London von dem bevorstehenden Kriegseintritt Italiens in Kenntnis, was dort erhebliche
Bestürzung auslöste. Der französische Außenminister Paul Reynaud bat die USA, ein paar ausrangierte Zerstörer an Frankreich
und England zu verkaufen, weil er mit italienischen U-Boot-
Attacken im Mittelmeer rechnete.

Am 13. Mai teilte der Duce Ciano mit, daß er innerhalb eines
Monats den Krieg erklären werde. Ciano gab sich geschlagen.
»Leider kann ich jetzt nichts mehr tun, um den Duce zurückzu-
halten«, schrieb er resigniert. »Er hat sich zum Handeln entschlossen, und das wird er nun auch.«[39] Mussolini drängte den
König, ihm das Oberkommando über die Streitkräfte zu erteilen,
und nach anfänglichem Widerstand gab der König nach. Wenn
der Krieg gewonnen sei, versprach Mussolini seinem Schwiegersohn, werde er die Monarchie abschaffen.[40]

Am 14. Mai richtete Roosevelt einen dringenden Appell an
Mussolini, sich aus dem Krieg herauszuhalten, doch der Duce
weigerte sich, Phillips zu empfangen, und ließ ihm durch Ciano
ausrichten, daß er nicht abseits stehen könne, wenn es um das
Schicksal Europas gehe. Etwa zehn Tage später unterbreitete
Phillips ein neues Schreiben seines Präsidenten, in dem dieser anbot, sich mit Paris und London über italienische Gebietsansprüche zu verständigen, zugleich aber eine stärkere Unterstützung der Alliierten androhte, falls Italien in den Krieg eintrete.
Auch dieses Angebot lehnte Ciano auf Mussolinis Geheiß ab. Zugleich signalisierte er dem amerikanischen Botschafter, daß Italiens Kriegseintritt unmittelbar bevorstehe. In einem Bericht an
Roosevelt schrieb dieser: »Mir gegenüber ist Ciano zumindest offener gewesen als gegenüber anderen Kollegen, als er mich wissen
ließ, daß bis zur Stunde Null nur noch wenig Zeit sei.«[41]

Am 28. Mai gab Ciano auch dem britischen Botschafter zu verstehen, daß es nun bald soweit sei. Seit Monaten schon ging Loraine im Palazzo Chigi ein und aus, und einmal sagte Ciano zu ihm: »Ich kann Ihnen zwar nicht alles erzählen, aber ich verspreche Ihnen, daß ich Sie nie täuschen werde.«[42] Nach Aussage Loraines hielt Ciano Wort.

Am 10. Juni 1940 erklärte Italien Frankreich und England den Krieg.

10. KAPITEL
In Bewunderung für Hitler

In mancher Hinsicht lebte Italien schon seit einigen Jahren in einer Art Kriegszustand. Infolge der vom Völkerbund verhängten Sanktionen nach der Aggression gegen Äthiopien 1935 mußten die Italiener den Gürtel enger schnallen und sich bei Nahrungsmitteln, die nicht mehr eingeführt werden konnten, wie etwa Kaffee, mit Ersatz behelfen. Benzin war knapp, und nur Personen mit besonderer Fahrerlaubnis durften ihre Autos benutzen. Schlachtereien durften donnerstags und freitags kein Fleisch verkaufen. Wenn die Lederschuhe abgetragen waren, mußte man mit Schuhen aus Segeltuch vorliebnehmen. Seide wurde durch Reyon, Baumwolle durch Jute und Chemiefasern ersetzt. Zeitweise durften in den Bars keine ausländischen Spirituosen ausgeschenkt werden, aber bei ihren Lieblingsgästen drückten die Barkeeper schon mal ein Auge zu und gossen ihnen heimlich französischen Cognac ein und servierten Whisky in Kaffeetassen. Je näher der Krieg rückte, desto strenger wurden die Waren rationiert: zuerst Zucker und Kaffee, dann Suppen, Fette, Teigwaren, Reis und Brot. Unmittelbar vor Kriegsausbruch ließ die Regierung Kupfer aus den Privathaushalten einziehen, so daß viele Familien keine Töpfe mehr hatten, um ihre Polenta zu kochen. Die Löhne waren niedrig, viele Häuser ohne elektrisches Licht und Telefonanschluß, und auf dem Land gab es in den meisten Dörfern kein fließendes Wasser. Kurzum, ein ohnehin armes Land drohte durch die ehrgeizigen Ziele eines einzigen Mannes noch weiter zu verarmen und steuerte auf eine Katastrophe zu: Der Krieg sollte große Teile Italiens in Schutt und Asche legen und 150 000 Zivilisten sowie 300 000 Soldaten das Leben kosten.[1]

Trotz seiner Vorbehalte gegen den Kriegseintritt Italiens zögerte Galeazzo Ciano keinen Augenblick, für sein Land zu kämpfen. Er entschied sich, das Kommando einer in Pisa stationierten Bomberstaffel zu übernehmen, weil es von dort nicht weit war nach Livorno. Am 10. Juni aß er, bereits in Uniform, mit einem Freund aus der Toskana im Hotel »Ambasciatori« in der Via Veneto zu Mittag und kehrte danach in sein Amt zurück, wo er um halb fünf Sir Percy Loraine und André François-Poncet einbestellte, um ihnen die Kriegserklärung seiner Regierung zu überreichen.

Der britische Botschafter drückte sein Bedauern aus: »Hoffentlich haben Sie nicht aufs falsche Pferd gesetzt.« Dann gab er Ciano die Hand, ging zur Tür, blieb aber noch einmal stehen und sagte: »Ich habe die Ehre, Exzellenz daran zu erinnern, daß England seine Kriege nicht zu verlieren pflegt. Sie glauben, der Krieg werde leicht und sehr schnell zu gewinnen sein. Sie irren sich. Der Krieg wird lange dauern und sehr schwierig werden. Leben Sie wohl.«[2]

Den französischen Botschafter begrüßte Ciano mit der Bemerkung, er wisse vermutlich, weshalb er einbestellt worden sei, worauf François-Poncet scherzte: »Ich mag zwar nicht besonders intelligent sein, aber diesmal habe ich verstanden.« Nachdem ihm Ciano die Kriegserklärung vorgelesen hatte, sagte der Botschafter: »Es ist ein Dolchstoß gegen einen Mann, der bereits am Boden liegt.« Und er fügte hinzu: »Dennoch danke ich Ihnen, daß Sie dazu Samthandschuhe angezogen haben.« Auf Cianos Uniform deutend, fragte er: »Und was werden Sie im Krieg machen? Bomben auf Paris werfen?« Ciano bejahte, verwies darauf, daß er Offizier sei und seine Pflicht erfüllen werde, worauf der Franzose konterte: »Dann lassen Sie sich bloß nicht erschießen.« Ciano versicherte ihm, daß der Krieg nicht lange dauern und man sich bald am Verhandlungstisch wiedersehen werde. Der Botschafter hielt ihm entgegen: »Die Deutschen sind harte Herren. Das werden auch Sie noch merken.«[3] Bewegt nahmen die beiden voneinander Abschied; es sollte ein Abschied für immer sein.

Lautsprecher verkündeten in den Straßen Roms, daß Mussolini sich um 18 Uhr vom Balkon des Palazzo Venezia an das italie-

nische Volk wenden werde. Am späten Nachmittag drängten sich
auf dem großen Platz unter dem Balkon die Menschenmassen,
darunter viele Schwarzhemden. Sie wußten bereits, was sie hören
würden. Punkt 18 Uhr trat Mussolini auf den Balkon, Ciano, Bottai und Pavolini hinter ihm. Als er nach wenigen Minuten verkündete, daß die Kriegserklärungen an die Botschafter bereits
übergeben seien, brauste der Jubel auf und hielt fünfundvierzig
Sekunden an.[4] Dennoch erschien etlichen Beobachtern die Begeisterung etwas gezwungen. Die Mehrheit tröstete sich wohl mit
dem Gedanken, daß der Krieg nicht lange dauern, England bald
besiegt sein werde. Viele Soldaten verließen ihre Familien mit der
Versicherung, vor Weihnachten wieder daheim zu sein. An diesem
Abend, als zum ersten Mal in Rom die Luftschutzsirenen heulten
– ohne daß fremde Flugzeuge aufgetaucht wären –, schrieb Ciano
in sein Tagebuch:»Die Nachricht überrascht niemanden und erweckt keine übertriebene Begeisterung. Ich bin traurig, sehr traurig. Das Abenteuer beginnt. Gott sei Italien gnädig.«[5]

Zu seinem eigenen Besten hätte Ciano an diesem Tag zurücktreten müssen, meinte sein Freund del Drago und begründete
auch, warum es nicht dazu kam:»Er liebte die Macht und den
Glamour, die sein Amt mit sich brachten. Und außerdem war er
träge.«[6] Ciano selbst begründete sein Verbleiben im Amt ähnlich
wie nach 1945 etliche deutsche Kriegsverbrecher: Er habe
Schlimmeres verhindern und sein Amt nicht Leuten wie Alfieri
oder Farinacci überlassen wollen, die er als Marionetten der Nazis
bezeichnete. Unklar bleibt, ob er an jenem 10. Juni 1940 wirklich
mit einem baldigen Ende des Krieges rechnete, wie aus einem
überlieferten Gespräch mit Grandi hervorzugehen scheint. Ciano
vertrat damals die Ansicht, daß Mussolini deshalb den Krieg erklärt habe, weil Frankreich bereit war, um einen Waffenstillstand
zu bitten, und England einen bereits verlorenen Krieg wahrscheinlich nicht fortsetzen würde. Grandi fragte ihn, ob er wirklich glaube, daß der Krieg vorbei sei, worauf sich Ciano überrascht zeigte, daß für seinen Gesprächspartner ein Zweifel daran
bestand:»Eben weil der Krieg zu Ende ist, halte ich Mussolinis
Kriegserklärung für falsch; er macht sich enorme Illusionen über

seine deutschen Freunde.«[7] Wenig später erfuhr Grandi von Cia-no, daß Mussolini beschlossen habe, das Rhônetal zu besetzen, weil er fürchte, die Deutschen würden Alpendörfer in der Nähe der italienischen Grenze einnehmen und dann Turin mit ihrer Artillerie bedrohen.[8]

Zwei Tage später wurde Turin von britischen Flugzeugen bombardiert, wobei vierzehn Menschen ums Leben kamen. Am Tag darauf nahmen französische Kreuzer die ligurische Küste unter Beschuß, wobei zehn Menschen starben.

Nachdem Mussolini Cianos Entscheidung, lieber »Soldaten-Minister« als »Minister-Soldat« zu sein, gebilligt hatte, begab dieser sich nach Pisa. Am 13. Juni nahm er an einem Bombenangriff auf den französischen Marinehafen Toulon teil. Zurück in Pisa berichtete er Edda, die im Begriff war, als Rotkreuzschwester an die Front zu gehen, von einem »unvergeßlichen« Erlebnis. Das Telefonat, das der italienische Geheimdienst mitschnitt, offenbart eine andere Seite Cianos: kindisch, albern, kriegslüstern:

»C: Eben komme ich von meinem ersten Flug in diesem Krieg zurück. Das berauschende Gefühl, Flieger zu sein, habe ich wieder einmal in vollen Zügen genossen. Es ist phantastisch, unbeschreiblich!

E: Kann ich mir vorstellen. Aber du hast ja doch nicht zum ersten Mal in einem Flugzeug gesessen ...

C: Unerbittlich habe ich meine Staffel durch den Himmel über Toulon gejagt, wo wir ein richtiges Blutbad angerichtet haben ...

E: Ist das alles?

C: Nein, Liebling, keineswegs. Hör zu. Auf dem Rückweg, während ich über der Meerenge zwischen Korsika und der Halbinsel dahinflog, erblickte ich unter mir ein Schiff, das ganz gemächlich und majestätisch von Norden nach Südwesten fuhr. Ich zückte mein Zeiss: britische Flagge. Stell dir meine Erregung vor!

E: Kann ich mir denken! Und dann?«

Darauf schilderte Ciano ihr mit der Enttäuschung eines kleinen Jungen, dem man sein Spielzeug weggenommen hat, wie er die Beute ziehen lassen mußte, weil er keine einzige Bombe mehr an Bord hatte. Indem er dem Motor das Äußerste abverlangte, kehrte er zur Luftwaffenbasis zurück, um aufzutanken und wieder Kurs auf den Dampfer zu nehmen, wurde jedoch von seinem Vorgesetzten daran gehindert, da das Flugzeug erst gewartet werden mußte. »Um ein gutes Vorbild abzugeben und Disziplin zu beweisen«, so schloß er seinen Bericht, »mußte ich also auf den größten Coup meiner Fliegerkarriere verzichten. Stell dir meine Wut vor.«[9]

Nach einigen weiteren Einsätzen gegen korsische Städte wurde Ciano zurückbeordert, um Mussolini nach München zu begleiten. Inzwischen hatte Frankreich, dessen Hauptstadt bereits von den Deutschen besetzt war, um einen Waffenstillstand gebeten. Hierüber wollte Hitler mit Mussolini reden, der von der Aussicht auf einen plötzlichen Frieden enttäuscht war, denn Italien konnte seiner Ansicht nach keine Gebietsansprüche an Frankreich stellen, ohne vorher gekämpft zu haben.

Hitler erklärte Mussolini am 18. Juni in München, daß sie zwei separate Waffenstillstandsabkommen würden schließen müssen. Er riet dem Duce von der Forderung nach einer Kapitulation der französischen Flotte ab, die sich womöglich lieber selbst versenkte oder sich den Briten anheimgab, als den Italienern in die Hände zu fallen. Mussolinis Gebietsansprüche akzeptierte er: Korsika, Dschibuti am Golf von Aden und die Besetzung Frankreichs von den Alpen bis zur Rhône unterhalb von Lyon. Im entsprechenden Tagebucheintrag vergleicht Ciano Hitler mit einem Spieler, der einen großen Coup gelandet hat und vom Tisch aufsteht, weil er nichts mehr riskieren möchte. »Man kann mir keine besondere Zuneigung zu ihm vorwerfen«, schrieb er, »aber heute bewundere ich ihn wirklich.«[10]

Am 20. Juni, drei Tage nach dem Waffenstillstandsgesuch an Deutschland, bat Frankreich auch Italien um einen Waffenstillstand, doch Mussolini befahl seinen Generälen Badoglio und Graziani, unverzüglich eine Offensive in den Alpen zu starten, was am nächsten Morgen bei Minusgraden und Schneefall geschah. In Libyen hatte sich inzwischen ein italienischer General den Englän-

dern ergeben, was Mussolini zu einem wütenden Kommentar veranlaßte:»Es fehlt mir am Material«, schimpfte er. »Selbst Michelangelo brauchte Marmor, um seine Statuen zu schaffen. Hätte er
nur Lehm gehabt, wäre aus ihm nichts weiter als ein Töpfer geworden. Ein Volk, das sechzehn Jahrhunderte lang Amboß war,
kann nicht in wenigen Jahren zum Hammer werden.«[11] Bereits
früher hatte ihn Ciano darauf hingewiesen, daß man mit dieser
Armee »höchstens Peru« den Krieg erklären könne. Die italienischen Panzer fuhren sich im Wüstensand und im Schlamm leicht
fest und blieben stecken, es fehlte an Geländewagen, und die Marine rühmte sich zwar einer Armada von 576 Schiffen verschiedener Tonnage, verfügte aber über keinerlei Luftunterstützung. Die
1946 Flugzeuge der Luftwaffe waren denen des Feindes technisch
unterlegen.[12]

Der Waffenstillstand wurde von Badoglio und dem französischen General Huntziger am 24. Juni unterzeichnet. »Der Krieg
ist noch nicht zu Ende«, kommentierte Ciano in seinem Tagebuch,»er fängt vielmehr erst an.«[13] Doch dieser prophetische
Weitblick hatte ihn offensichtlich verlassen, als er kurz darauf in
einem Gespräch mit Bastianini tönte, der Krieg sei in spätestens
zwei Monaten vorbei. Bastianini war anderer Meinung und verwies auf die Rüstungsanstrengungen der Engländer im gesamten
Empire.»Und was erwarten sie sich davon?« fragte Ciano. »Jetzt
ist es dafür zu spät. Europa befindet sich in der Hand der Deutschen, und es wird selbst uns schwerfallen, diesen Leuten irgendein menschliches Zugeständnis zu entlocken.«[14]

Dennoch oder gerade deshalb wollte Ciano die Beziehungen
zum siegreichen Deutschland wieder ins Lot bringen und gab daher Alfieri zu verstehen, daß er bereit sei, nach Berlin zu fahren,
wenn er offiziell eingeladen werde. Ribbentrop sprach die Einladung aus, und Ciano traf am 7. Juli in der deutschen Hauptstadt
ein. Hitler fand er diesmal »überaus höflich, ja regelrecht zuvor-
kommend«. Allerdings schien er ihm »eher geneigt, den Kampf
fortzusetzen und einen Sturm von Zorn und Eisen über den Briten zu entfesseln … Er ist ruhig und zurückhaltend, sehr zurückhaltend für einen Deutschen, der gesiegt hat.«[15] Hitler hatte je-

doch noch nicht entschieden, wann er England ins Visier nehmen würde. Ciano erzählte ihm von einer italienischen Offensive in Nordafrika, die gerade vorbereitet werde, und verwies auf die feindliche Haltung Griechenlands und Jugoslawiens, das liquidiert werden müsse. Doch Hitler warnte ihn vor einem verfrühten Losschlagen auf dem Balkan, weil dies die Russen zum Eingreifen provozieren könnte.

Ciano überreichte Hitler sodann eine Liste mit italienischen Gebietsansprüchen, die, wie Paul Schmidt sich erinnerte, keineswegs bescheiden waren. »Ciano tat so, als wäre der Krieg schon vollständig gewonnen. Er konnte sich nicht genug tun an direkt ausgesprochenen oder angedeuteten Forderungen für sein Land. Er wollte Nizza, Korsika und Malta annektieren, Tunis und den größten Teil von Algerien unter italienisches Protektorat nehmen und strategische Punkte in Syrien, Transjordanien, Palästina und Libanon besetzen. In Ägypten und im Sudan wollte Italien einfach an die Stelle Großbritanniens treten. Somaliland, Dschibuti und Französisch-Äquatorialafrika sollten ebenfalls italienische Gebiete werden. Ciano genierte sich nicht im geringsten mit seinen Wünschen. Hitler ging überhaupt nicht darauf ein.«[16]

Am späteren Nachmittag gab Botschafter Alfieri einen Empfang in seiner Villa am Wannsee. Dazu hatte er einige der hübschesten Mädchen Berlins »zu einem gemütlichen Schwimmen« eingeladen. Er ließ sie wie auf einem Sklavenmarkt vor Ciano paradieren, der G. von F. erkor und sie, als eine Art *antipasto*, in einem Motorboot auf den See entführte. »Uns kam die ganze Sache sehr verdächtig vor«, schreibt eine der Teilnehmerinnen. »Als es soweit war, unserm Gastgeber zu danken und uns zu verabschieden, fanden wir ihn und Ciano in einem abgedunkelten Raum, wo sie mit den beiden leichtlebigsten Damen, die Berlin zu bieten hat, engumschlungen tanzten.«[17]

Als Hitler seinem Verbündeten Mussolini am 13. Juli schrieb, die italienischen Streitkräfte seien unter technischen Gesichtspunkten nicht für eine Seeinvasion tauglich und daher für den bevorstehenden Angriff auf England nicht zu gebrauchen, mokierte sich Ciano bei Bottai im Golfklub: »Wie Goethe sagte, sein größtes Unglück sei die Geburt Napoleons, so kann Mussolini von sich behaupten, sein größtes Unglück sei die Geburt Hitlers.«[18] Ciano jedenfalls hatte in seiner Haltung zu Hitler eine Wendung um hundertachtzig Grad vollzogen. »Der Führer«, so erklärte er Bottai, »ist ein Mann von Genie, ja, er ist ein Genie. Von Zeit zu Zeit gibt es Menschen, die wie Berge in den Himmel ragen: Bismarck, Goethe und jetzt Hitler.«[19] Wie es zu diesem Gesinnungswandel kam, bleibt ein Rätsel. War es der Nimbus des Erfolgs, der Siege, der Entschiedenheit, der Hitler umgab und der Mussolini so völlig abging? Ciano brauchte einen Helden. Hitler war für ihn an die Stelle Mussolinis getreten.

Mit Überraschung registrierte der amerikanische Botschafter Phillips, daß Ciano den deutschen Führer nun als »einen sehr vernünftigen Mann beschrieb, der die Dinge von einem gerechten und hochgesinnten Standpunkt aus betrachtet«.[20] Er, der eine deutsche Niederlage vorausgesagt hatte, behauptete nun das genaue Gegenteil und prophezeite den Engländern die gnadenlose Vernichtung, wenn sie ihren Kampf gegen Hitlerdeutschland fortsetzten. Cianos zunehmende Begeisterung für Hitler läßt sich vielleicht aus der wachsenden Distanz zu Mussolini erklären, der immer aberwitzigere Theorien aufstellte, um das Versagen des italienischen Militärs zu entschuldigen, für das er den Volkscharakter und das Bürgertum verantwortlich machte. Mit der Wiederaufforstung des Apennins, tat er seinem Schwiegersohn kund, verfolge er vor allem das Ziel, das Klima in Italien rauher zu machen, damit eine bessere Auslese stattfinde und »eine rassische Höherentwicklung« eintrete.[21] Derart skurrile Vorstellungen dürften Ciano belustigt und in seiner Orientierung auf Deutschland nur noch bestärkt haben.

Am 19. Juli war Ciano bereits wieder in Berlin. Hitler hielt eine Rede, in der er England »Frieden« anbieten wollte. William L. Shirer beobachtete Ciano während dieser Rede und war entsetzt. »Ich hatte ihn in Rom kennengelernt und mochte ihn ganz gern trotz seiner Wichtigtuerei und Clownerie«, schrieb er später. »Aber an diesem Abend im Reichstag gab Ciano eine bedauernswerte Vorstellung zum besten. Angetan mit seiner grau-schwarzen Milizuniform, saß er in der ersten Reihe der Diplomatenloge, und jedesmal, wenn Hitler, um Luft zu holen, eine kurze Pause einlegte, sprang er auf wie ein Stehaufmännchen und riß den rechten Arm zum Faschistengruß hoch. Es war lächerlich. Ich glaube, selbst für die Deutschen.«[22] In seinem Tagebuch notierte Shirer: »Dauernd mahlte er mit den Kinnladen. Und dabei kaute er nicht etwa Kaugummi.«[23]

Ciano hielt Hitlers Friedensbeteuerungen für ehrlich, und durch ein weiteres Gespräch mit Hitler fühlte er sich in diesem Eindruck bestätigt: »Die Verständigung [mit England] wäre ihm lieber«, schrieb Ciano. »Er weiß, daß ein Krieg mit den Engländern hart und blutig sein wird, und er weiß auch, daß die Völker heutzutage mit ihrem Blute geizen.«[24] Vor seiner Abreise aus Deutschland besuchte Ciano Reichsmarschall Göring auf seinem feudalen Landsitz Karinhall und zeigte sich erstaunt über den Pomp in einem sozialistischen Land, wie er es nannte. Göring erschien ihm wie ein Satrap.

Bei seiner Rückkehr nach Rom fand Ciano einen Mussolini vor, der über den friedlichen Tonfall in Hitlers Rede enttäuscht war und nach einem Krieg mit England dürstete. Im Gespräch mit Bottai lobte Ciano Hitler in den höchsten Tönen und verglich sein Verhalten gegenüber Mitarbeitern mit dem Mussolinis, wobei dieser schlecht wegkam. Bottai, der Ciano kannte, wußte, daß er sich von Stimmungen hinreißen ließ und zu objektiven Urteilen unfähig war.

Am 19. August nahmen italienische Truppen Berbera in Britisch Somaliland ein; es war ihre erste Eroberung in diesem Krieg. Im selben Monat konzentrierten die britischen Bombergeschwader ihre Angriffe auf die oberitalienischen Städte.

138

11. KAPITEL
Fiasko in Griechenland

Hatte Ciano in der ersten Hälfte des Jahres 1940 noch fieberhaft versucht, Italien aus einem Krieg an der Seite Deutschlands herauszuhalten, so war er nun eifrig damit beschäftigt, sein Land in einen anderen hineinzuziehen. Das Objekt seiner Begierde hieß Griechenland. Und obwohl er wußte, daß Italien auf einen solchen Konflikt nicht vorbereitet war, gab er sich der Illusion eines leichten Sieges hin. Als es dann soweit war, rühmte er sich, daß es sein Krieg sei, der die Grenzen seines »Großherzogtums«, d. h. Albaniens, erweitern werde.

Griechenland, hatte er einmal gesagt, sei so arm, daß Italien kein Interesse daran habe. Aber inzwischen hatte er seine Meinung geändert. Seit der Annexion Albaniens 1938 war ihm Griechenland nicht mehr aus dem Sinn gegangen. Mit der ihm eigenen Hinterhältigkeit hatte er damals den italienischen Botschafter in Athen, Emanuele Grazzi, telegrafisch angewiesen, sofort beim griechischen Diktator General Metaxas vorstellig zu werden und ihm zu versichern, daß die Gerüchte von einem Vorgehen Italiens gegen sein Land falsch und von *agents provocateurs* verbreitet worden seien. Doch schon einen Monat später vertraute er seinem Tagebuch an: »Das gesamte Straßenbauprogramm [in Albanien] ist auf die Grenzen nach Griechenland ausgerichtet. Das wurde vom Duce befohlen, der sich bei der erstbesten Gelegenheit auf Griechenland zu stürzen gedenkt.«[1]

Bei einem Treffen mit Grazzi am 30. April 1940 kam Ciano auf das Thema zurück. Ganz beiläufig fragte er den Botschafter, ob es nicht möglich wäre, »irgendeinen Albaner« aufzutreiben, der den griechischen König »beseitigt«. Grazzi verschlug es die Sprache. »Die Frage war so unerhört, daß ich den Eindruck hatte, sie sei nicht ernst gemeint und nichts weiter als eine seiner üblichen *boutades*, die nicht immer von gutem Geschmack zeugten. Noch heute ... weigere ich mich, zu glauben, daß Ciano mir ernsthaft vorschlagen wollte, ein Attentat gegen den König von Griechenland in die Wege zu leiten, da er sehr gut wußte, daß ich nicht der Mann bin, der sich für derartige Vorhaben hergibt. Ich zuckte also nur wortlos mit den Schultern ... Der Minister ließ das Thema sofort fallen.«[2]

Nachdem dieser Vorstoß gescheitert war, traf sich Ciano mit General Carlo Geloso, dem Befehlshaber der italienischen Streitkräfte in Albanien, und befahl ihm, Kriegsvorbereitungen zu treffen und fünf Divisionen von der albanisch-jugoslawischen Grenze an die zu Griechenland zu verlegen. Carlo Geloso hielt dagegen, daß er für einen Angriff mindestens zwanzig bis fünfundzwanzig Divisionen brauche, worauf »Ciano lachte«, wie sich Grandi erinnerte.[3] Doch er war verärgert und sorgte dafür, daß Geloso durch den willfährigen, aber unfähigen Sebastiano Visconti Prasca ersetzt wurde.[4]

Im Spätsommer 1940 nahmen die Kriegsvorbereitungen Gestalt an. Am 6. August gab Mussolini zu erkennen, daß er im September Jugoslawien angreifen wolle, doch Ciano drängte ihn, zunächst die griechische Option in Betracht zu ziehen. Der Duce setzte sich daraufhin mit Visconti Prasca in Verbindung und instruierte ihn vage über ein Vorgehen gegen Griechenland, während Ciano hinter dem Rücken seines Schwiegervaters genauere Anweisungen gab.

Im August entfesselte Ciano eine Pressekampagne gegen Griechenland, wobei der im Juni von griechischen Polizisten erschossene Viehdieb und Mörder Daut Hoggia zum »Patrioten« und politischen Märtyrer stilisiert wurde. Diese Kampagne machte die Regierung in Athen hellhörig, zumal kurz darauf ihr alter Kreuzer Helli durch ein U-Boot versenkt wurde.

Am 17. August ließ Ribbentrop seinen italienischen Kollegen wissen, daß der deutschen Regierung ein Angriff auf dem Balkan oder Griechenland äußerst ungelegen käme und alle Anstrengungen auf den bevorstehenden Krieg mit England konzentriert werden sollten. Doch Ciano ließ sich davon nicht beirren, und fünf Tage später befahl Mussolini dem Generalstab, die Planungen für einen Angriff auf die ägäische Halbinsel voranzutreiben. Am 19. September kam Ribbentrop nach Rom mit dem überraschenden Vorschlag eines militärischen Dreierpakts zwischen Deutschland, Italien und Japan, der in wenigen Tagen in Berlin unterzeichnet werden sollte. Ribbentrop zeigte sich im Gespräch mit Ciano überzeugt, daß die japanische Flotte Amerika vor einem Kriegseintritt zurückschrecken lassen werde. Ciano war anderer Meinung. Außerdem versicherte ihm der deutsche Außenminister, daß Englands Abwehr gleich Null sei und eine einzige deutsche Division ausreichen werde, den totalen Zusammenbruch herbeizuführen.

Mussolini stimmte dem Dreierpakt zu, den Ciano dann zusammen mit Ribbentrop und dem japanischen Botschafter Kurusu am 27. September in Berlin unterzeichnete. Hitler teilte ihm mit, daß der Angriff auf England wegen der vorgerückten Jahreszeit verschoben worden sei. Dies bekräftigte er bei einem Treffen mit Mussolini auf dem Brenner am 4. Oktober, wo er, so notierte Ciano in sein Tagebuch, gegenüber Bottai behauptete: »Der Krieg ist gewonnen.«[5] Ciano blieb skeptisch, was ihn nicht daran hinderte, sich für »seinen Krieg« starkzumachen, obwohl Grazzi und der italienische Militärattaché in Athen seinen Enthusiasmus zu dämpfen versuchten, indem sie ihn mehrfach darauf hinweisen, daß die Griechen auf Italien sehr erbost seien und über gutausgerüstete Streitkräfte verfügten. Ciano schlug diese Warnungen in den Wind und vertraute statt dessen seinen eigenen Informanten, wie dem Diplomaten Raffaele Guariglia, der ihm erklärte, »zweihundert Flugzeuge über Athen« würden ausreichen, um Griechenland zur Kapitulation zu veranlassen.[6] Andere Gewährsmänner redeten ihm ein, daß sich die griechischen Befehlshaber bestechen ließen. Angeblich flossen erhebliche Summen und versandeten in dunklen Kanälen. Nach dem Krieg jedenfalls bekannte ein Angehöriger der italienischen Ministerialbürokratie gegenüber einem amerikanischen Korrespondenten: »Die Griechen nahmen viele Millionen Lire und verwandten dann das Geld, um gegen uns zu kämpfen.«[7]

Mussolinis Unentschlossenheit endete, als am 12. Oktober deutsche Truppen in Rumänien einmarschierten, um die dortigen Ölfelder unter ihre Kontrolle zu bringen. Wieder war der Duce zuvor nicht konsultiert oder auch nur unterrichtet worden. »Hitler stellt mich immer vor vollendete Tatsachen«, beklagte er sich bei Ciano. »Diesmal werde ich ihm mit gleicher Münze heimzahlen. Aus den Zeitungen soll er erfahren, daß ich Griechenland besetzt habe. Auf diese Weise ist dann das Gleichgewicht wiederhergestellt.«[8]

Am 17. Oktober erfuhr Ciano von Badoglio, daß die drei Spitzen des Generalstabs einstimmig gegen den Angriff seien, und er selbst drohte am nächsten Tag sogar mit seinem Rücktritt, sollte es zu einem Krieg mit Griechenland kommen. Außer sich vor Wut tobte Mussolini, er werde sich persönlich nach Griechenland begeben, um die unglaubliche Schande zu bezeugen, daß Italiener Angst vor den Griechen haben. Bei einem Treffen mit dem Duce ließ Badoglio zwar nichts mehr von Rücktritt verlauten, bat aber um eine Verschiebung des Angriffs um ein paar Tage. Ein neues Verwirrspiel begann: Der amerikanische Botschafter erfuhr von der geplanten Invasion und kabelte nach Washington, daß sie am Morgen des 25. Oktober beginnen werde. Am 22. Oktober offenbarte Mussolini Hitler seinen Plan in einem Brief, den er auf den 19. zurückdatierte. Inzwischen hatte er den Angriff auf den 28. Oktober verschoben, wovon er Hitler allerdings nicht unterrichtete. Hitler erhielt den Brief am 25. Oktober in Frankreich, genauer gesagt, auf der Rückreise nach Berlin. Sofort ließ er Ribbentrop ein Treffen mit Mussolini in Florenz vereinbaren. Es fand am 28. Oktober statt. Am Bahnhof von Bologna erfuhr Hitler dann, daß der italienische Angriff im Gange sei, was ihm Mussolini kurz darauf in Florenz bestätigte. Hitler war wütend. Die Entscheidung für einen Beginn der Kampfhandlungen zu dieser Jahreszeit, nachdem die Herbstregen eingesetzt hatten, konnte er nicht verstehen. Und er wußte auch, daß die Briten durch diesen

Krieg Gelegenheit erhielten, die Ölfelder in Rumänen von Griechenland aus zu bombardieren. Ciano, der immer noch glaubte, es sei ein Kinderspiel, die Griechen in die Knie zu zwingen, flog am 29. Oktober nach Albanien. Der Krieg hatte schlecht angefangen, da schwere Regenfälle die Bodentruppen zwangen, mit dem Angriff länger als geplant zu warten, und die Luftwaffe am Eingreifen hinderten. Die Planungsstäbe hatten die regnerische Jahreszeit nicht berücksichtigt und nicht daran gedacht, die Truppen mit Winterbekleidung auszustatten. Die albanischen Söldner in italienischen Diensten liefen in hellen Scharen zu den Griechen über. Innerhalb weniger Tage wurden die Angreifer unter schweren Verlusten zurückgedrängt. Ciano schob die Schuld auf Badoglio und den Generalstab. Am 1. November, als das Wetter aufklarte, nahm er an einem Luftangriff auf Saloniki teil, bei dem die Italiener das Angriffsziel, den Hafen, kläglich verfehlten, dafür aber zwei eigene Flugzeuge einbüßten. Das sollte nicht der einzige Fehlschlag bleiben. Wegen Nachschubmangels mußten sich die schlecht bewaffneten und hungernden italienischen Truppen an die albanische Grenze zurückziehen. Es stellte sich heraus, daß das kleine Griechenland, dessen Bevölkerung weniger als ein Viertel der italienischen ausmachte, über bessere Waffen, bessere Winterausrüstung und eine bessere medizinische Versorgung verfügte. In den ersten zwei Wochen des Krieges verloren die Italiener 1 700 Mann. Trotz dieser Rückschläge behauptete Ciano gegenüber Bottai, die italienischen Truppen stünden spätestens Weihnachten in Athen. »Es ist unglaublich,« schrieb Bottai verblüfft, »wie selbst ein Mann mit so großer Verantwortung sich etwas vormacht, so sehr, daß er die Wahrheit leugnet und lügt.«[9] Auch dem italienischen Botschafter Grazzi gegenüber gab sich Ciano zuversichtlich und erwartete von ihm die gleiche Haltung. Grazzi jedoch wies ihn darauf hin, daß es bald schneien werde und vor Ende April an keine großangelegten Aktionen zu denken sei. Da schlug Ciano ein Massenbombardement auf Athen vor, um den Kampfgeist der Griechen zu brechen. Grazzi entgegnete ihm, »wenn sich Italien den Abscheu der gesamten zivilisierten Welt zuziehen wolle, gäbe es dafür kein geeigneteres Mittel, als Athen zu bombardieren, aber damit würde man nichts anderes bewirken, als die Wut der Griechen gegen uns zu vermehren. Er entließ mich betont kühl.«[10] Mit unverhohlener Schadenfreude kommentierte Goebbels die Hiobsbotschaften aus Griechenland und führte »die ganze Sache ... auf den bodenlosen Leichtsinn der Italiener« zurück. Er kannte auch den Hauptverantwortlichen: »Ciano hat die Aktion gegen die Generalität durchgesetzt. Also ein würdiger Kollege Ribbentrops.«[11]

Cianos ohnehin schon geringe Popularität in Italien erreichte ihren Tiefstand. Viele machten ihn für den Tod ihrer Söhne und Männer verantwortlich, die in einem sinnlosen, von ihm angezettelten Krieg ihr Leben geopfert hatten, und forderten seine Entlassung. Es kursierten Gerüchte, daß er als Botschafter nach Berlin, Moskau oder sogar Brasilien gehen werde.

Ein römischer *squadrista* ließ Mussolini einen anonymen Bericht zukommen, wonach militärische Kreise, die Partei und die Ministerien über Ciano maßlos empört seien. Er habe, stand in dem Bericht, Bewunderung für die Royal Air Force und die Erfolge der Royal Navy geäußert, sich über die Siege der Achsenmächte lustig gemacht und verbreitet, daß Mussolini alt und müde sei und ihn zum Nachfolger bestimmt habe. Ciano wurde als »nationale Schande« bezeichnet.

Dies wäre für Mussolini eigentlich der passende Zeitpunkt gewesen, ihn zu entlassen. Die Dankbarkeit des Volkes wäre ihm sicher gewesen, und sein eigenes, inzwischen arg angeschlagenes Ansehen hätte dadurch nur gewonnen. Schon vor dem fatalen Krieg hatte er genug Gründe gehabt, sich nach einem anderen Außenminister umzusehen. Warum er diesen Schritt dennoch nicht tat, darüber kann man nur spekulieren. Vielleicht verdankte Ciano seine Rettung der Fürsprache Eddas, obwohl die beiden damals praktisch getrennt lebten und es Gerüchte gab, sie wolle ihn wegen Pucci verlassen.

Marcello del Drago fragte sich immer wieder, was Ciano zum Krieg gegen Griechenland bewogen hatte, und er gab dem Freund zu verstehen, daß er nicht zuletzt deshalb so unbeliebt sei, weil man in ihm den Verantwortlichen für diesen Krieg sah. Darauf erklärte ihm Ciano dreist: »Ich hatte nichts damit zu tun. Glaubst du etwa, daß ich in einem Land wie Italien, wo man nicht einmal jemandem die Hand schütteln kann, wenn Mussolini es mißbilligt, ohne seine Zustimmung oder Einwilligung einen Krieg hätte anfangen können? Ich werde dir die Aufzeichnungen über das letzte Treffen zeigen, in dem der Krieg entschieden wurde. Mussolini führte das Wort und setzte das Datum fest. Badoglio war einverstanden. Ich sagte während des ganzen Treffens kein Wort.«[12]

In einer Rede am 18. November gebrauchte Mussolini die merkwürdige Wendung: »Wir werden Griechenland in die Nieren treten.« Fortan wurde er von seinen Landsleuten »Elmitolo« genannt, nach einem Medikament, das man damals bei der Behandlung von Nierenleiden einsetzte.[13] Auch mit seiner Popularität ging es bergab. Er hatte den Fehler begangen, aus einer ausgesprochen unkriegerischen Nation ein Volk von Kriegern machen zu wollen.

Am Morgen dieses 18. November traf Ciano auf Schloß Fuschl mit Ribbentrop und dem spanischen Außenminister Serrano Suñer zusammen und wurde dann nach dem Mittagessen von Hitler auf dem Obersalzberg empfangen. Hitler beklagte den Angriff auf Griechenland und die Art, wie er durchgeführt worden war. Ciano versuchte, ihn zu beschwichtigen, aber Hitler schnitt ihm das Wort ab und wies darauf hin, daß im März deutsche Truppen von Rumänien über Bulgarien nach Griechenland vorstoßen würden. »Seine Kritik ist offen, entschieden und endgültig«, notierte Ciano.[14] Hitler gab ihm einen verschlossenen Brief an Mussolini mit, in dem er deutlich machte, daß das Fiasko in Griechenland sehr ernste psychologische und militärische Folgen haben werde.

Anfang Dezember hatten die griechischen Truppen die Italiener nach Albanien zurückgedrängt und sogar Port Edda erobert. Die Lage war hoffnungslos. In einigen Fällen mußten sich die Italiener von dem Futter ernähren, das für ihre Maultiere bestimmt war. Einer der Generäle deutete an, daß man die Griechen um einen Waffenstillstand bitten sollte. Badoglio wurde entlassen, weil er sich erdreistet hatte, Mussolini darauf hinzuweisen, daß der Generalstab gegen den Krieg gewesen sei und die Verantwortung beim Duce selbst liege. Von nun an sann Badoglio nur noch auf Rache.

Aus Cianos Tagebuch geht hervor, daß Mussolini zu diesem Zeitpunkt selbst an einen Waffenstillstand dachte. »Da ist nichts mehr zu machen«, jammerte er völlig niedergeschlagen. »Es ist absurd und grotesk ... Wir müssen durch Hitler um einen Waffenstillstand bitten.« Ciano kommentierte, er werde sich eher eine Kugel durch den Kopf jagen, als Ribbentrop anzurufen.[15] Dino Grandi sah das Ende des Regimes herannahen und meinte später: »Die antifaschistische Revolution nahm in den blutigen Schützengräben ihren Anfang.«[16]

Während die Italiener in Albanien festsaßen, starteten am 9. Dezember die Briten eine Offensive gegen Grazianis Truppen in Libyen, überwältigten im Nu vier italienische Divisionen und nahmen 78 000 Mann gefangen. Wegen fehlender Ersatzteile waren die meisten italienischen Flugzeuge in Nordafrika gefechtsuntauglich. Im Laufe der nächsten zwei Monate sollten die Italiener die gesamte Cyrenaika einbüßen und 130 000 Mann ihrer Truppen in Gefangenschaft gehen. Das ganze Ausmaß der Niederlage wurde zwar vor der italienischen Öffentlichkeit verschleiert, aber daß die Truppen an allen Fronten in Bedrängnis gerieten, ließ sich nicht mehr verheimlichen. Im Dezember erlebte die Halbinsel die bisher schlimmsten Bombenangriffe, und in den am schwersten betroffenen Städten ging der Hunger um. Am Heiligen Abend schneite es in Rom. Der Duce freute sich und meinte zu Ciano, der Schnee und die Kälte kämen ihm durchaus gelegen, »so sterben die Schwachen, was dieser mittelmäßigen italienischen Rasse nur guttun kann«.[17]

Zu Beginn des neuen Jahres verkündete Mussolini, daß sich Kabinettsminister und hochrangige Parteifunktionäre für Militäreinsätze in Albanien melden könnten. Ciano kam dieser Aufforderung als einer der ersten nach. Doch ehe er nach Albanien ging, begleitete er seinen Schwiegervater zu einem Treffen mit Hitler, das vom 19. bis 20. Januar 1941 auf dem Obersalzberg stattfand. Hitler bestätigte den bevorstehenden deutschen Einsatz gegen Griechenland, trug erneut seine alten Bedenken bezüglich der sowjetischen Absichten vor und drängte Mussolini, Franco zu einem Kriegseintritt Spaniens zu bewegen. Während des Treffens übergab der Führer dem Duce ein geheimes Memorandum, das Himmler über Ciano verfaßt hatte. Ciano erfuhr davon und vermutete in Ribbentrop den eigentlichen Drahtzieher der Intrige. »Anscheinend fordert er in dem Memorandum meinen Kopf«, schrieb er in seinem Tagebuch. »Wenn Mussolini mich Ribbentrop opfert, zeigt er, daß er das ist, was wir alle wissen: ein Feigling.« Im selben Eintrag gibt er sich jedoch überzeugt, daß dies nie geschehen werde: »Mussolini hat Angst. Er weiß, daß alle Italiener auf meiner Seite sind. Die Italiener wissen, daß ich in Italien der einzige bin, der den Mut hat, sich gegenüber Mussolini zu behaupten.«[18] Das Memorandum Himmlers über Ciano wurde nach dem Krieg weder in deutschen noch in italienischen Archiven gefunden.

Als Hauptmann der Luftwaffe übernahm Ciano am 26. Januar in Bari das Kommando einer Bomberstaffel und beteiligte sich in den nächsten drei Monaten an Einsätzen über der griechisch-albanischen Grenze. Mussolini, zwischenzeitlich wieder sein eigener Außenminister, machte keine Anstalten, Ciano zum Treffen mit Franco mitzunehmen, und fertigte den darüber erstaunten Anfuso barsch ab: »Graf Ciano ist Flieger und bleibt bei seiner Staffel. Entweder ist er Soldat oder Außenminister; Graf Ciano wird in Bari bleiben.«[19] Das Verhältnis zwischen den beiden wurde immer gespannter, zumal dem Duce über das Freizeitgebaren der von Ciano befehligten Staffel Schlimmes zu Ohren kam.

Voller Zuversicht, den Krieg gegen Griechenland doch noch gewinnen zu können, befahl Mussolini Ende Februar eine Frühjahrsoffensive und fuhr am 2. März selbst nach Albanien, um sich im Augenblick des Sieges als Oberster Befehlshaber zu präsentieren. In den Kommuniqués war von einem zügigen Vorrücken der italienischen Truppen die Rede, aber in Wirklichkeit kamen sie nur langsam voran, erlitten schwere Verluste und mußten unter dem Gegenangriff der Griechen viele der eroberten Stellungen wieder aufgeben. Mussolini schimpfte, daß seine Generäle so wenig Elan und Initiative zeigten. Am sechsten Tag der Offensive wies General Cavallero den Duce darauf hin, daß der Angriff abgebrochen werden müsse, wenn nicht bald ein Durchbruch erzielt werde. Tags darauf erfuhr Mussolini, daß das Lazarettschiff »Po«, das im Hafen von Valona vor Anker lag, in der Nacht zuvor von einem britischen Kampfbomber versenkt worden sei, und er eilte an den Schauplatz. Eine der Krankenschwestern an Bord des Schiffes war Edda.

In ihren Memoiren schildert Edda Ciano, wie sie mit Todesverachtung von der Reling des rasch sinkenden Schiffes ins kalte Wasser sprang und um ihr Leben schwamm, während eine ihrer Mitschwestern vom Schiffsmast erschlagen wurde und andere ertranken. Zitternd vor Kälte, wurde sie schließlich in ein Rettungsboot gehievt und mit Jacke und Cognac versorgt. »Auf einen Zug leerte ich die Hälfte der Flasche und fühlte fast sogleich meine Lebensgeister wieder erwachen. Als mein Vater nach Valona kam, sagte er: ›Wie ich sehe, hast du das dicke Fell der Mussolinis.‹«[20]

In Mussolinis Abwesenheit stoppten die Generäle am 16. März ihre Offensive. Sie hatten 12 000 Tote zu beklagen, ohne ein Stückbreit an Boden gewonnen zu haben. Am 21. März verließ der Duce Albanien und beklagte sich darüber, daß ihn seine Generäle über die Stärke der Streitkräfte getäuscht hätten. Ende März erlitt die italienische Marine eine schwere Niederlage vor Kap Matapan in Südgriechenland. Die Engländer verloren ein Flugzeug samt Besatzung.

Am 25. März fuhr Ciano nach Wien zu einem Treffen mit Hitler. Er sei »wieder aus der Versenkung aufgetaucht«, schrieb Goebbels in sein Tagebuch, wo er sich sogleich über die Verhältnisse in Italien echauffierte: »Faschistische Korruption stinkt zum Himmel. Ciano hat den ganzen Verein versaut.«[21] Hitler führte dem Grafen die Notwendigkeit vor Augen, sich der jugoslawischen Neutralität zu versichern, um zu verhindern, daß die Jugoslawen den deutschen Truppen auf ihrem Vormarsch nach Griechenland über Bulgarien nicht in die Flanke fielen. Daher hatte er der Regierung in Belgrad den Beitritt des Landes zum Dreierpakt abgerungen. Er wurde am darauffolgenden Tag unterzeichnet, aber die Stimmung in Jugoslawien war derart gegen die Achse, daß das Abkommen den Sturz der Regierung zur Folge hatte. Hitler schickte eilends Truppen nach Belgrad und nahm sich eine schnelle Beendigung des Krieges in Griechenland vor, den seine italienischen Verbündeten so spektakulär vermasselt hatten.

Die Griechen hatten die italienische Offensive durch einen Abzug ihrer Truppen von der bulgarischen Grenze eingedämmt, wodurch dieser Teil des Landes fast schutzlos war. Die Briten planten die Entsendung von hunderttausend Mann, um die Verteidigung des Landes zu stärken, und einige waren bereits gelandet, als Hitlers Armeen am Sonntag, dem 6. April, um 5.15 Uhr in Jugoslawien und in Griechenland einfielen. Drei Tage später standen die Deutschen in Saloniki und hatten griechische Verbände weiter im Norden eingekesselt.

Am 27. April hißten die Deutschen die Hakenkreuzfahne auf der Akropolis. Der gesamte Feldzug hatte sie 2 600 Gefallene und 3 100 Vermißte gekostet. Das italienische Verteidigungministerium berichtete von 13 755 Gefallenen und 25 067 Vermißten.[22]

Mussolini war mit dem Ausgang des Krieges zutiefst unzufrieden. Er hatte nach Griechenland fahren wollen, um die Kapitulation persönlich entgegenzunehmen, und war wütend, daß sich die Griechen ergeben durften, ohne daß er selbst dabeisein konnte. Er ließ die Mär verbreiten, daß die griechischen Streitkräfte bereits vor dem deutschen Angriff auf dem Rückzug gewesen seien, aber niemand glaubte ihm. Im italienischen Volk hatte sein Regime den Rückhalt verloren und sollte ihn nie mehr zurückgewinnen.

Taktvoll versuchte Hitler zu insinuieren, die Italiener hätten den Krieg auch allein gewinnen können. Der Duce sei überzeugt gewesen, daß der Krieg mit dem Beginn der schönen Jahreszeit durch einen Sieg gekrönt worden wäre, sagte er vor dem Reichstag, und er sei derselben Auffassung gewesen.

Nachdem Jugoslawien Anfang April durch deutsche, italienische, ungarische und rumänische Streitkräfte besetzt worden war,
hatte Ante Pavelic, ein extremer Faschist, der in Italien im Exil
gelebt hatte, den unabhängigen Staat Kroatien ausgerufen. Ciano
wollte Italien die gesamte Adriaküste einverleiben, aber Ribbentrop gab ihm zu verstehen, daß auch Kroatien einen Zugang zum
Meer bekommen sollte, und so wurde die adriatische Küste am
Ende zwischen Italien und Kroatien geteilt.

Bastianini, der Staatssekretär im Außenministerium, stellte nach
Beendigung des Krieges fest, daß Ciano gegenüber den Deutschen in vollkommene Passivität geraten sei: »Wenn sie wollten,
daß tausend Arbeiter nach Deutschland verschickt wurden, so bedienten sie sich einfach«, schrieb er. »Wenn sie Kredite in Billio-
nenhöhe verlangten, so bedienten sie sich. Wenn sie ganze Zug-
ladungen ohne Zollgebühren haben wollten, so bekamen sie sie.
Machten sie nicht praktisch unsere Handelsabkommen mit Kroatien, Rumänien, Ungarn zunichte? Bemächtigten sie sich in den
besetzten Ländern nicht etwa der italienischen Unternehmen, die
sie dort fanden? Sie machten, was sie wollten ... Er hatte keine
Lust, ihnen vergebens zu widersprechen und sie zu verärgern.«[23]
   Der Zusammenbruch des faschistischen Italien hatte begonnen. Die Kritik am Regime erfaßte immer breitere Kreise und trat
bald offen zutage. Ciano begann, ernsthaft gegen seinen Duce zu
intrigieren.

12. KAPITEL

Im Schlepptau der Deutschen

Als sich der Herzog von Aosta, seines Zeichens Vizekönig von Äthiopien, am 19. Mai 1941 den Briten ergeben mußte, verlor Italien mit dem Königreich Abessinien das Juwel seines Imperiums. Wenige Tage zuvor war in Washington ein Schreiben eingegangen, in dem angefragt wurde, wie die Vereinigten Staaten auf einen Staatsstreich in Italien und ein gleichzeitiges Friedensangebot an England reagieren würden. Mussolini und der König, so lautete die Botschaft, würden gestürzt und letzterer durch den Herzog von Aosta ersetzt werden. Der Verfasser des Schreibens war Graf Ciano.

Hierauf erhielt John Evans, ein Agent des American Office of Strategic Services in London, von seinem Vorgesetzten Oberst Snyder Befehl, nach Rom zu fliegen und über einen Mittelsmann mit Ciano Kontakt aufzunehmen. Im Gespräch mit diesem sollte Evans (möglicherweise ein Deckname) den Namen Marietti erwähnen. »Wenn er nicht darauf reagiert, ziehen Sie sich sofort wieder zurück«, sagte Snyder. »Wenn er anbeißt, versuchen Sie, ihm weitere Einzelheiten zu entlocken, und versichern ihm, daß er für jeden Schritt in Richtung eines Separatfriedens bei der amerikanischen Regierung ein offenes Ohr finden wird. Dann fahren Sie nach Lissabon. Dort erhalten Sie weitere Instruktionen.«[1]

In Rom kontaktierte Evans den Italoamerikaner Giorgio Nelson Page, der einst im italienischen Propagandaministerium gearbeitet hatte und nun ein Zusammentreffen des Agenten mit Ciano im Golfklub Acqua Santa arrangieren sollte. Alles verlief nach Plan: Ciano verstand offenbar das Codewort »Marietti« und bat Evans noch am selben Nachmittag zum Tee in den Palazzo Chigi.

Am nächsten Morgen um 3.15 Uhr wurde Page von Evans geweckt, der von seinem Treffen mit Ciano zurückkkam. »Alles läuft bestens«, sagte er. »Vielleicht schaffen wir's. Mussolini tritt möglicherweise zurück. Ich glaube, die beiden sind sich einig.« Page wollte Einzelheiten wissen, doch Evans entgegnete, er werde schon bald mit konkreten Vorschlägen aus Washington zurück sein, und dann sei Italien gerettet.

Am 14. Juni konferierte Ciano in Venedig mit Ribbentrop. Während einer gemeinsamen Gondelfahrt fragte der Italiener seinen deutschen Kollegen, was an den Gerüchten dran sei, daß Deutschland einen Angriff auf die Sowjetunion vorbereite. Ribbentrop antwortete ausweichend, setzte jedoch hinzu: »Eines allerdings ist sicher: Wenn wir angreifen, wird Rußland innerhalb von drei Monaten geschlagen sein.«[2]

Am 22. Juni um drei Uhr morgens erschien der deutsche Gesandte Otto von Bismarck in Cianos Haus und überreichte ihm einen Briefumschlag mit dem deutschen Adler und dem Namen des Führers. Ciano öffnete den Brief, und Anfuso, der zugegen war, übersetzte ihn ins Italienische. Der Brief unterrichtete den Duce über die deutsche Kriegserklärung an die Sowjetunion. Sofort rief Ciano Mussolini in dessen Urlaubsort Riccione an, und der Duce erwiderte, daß er sich im Laufe des Tages der Kriegserklärung anschließen werde, damit italienische Truppen so schnell wie möglich an der neuen Front präsent sein könnten. Ciano war bestürzt. Im übrigen hatte er dem Schreiben entnommen, daß Hitler auf eine italienische Beteiligung keinen besonderen Wert legte.

Mussolinis Unberechenbarkeit erwies sich aufs neue. Noch vor kurzem hatte er die Deutschen als »dreckige Hunde« bezeichnet und sich nach seinem letzten Treffen mit Hitler bei Ciano bitter beklagt: »Ich persönlich habe die Nase voll von Hitler und seiner ganzen Art ... Diese Konferenzen, zu denen man herbeizitiert wird wie ein Lakai, sind nicht nach meinem Geschmack«, murrte er in Anspielung auf die nächtlichen Anrufe aus der Reichskanzlei. »Fünf Stunden lang muß ich mir einen Monolog anhören, der ziemlich langweilig und unnütz ist ... Doch gegenwärtig bleibt

uns nichts anderes übrig. Wir müssen mit den Wölfen heulen.«[3]
Davon war nun keine Rede mehr.

Ebenfalls am Morgen dieses schicksalsträchtigen 22. Juni 1941
tauchte John Evans mit einem kleinen Handkoffer und einer le-
dernen Aktenmappe in Pages Hotel auf. Er habe die Vorschläge
bei sich, erklärte er und bat den Kontaktmann, für ihn einen Ter-
min bei Ciano zu vereinbaren. Page ging ins Außenministerium,
und als er schließlich vorgelassen wurde, stand er einem finster
blickenden Ciano gegenüber. »Was wollen Sie von mir?« fragte
dieser mürrisch. Als Page ihm seine Mission erläuterte, antwortete Ciano offensichtlich erzürnt: »Ist Ihnen klar, was er von mir
will?« Page verneinte, worauf ihn der Minister anherrschte:
»Langweilen Sie mich nicht mit diesem amerikanischen Schurken. Wenn Sie Geld brauchen, um Ihre Spielschulden zu begleichen, dann besorgen Sie es sich auf eine andere Weise. Haben Sie
mich verstanden? Er täte gut daran, sofort zu verschwinden. Und
seien Sie vorsichtig. Sehr vorsichtig. Und nun gehen Sie. Ich habe
zu tun.«

Bestürzt kehrte Page ins Excelsior zurück, um Evans von dem
kläglichen Ausgang seiner Mission zu berichten. Der sah ihn nur
an und hielt ihm die Zeitung hin, auf deren Titelseite in riesigen
Lettern die Nachricht von der deutschen Kriegserklärung an die
Sowjetunion prangte. Nun fiel es Page wie Schuppen von den Augen: Mit dem Angriff auf Rußland hatte Ciano kalte Füße bekommen und verwünschte nun die Vorschläge, die er den USA zu einem Zeitpunkt gemacht hatte, als alles verloren schien. Evans
teilte Pages Deutung und meinte beim Abschied traurig: »Es wäre
die Rettung Italiens und seiner territorialen Unversehrtheit gewesen, und einen Teil seiner Kolonien in Afrika hätte es auch behalten können.«

Ob Ciano nach dem Angriff auf die Sowjetunion tatsächlich
einen Gesinnungswandel gegenüber den Deutschen vollzogen
hatte, wird aus seinen Tagebucheintragungen nicht ersichtlich. Er
äußerte darin lediglich Besorgnis über die schlechte Ausrüstung
der italienischen Truppen, die nun an die russische Front geschickt wurden, und er hielt weiterhin Mussolinis Wutausbrüche

gegen den Achsenpartner fest. Der Duce befürchtete, daß Hitler nun bald Südtirol von ihm verlangen werde. Im nachhinein war er beleidigt über die Art und Weise, wie ihn Hitler mitten in der Nacht aus dem Schlaf gerissen hatte, um ihn über den Angriff auf die Sowjetunion zu informieren. »Nachts wage ich nicht einmal, die Dienstboten zu stören, und die Deutschen scheuchen mich rücksichtslos aus dem Bett«, grollte er Ende Juni.[4] Ciano versuchte ihm die Entsendung italienischer Truppen auszureden, aber Mussolini bestand darauf, weil er überzeugt davon war, daß sie den deutschen Soldaten ausbildungs- und ausrüstungsmäßig überlegen seien. »Seine ewigen Illusionen!«[5] kommentierte Ciano lapidar.

In der Zwischenzeit hatte der König seine Meinung über Ciano geändert. Seinem Adjutanten General Puntoni erzählte er, daß Ciano nicht mit jenem Ernst und feinen Gespür arbeite, die in einer Zeit derartig fieberhafter weltweiter diplomatischer Aktivitäten nötig seien. Obwohl er selbst mehrfach starke Abneigung gegenüber den Deutschen geäußert hatte, machte er nun insgeheim Ciano dasselbe zum Vorwurf. »Im Außenministerium, in vielen römischen Salons und in der besseren Gesellschaft sagt er andauernd schlimme Dinge über die Deutschen«, so der König zu Puntoni. »Das ist äußerst gefährlich, weil der deutschen Regierung jedes Gerücht zu Ohren kommt ... Ciano kann einfach den Mund nicht halten; nicht einmal, wenn es um Dinge geht, die geheim bleiben sollten ... Ich habe daher zu Mussolini gesagt, daß ich ziemlich unangenehme und kompromittierende Dinge über seinen Schwiegersohn erfahren habe. Es hat eine Bestandsaufnahme der Hinterlassenschaft des alten Ciano gegeben, und aus ihr geht hervor, daß sich sein Vermögen auf 900 Millionen Lire beläuft. Selbst der Duce rollte die Augen; es verschlug ihm den Atem. Wie mir schien, war er nicht auf dem laufenden und über diese Nachricht sehr erstaunt ... Mussolini hörte sich alles schweigend an, schüttelte nur ab und zu mit dem Kopf und fuhr sich mit der Hand über die Stirn.«[6]

Es ist nicht belegt, ob Mussolini seinen Schwiegersohn mit den gegen ihn erhobenen Vorwürfen konfrontierte. Seine Gedanken konzentrierten sich in diesen Wochen auf das Verhältnis zu den Deutschen. Am 6. Juli etwa bat er Ciano:»Schreib in dein Tagebuch, daß ich einen unvermeidlichen Konflikt zwischen Italien und Deutschland entstehen sehe ... Ich frage mich mittlerweile ernsthaft, ob nicht für unsere Zukunft ein Sieg der Engländer wünschenswerter wäre als ein deutscher Sieg. Inzwischen fliegen englische Flugzeuge sogar schon am hellichten Tag über Deutschland, wie mir Bruno [Mussolinis Sohn] erzählt hat, und das freut mich sehr. Denn da wir gegen die Deutschen werden kämpfen müssen, darf nicht der Mythos ihrer Unbesiegbarkeit entstehen. Trotzdem habe ich wenig Vertrauen in unsere Rasse: beim ersten Bombenangriff, bei dem ein berühmter Campanile oder ein Fresko von Giotto zerstört würde, würden die Italiener vor lauter Gefühlsduselei außer sich geraten und sich dem Feind ergeben.«[7]

Währenddessen notierte der Journalist Alberto Giannini in sein Tagebuch:»Es heißt, daß Edda nach etlichen Gläsern Champagner in mitteilsamer Stimmung gesagt habe: ›Laßt uns fröhlich sein und das Leben genießen, solange wir noch können, denn am Ende wird man uns doch auf der Piazza Venezia aufknüpfen.‹«[8]

Während seine Tochter ihre schlimmen Vorahnungen mit Champagner ersäufte, richtete sich der gedemütigte Oberbefehlshaber der italienischen Streitkräfte an Beispielen martialischen Soldatentums auf: So bekannte er Ciano seine Bewunderung für einen italienischen General in Albanien, der zu seinen Soldaten gesagt hatte:»Ich habe gehört, daß ihr gute Familienväter seid. Zu Hause ist das in Ordnung, aber nicht hier. Hier könnt ihr gar nicht genug stehlen, morden und vergewaltigen.«[9]

Aber den Deutschen traute er nicht mehr. Am 20. Juli äußerte er die Befürchtung, daß Italien eines Tages, wenn der Krieg zu Ende sei, zu den Vasallenstaaten des Reiches gehören werde.»Sie sind treulos und kennen kein Maß«, klagte er gegenüber Ciano und fügte hinzu, man müsse Tausende von Geschützen an den Flüssen des Veneto aufstellen, denn von dort drohe eine deutsche Invasion.»Zwei Dinge müssen wir uns wünschen: daß der Krieg lange dauert und Deutschland aufreibt und daß er mit einem Kompromiß endet, der unsere Unabhängigkeit rettet.«[10]

Seine Ängste sollten sich rasch bewahrheiten, denn am 21. Juli bat Hitler in einem Brief an den Duce, die italienische Luftwaffe und Marine dem Oberbefehl der Wehrmacht zu unterstellen. »Ich glaube nicht, daß diese Forderung bei uns die Sympathien für Deutschland erhöhen wird«, kommentierte Ciano; und am 25. Juli sagte er zu einem Mitarbeiter: »Die Deutschen haben den Krieg verloren.«[11]

Mitte August fuhr Edda an die Ostfront, wo sie drei Monate in einem Feldlazarett in der ukrainischen Stadt Stalino als Krankenschwester Dienst tat. Dem Stabsarzt Maurizio Alpi vertraute sie damals an: »In Shanghai war ich sehr verliebt in Galeazzo. Ich war auch sehr eifersüchtig seinetwegen ... Wir mögen uns zwar immer noch sehr, aber die Liebe blieb nach und nach auf der Strecke.«[12]

Im Herbst nahm Edda dann ihre alten Lebensgewohnheiten wieder auf. Die Geheimpolizei verfaßte ein Dossier über ihr »ausschweifendes Leben« auf Capri. Sie habe 2 500 000 Lire beim Poker verloren, hieß es darin unter anderem, und ihre Gäste erst nach Hause gehen lassen, nachdem sie die Summe zurückgewonnen hatte. Außerdem wurde ihr vorgeworfen, daß sie spärlich bekleidet auf der Insel herumlaufe und sich selbst nach Brunos Tod über die einfachsten Anstandsregeln hinwegsetze. »Die Gräfin gibt nicht einmal das Tanzen auf, als befinde sich ihr Vaterland nicht im Krieg«, bemängelte der Bericht. Mussolini hatte bei Ausbruch des Krieges das Tanzen verboten.[13]

Um diese Zeit arbeitete Giorgio de Chirico an einem Doppelporträt Eddas und Galeazzos. »Wenn der Krieg so weitergeht«, meinte Ciano, »hängt man uns noch auf, bevor das Bild fertig ist, und dann ist es wirklich für die Nachwelt geschaffen.«[14] Doch es wurde fertig. Ciano fand Edda gut getroffen, er selbst indes erkannte sich in dem Bild kaum wieder.

Einmal hatten die Cianos Gäste eingeladen und zeigten nach dem Abendessen einen Film über eine russische Herzogin. In einer Szene wurde die Herzogin von einem Butler bedient, und

Ciano soll, so ein Augenzeuge, auf den Butler deutend, gewitzelt haben: »Wenn wir Glück haben, enden wir so.« Über den Lebensstil der Cianos waren viele Gerüchte im Umlauf und fast ebenso viele Polizeiberichte. In einem dieser Berichte wurde eine Frau zitiert, die an einer Bushaltestelle wartete und sich beklagte, daß sie sich kein Brot kaufen könne; sie habe jedoch erfahren, daß am Bahnhof zwei Güterwagen voll Mehl eingetroffen seien, damit die Fasanen und andere Vögel in Cianos Jagdrevier gefüttert werden könnten. Außerdem hätten die Cianos reichlich Milch für ihre Hunde. Ein anderer Polizeibericht behauptete, die Schauspielerin Mariella Lotti habe sich Freunden gegenüber gebrüstet, daß sie über Ciano an jede Menge Teigwaren käme, und die Schauspielerin Elsa Merlini habe verkündet, er versorge sie bestens mit Kaffee. Und in einem weiteren Bericht hieß es, Edda, ihren Kindern und ihrer Schwiegermutter seien während eines Aufenthalts in einem Hotel in Abetone täglich Pasta und Beefsteaks serviert worden. Im übrigen sei Edda alkohol- und drogensüchtig.[15]

Als Ciano im Oktober von einer kurzen Visite in Albanien nach Rom zurückkehrte, erfuhr er, daß Mussolini im Frühjahr weitere zwanzig Divisionen nach Rußland schicken wollte, damit die Deutschen im Augenblick des Sieges Italien nicht wie eine besiegte Nation herumkommandieren könnten.[16] Angesichts des anscheinend unaufhaltsamen deutschen Vormarsches im Osten schwante dem Duce nichts Gutes: »Europa wird von Deutschland beherrscht werden. Die eroberten Staaten werden zu Kolonien verkommen. Die verbündeten Staaten werden konföderierte Provinzen Deutschlands sein, die wichtigste darunter ist Italien. Wir müssen diese Bedingungen akzeptieren, weil jeder Versuch, sich dagegen aufzulehnen, zur Folge hätte, daß man uns von einer konföderierten Provinz zu einer Kolonie deklassiert. Selbst wenn sie morgen Triest von uns verlangen würden, als Teil des deutschen Lebensraums, müßten wir den Nacken beugen.«[17]

Am 15. Oktober ließ der König Ciano zu sich kommen und teilte ihm mit, daß er gegen die Entsendung weiterer Truppen nach Rußland sei. Auch zeigte er sich beunruhigt über die Stimmung im Lande und sprach nun von »diesen häßlichen Deutschen«.[18]

Anstelle des erneut unter Magengeschwüren leidenden Duce nahm Ciano Ende Oktober die Einladung Hitlers an und fuhr in dessen Hauptquartier Rastenburg in Ostpreußen. »Ich fand ihn körperlich und geistig in Hochform«, schrieb Ciano. »Er ist sehr höflich, oder besser gesagt: kameradschaftlich.«[19] Hitler begrüßte die Entsendung weiterer italienischer Truppen und sprach von der europäischen Solidarität, die unter der Führung Deutschlands und Italiens hergestellt werden müsse, um der Gefahr zu begegnen, die bald von Amerika drohe.

Mit seinem Kollegen Ribbentrop nahm Ciano sodann an einer Jagd teil, bei der er angeblich vierhundert Kaninchen schoß, die ihm die Treiber vor die Flinte gescheucht hatten. Hitler wunderte sich und meinte, es wäre schön, wenn Ciano als Jagdflieger nur einen winzigen Bruchteil davon an feindlichen Flugzeugen »runtergeholt« hätte.[20] In seiner anschließenden Tischrede sagte Ribbentrop für 1943 Frieden voraus. »Für einen Mann wie Ribbentrop, der seit 1939 einen Sieg innerhalb von fünfzehn Tagen ankündigt, ist das ein gewaltiger Sprung«, kommentierte Ciano sarkastisch. Als der Reichsaußenminister dann auch noch prophezeite, Roosevelt werde von seinen eigenen Landsleuten im Kapitol gesteinigt werden, vermerkte Ciano: »Ich denke, daß Roosevelt hochbetagt sterben wird, weil mir die Erfahrung sagt, daß von Ribbentrops Prophezeiungen nicht viel zu halten ist.«[21]

Während seines Besuchs bekam Ciano auch Kriegsgefangene zu Gesicht, die auf Bauernhöfen arbeiteten, denen Arbeitskräfte fehlten. »Ein trauriger Anblick«, bekannte er. Ein deutscher Beamter erklärte ihm: »Chaque allemand a son français« [Jeder Deutsche hat seinen Franzosen]. Das sei so, empörte sich Ciano in seinem Tagebuch, wie wenn man sagte, er hat seine Kuh oder sein Pferd. »Leibeigene sind sie, Sklaven. Wenn sie eine Frau anfassen, werden sie erschossen. Und dabei fließt in ihren Adern das Blut Voltaires und Pasteurs.«[22]

Später zeigte er Bottai einen Bericht, den er für den Duce über das Treffen mit Hitler verfaßt hatte. Hitler, so war darin zu lesen,

Ciano zu Besuch in der »Wolfschanze«, 25. Oktober 1941.
Im Hintergrund der Chefdolmetscher des Auswärtigen Amtes,
Paul Otto Schmidt, und Ribbentrop

habe zugegeben, daß Rußland für ihn eine Überraschung gewesen sei. »Wenn er das riesige Rüstungspotential früher auch nur geahnt hätte, hätte er mit dem Angriff gezögert«, schrieb Ciano. Nichtsdestoweniger wollte Hitler, so habe er ihm anvertraut, seine Aufmerksamkeit in den nächsten zwei Monaten auf England richten, das Luftangriffe von nie dagewesenem Ausmaß zu gewärtigen habe.

Am 5. November setzten die Deutschen ihre italienischen Verbündeten davon in Kenntnis, daß Feldmarschall Albert von Kesselring nach Italien kommen werde, um den Oberbefehl über die Gesamtstreitkräfte im Mittelmeerraum zu übernehmen. Sie machten sich nicht einmal die Mühe, die Zustimmung des Bundesgenossen einzuholen, doch der, so Ciano, »steckt den Schlag ein wie ein guter Spieler, und tut so, als kümmere es ihn nicht«.[23]

Der Krieg im Mittelmeer entglitt den Italienern zusehends und wurde zum Fiasko. Am 9. November versenkten die Engländer einen ganzen Konvoi mit sieben Schiffen, die Nachschub nach Libyen bringen sollten, und außerdem noch zwei oder drei Kriegsschiffe. Dann zeigten italienische Aufklärungsfotos vier bei Malta vor Anker liegende britische Schiffe; im Kriegsbulletin hieß es dazu, daß einer der britischen Kreuzer getroffen worden sei. Ciano wußte es besser: »Pricolo behauptet das und führt als Argument an, daß dieses Schiff in der Nähe des Ankerplatzes ankern wollte. Das ist so, wie wenn man behauptete, ein Mann sei wahrscheinlich ein bißchen tot, weil er in die Nähe eines Friedhofs gezogen ist«, schrieb er. »Narren, tragische Narren, die unser Land in die heutige Zwangslage gebracht haben und zu seinem Schutz und seiner Verteidigung die Einmischung des Auslands akzeptieren, ja geradezu erbitten müssen.«[24]

Zwei Tage später schrieb ein anderes Bulletin die Versenkung zweier britischer Schiffe dem U-Boot Malaspina zu. »Das einzige, was anscheinend wirklich versenkt wurde, ist jenes U-Boot, das seit zehn Tagen nicht mehr zu seinem Stützpunkt zurückgekehrt ist«, kommentierte Ciano. Im Bulletin stand, die beiden Schiffe hätten zusammen 10 000 Bruttoregistertonnen aufgebracht, aber ein italienischer Admiral habe einen Bleistift zur Hand genom-

men, so Ciano, und aus der Eins eine Drei gemacht:»Kommentar
überflüssig«, setzte Ciano hinzu.[25] Am 13. November notierte er,
daß Italien nicht mehr über genügend Devisen verfüge, um seine
Diplomaten nach der jeweiligen Landeswährung zu bezahlen.
»Und doch ist kein Ende des Krieges in Sicht.«[26]
Ende November nahm Ciano in Berlin an einer Konferenz teil,
bei der es um die Erneuerung des Antikominternpaktes und die
Aufnahme neuer Mitglieder ging. China, Dänemark, Finnland
und die Slowakei traten dem Bündnis bei. Ribbentrop hielt eine
Rede, die einem italienischen Diplomaten »wie der Tagesbefehl
eines Despoten an seine Vasallen« vorkam. Auch sein Dienstherr
war wütend und sagte zu ihm: »Ich wollte ihm entsprechend darauf antworten. Jeder hätte mir beigepflichtet.« Sein Tagebucheintrag wirkt resignierter: »Die Deutschen waren die Hausherren
und ließen das spüren, auch wenn sie sich uns gegenüber besonders liebenswürdig gaben. Sie üben nun die Hegemonie in Europa
aus, ob zum Guten oder Schlechten, das ist eine andere Sache,
aber so ist es nun einmal. Folglich sollte man zur Rechten des
Hausherrn sitzen. Und das tun wir.«[27] Göring erzählte ihm von
Russen, die sich gegenseitig aufäßen und sogar einen deutschen
Wachtposten in einem Kriegsgefangenenlager verspeist hätten.
»All das schien ihn absolut kaltzulassen«, schrieb er. »Und dabei
ist er ein gutmütiger Mensch, und als er von Udet und Mölders
gesprochen hat, die in den letzten Tagen gefallen sind, traten ihm
Tränen in die Augen.«[28]
Am Morgen des 3. Dezember 1941 teilte der japanische Botschafter Mussolini in Gegenwart Cianos mit, daß die Verhandlungen zwischen Japan und den USA an einem toten Punkt angelangt
seien, und verlangte unter Bezugnahme auf die entsprechende
Klausel im Dreierpakt, daß Italien im Falle eines Konflikts Amerika den Krieg erkläre. Der Duce sicherte dies dem Botschafter zu,
behielt sich aber eine Rücksprache mit Berlin vor. »Der Dolmetscher ... zitterte wie Espenlaub«, liest man in Cianos Tagebuch.[29]
Trotz seines Befremdens unternahm Ciano keinen Versuch, Washington vor einem bevorstehenden Angriff zu warnen. Doch als
er mit einem Besucher auf den Balkon des Palazzo Chigi trat, von

dem aus man den Corso, die Hauptstraße Roms, überblicken konnte, sagte er:»Hier werden wir bald amerikanische Panzer vorbeifahren sehen.«[30]

Drei Tage vor dem japanischen Angriff auf Pearl Harbor meinte Ciano noch, bei den Deutschen immer weniger Begeisterung im Hinblick auf einen amerikanischen Kriegseintritt zu bemerken, wohingegen sich Mussolini darüber freuen würde. Aber offenbar deutete er die Stimmung in Deutschland falsch, denn Ribbentrop zeigte sich nach dem vernichtenden Luftschlag gegen die US-Marine hocherfreut.»Er war so glücklich, daß ich ihm tatsächlich gratulierte, obwohl ich mir nicht so recht klar darüber bin, was letztlich für uns dabei herauskommt«, schrieb Ciano. »Mussolini war begeistert. Seit langem schon tritt er für klare Verhältnisse zwischen Amerika und der Achse ein.«[31] Auch der König äußerte seine Befriedigung.

Am 11. Dezember empfing Ciano den amerikanischen Geschäftsträger George Wadsworth und teilte ihm mit, daß Italien seinem Land den Krieg erkläre. Wadsworth,»ein anständiger, eher schüchterner Kerl, mit dem ich nie viel zu tun hatte«, sei völlig überrascht gewesen und habe, blaß werdend, gesagt:»Das ist eine Tragödie«.[32] Etwas anders stellt sich die Begegnung in dem Bericht dar, den Wadsworth hinterher den amerikanischen Korrespondenten Eleanor und Reynolds Packard gab: Natürlich habe er gewußt, erzählte er, was ihn im Palazzo Chigi erwartete. Ciano, der ihm diesmal ungewöhnlich schroff begegnete, schätzte er folgendermaßen ein:»Im gesellschaftlichen Umgang sind ihm die Angelsachsen am liebsten und die Deutschen am unangenehmsten, aber das hindert ihn durchaus nicht an der Fortsetzung des Bündnisses mit Deutschland, solange es sich für Italien auszuzahlen scheint. In seinem Ehrgeiz überschätzt er gern die Möglichkeiten Italiens als Militärmacht, wie der vom Pech verfolgte Einmarsch in Griechenland gezeigt hat ... Vor allem macht Ciano geltend, daß Mussolini ihn als seinen Nachfolger wünsche, aber die Öffentlichkeit hätte nie Vertrauen zu ihm.«[33]

Cianos Tagebuch für 1941 enthält etliche Einträge über Mussolinis immer bizarrer werdende Wutausbrüche. So notierte er etwa am 28. Mai, nach einer knallharten Rede Roosevelts gegen die Achse, folgende Äußerung des Duce: »Noch niemals in der Geschichte ist ein Volk von einem Gelähmten regiert worden. Es hat kahlköpfige Könige gegeben, dicke Könige, schöne und sogar dumme Könige, aber noch nie einen, der, um auf die Toilette, ins Bad oder zum Tisch zu kommen, von anderen Leuten gestützt werden muß.« Im Eintrag vom 14. Dezember 1941 heißt es, Mussolini »zeigte sich ungehalten über Weihnachten, Weihnachtsgeschenke und Wohltätigkeiten überhaupt. Er sagt, das Schenken sei ein Alibi, das sich die Reichen schüfen, um damit gegenüber den Armen ihr glückliches Los zu rechtfertigen. Tatsache ist, daß das Volk die Entbehrungen mehr den je empfindet und sich beschwert, aber Mussolini, wie es seine Art ist, ärgert sich sogar über den Ewigen Vater, wenn etwas nicht nach seinem Kopf geht.«

13. KAPITEL

Das Blatt wendet sich

1942 kam der Krieg an seinen Wendepunkt, als sich in Rußland die Niederlage der Wehrmacht abzuzeichnen begann und die Alliierten bei El Alamein einen entscheidenden Sieg errangen. Und so wie die Achse das Glück verließ, so wurde Fortuna auch Ciano untreu. Immer häufiger spielte er in seiner Opposition gegen Mussolini mit dem Feuer, aber auch jetzt gelang es ihm nicht, seine Überzeugung, daß dem Duce Einhalt geboten werden müsse, in die Tat umzusetzen.

»Mehr denn je erweckt Galeazzo (und zwar durchaus bewußt) den Eindruck, müde und vom öffentlichen Leben angewidert zu sein und es auf seine Entlassung anzulegen. Mussolini scheint ihm in eine immer ausweglosere Lage zu geraten, da die Lösung, an die er glaubt, der Sieg, nicht mehr möglich ist.«[1] So die Beobachtung Bottais im September 1942, die beileibe keine Momentaufnahme ist, sondern die Gemütsverfassung widerspiegelt, in der sich Ciano während des gesamten schicksalsträchtigen Jahres befand. Einmal sagte er zu Alfieri: »Ich will mit all dem nichts mehr zu tun haben. Ich warte geradezu darauf, daß er mich rausschmeißt.« Alfieri nahm ihm das nicht ab und schrieb: »Wenn er wirklich so dachte, so hatte er doch gleich wieder die richtigen Argumente parat, sich einzureden, daß Mussolini nie einen solch drastischen Schritt tun würde.«[2]

Zu Beginn des Jahres 1942 sagte Ciano zu einem General, daß er immer gegen den Krieg und den faschistischen Korporatismus gewesen sei, der der italienischen Volkswirtschaft so sehr geschadet habe. »Klarstellen möchte ich, daß meine Verantwortung nichts mit der des Duce zu tun hat«, betonte er. »Ich bin dem König treu ergeben, und ich sehe in ihm den einzigen verläßlichen

Führer, den Italien derzeit hat.« Offensichtlich hoffte er, sich durch eine Distanzierung vom Faschismus als Nachfolger Mussolinis zu empfehlen, sollte der König diesen entlassen. Bei anderer Gelegenheit, einem Diner mit Ministerialbeamten, sagte er: »Ich werde nicht am Galgen enden. Ich habe keine direkte Verantwortung. Ich bin nicht der Chef, ich bin nur ein Minister.«[3] Mussolinis Stimmung blieb düster. Ciano gegenüber schimpfte er, daß Hitler an dem Debakel in Rußland schuld sei, und warf ihm vor, daß er seine Kommuniqués fälsche. »Er hat mit den großen Zahlen prahlen wollen wie dieser Esel von Roosevelt«, sagte er, »und die Folgen sind schlimm gewesen. Im übrigen sind alle beide Esel und stammen von Bastarden ab.«[4] Als die USA die südamerikanischen Staaten drängten, ihre diplomatischen Beziehungen zu Italien abzubrechen, wollte Mussolini, nach Cianos Worten, sofort allen den Krieg erklären, »um dadurch den Vereinigten Staaten die Bürde einer militärischen Verteidigung auf breitester Front aufzuzwingen«.[5] Mit dem Wirklichkeitssinn des Duce war es wahrlich nicht weit her. Bei einem Treffen mit Ciano am 22. Januar verlor Grandi die Selbstbeherrschung und stieß hervor: »Ich weiß wirklich nicht, wie ich mich zwanzig Jahre lang als Faschist verkleiden konnte.«[6] Bottai, dessen Illusionen ebenfalls zerstoben, bezeichnete Mussolini im September 1943 als einen Autodidakten, der einen schlechten Lehrer gehabt habe und ein noch schlechterer Schüler gewesen sei.[7]

Die Deutschen führten sich gegenüber ihren italienischen Bundesgenossen immer unerträglicher auf. Laut Ciano besaß Mussolini die Mitschrift eines Telefonats zwischen einem Adjutanten Kesselrings und Berlin, in dem von den Italienern als »maccheroni« gesprochen und die Hoffnung geäußert wurde, daß Italien bald besetzt werde.

Ende Januar kam Göring nach Rom. Ciano, der ihn einmal rückhaltlos bewundert hatte, fühlte sich nun von ihm angewidert. »Wie üblich ist er schwülstig und eingebildet«, schrieb er. »Das einzig Traurige ist die Servilität, die unsere hohen Militärs ihm gegenüber an den Tag legen. Dem Beispiel dieses Erznarren Cavallero folgend, der sich sogar noch vor den öffentlichen Toiletten verbeugen würde, wenn es ihm nützte, benahmen sich die drei Spitzen unseres Generalstabs in der Gegenwart dieses Deutschen so, als sei er ihr Herr. Und er gab sich salbungsvoll. Ich weiß wohl, daß es sinnlos ist, aber ich habe viel Galle geschluckt – mehr Galle als Essen.«[8] Bei der Abreise trug Göring einen prächtigen Zobelmantel,»eine Mischung aus dem, was die Autofahrer um 1906 trugen, und dem, was eine Edelnutte in die Oper anzieht«, bemerkte Ciano.»Wenn einer von uns etwas derartiges anlegte, würde man ihn steinigen. Er hingegen wird in Deutschland nicht nur akzeptiert, sondern vielleicht sogar geliebt. Weil er einen Hauch von Menschlichkeit hat.«[9]

Am 20. Februar sagte Mussolini zu Ciano, er werde einmal den stattlichsten Friedhof errichten lassen, den es je gegeben habe, um darin die deutschen Versprechen zu begraben.»Praktisch nichts von dem, was sie uns versprachen, haben sie gehalten.«[10] Mit Genugtuung registrierte er Anzeichen von Reibereien zwischen Deutschland und Japan und sagte zu Ciano:»Bei diesem Volk können sie es sich nicht erlauben, den Kaiser oder den Premierminister um zwei Uhr morgens aus dem Bett zu scheuchen, um ihnen Entscheidungen anzukündigen, die bereits gefallen und in die Tat umgesetzt sind.«[11]

Michele Lanza, ein italienischer Diplomat in Berlin, sagte, daß Ciano am 8. März um die Zusicherung gebeten wurde – von wem, das sagte er nicht –, daß keine weiteren italienischen Divisionen an die Ostfront geschickt würden. Ciano erwiderte:»Wir können ja schließlich in Rußland nicht nur unsere Visitenkarte abgeben.«[12]

Mitte März erfuhr Ciano von einem zwanzigjährigen Studenten aus Triest, daß gegen ihn ein Attentat geplant sei. Man habe ihn, so erzählte dieser Armando Stefani, aufgefordert, sich an einer ultrafaschistischen Revolution zu beteiligen, deren Ziel es sei, alle rechten und konservativen Elemente in der Partei zu eliminieren und Mussolini eine radikalsozialistische Politik aufzuzwingen.»Warum das alles?« fragte sich Ciano.»Könnte es sich nicht um die Anfänge einer antifaschistischen Bewegung handeln, die das Banner der Revolution nicht zu entfalten wagt, sondern sich unter dem Schutz der Partei zu verstecken sucht?«[13] Er befahl dem Polizeichef, alle Verschwörer einzusperren. Später jedoch schrieb er in sein Tagebuch: »Auffälliger als ihre Niedertracht ist ihre Dummheit ... Ich finde, man sollte sie alle, bis auf einen, mit einem Tritt in den Hintern entlassen. Mehr verdienen sie nicht.«[14] Der Anführer, der Journalist Felice Chilanti, wurde auf die Insel Ustica verbannt, alle anderen, bis auf zwei Ausnahmen, setzte man auf freien Fuß.

Im April beschloß Edda, als Gast von Botschafter Alfieri Deutschland zu besuchen. Es war ihr erster Besuch nach sechs Jahren. Sie kam mit Hitler, Göring, Himmler, Goebbels und Ribbentrop zusammen und genoß, wie immer, das gesellschaftliche Leben der Hauptstadt, die Empfänge und Kartenspiele.

Am Abend des 25. April gaben Goebbels und seine Frau zu Ehren Eddas ein kleines Fest. »Sie macht im Gegensatz zu früher diesmal einen außerordentlich guten, seriösen, um nicht zu sagen ernsten Eindruck«, schrieb der Propagandaminister in sein Tagebuch. »Sie ist besonders intelligent und entpuppt sich bei längerer Unterhaltung als die echte Tochter des Duce.«[15] In ihren Memoiren erwiderte Edda dieses Kompliment und setzte noch eins drauf: »Ich würde sagen, Goebbels war der größte Propagandaminister aller Zeiten ... Trotz seines mickrigen Aussehens, seiner Kleinwüchsigkeit und seines Klumpfußes war Goebbels ein einnehmender Mann wegen der Intelligenz, die aus seinen glänzenden Augen strahlte. Trotz seines Äußeren und einer Frau und sechs Kindern war er für seine zahlreichen weiblichen Eroberungen berühmt. Nur wenige Frauen konnten ihm widerstehen.«[16] Magda Goebbels vertraute ihr bei einem Abendessen an: »Wenn der Krieg verlorengehen sollte, bringen wir uns um, mit den Kindern. Lieber tot sein, als den Russen in die Hände zu fallen.«[17]

Auch Hitler vermochte Edda zu bezaubern, der sie als »kluge und nette Dame« bezeichnete. Im Gegenzug attestierte sie ihm »großen Charme« und schrieb noch nach dem Krieg: »Er war kein Psychopath oder Neurotiker. Er war menschlich, sehr menschlich.« Am besten von allen Nazigrößen kannte sie Göring, den sie auch im nachhinein noch sympathisch und gutaussehend fand, trotz seiner Korpulenz. Himmler, dem sie mehrmals begegnete, hatte ihrem Eindruck zufolge nichts von jenem »Ungeheuer« an sich, als das er sich »gegen Ende des Krieges erweisen sollte«.[18]

Den Reichsaußenminister allerdings haßte sie aus tiefstem Herzen. »Wenn er den Arm hob, taten es ihm alle nach, wenn er ihn senkte desgleichen. Ein groteskes Schauspiel.«[19] Ribbentrops Einladung zum Mittagessen lehnte sie ab, weil er sie damit an einem Besuch in dem von Bombenangriffen zerstörten Lübeck hindern wollte, und zwar mit der Begründung, ihre Sicherheit sei durch Blindgänger in Gefahr. Sie beharrte jedoch auf ihrem Wunsch, und erst nach ihrer Rückkehr aus der Hansestadt nahm sie die Einladung an und fand, wie Alfieri später dem Duce berichtete, »Gelegenheit, ihm ganz schlicht und unbefangen einige ziemlich bittere Wahrheiten zu sagen, die Ribbentrop bestimmt nicht zu hören gewohnt war«.[20]

Goebbels kommentierte am 4. Mai in seinem Tagebuch, es sei »außerordentlich unklug« vom Auswärtigen Amt gewesen, Edda nach Lübeck und Rostock fahren zu lassen. »Etwas Dümmeres kann man sich kaum vorstellen. Die Wirkung war auch demgemäß ... Politisierende Frauen sind immer von [sic] Übel.«[21] In ihren Memoiren schrieb Edda, Ribbentrop habe sich später bei einem Treffen mit Mussolini und Ciano in Berchtesgaden an ihr dafür gerächt. »Er erklärte meinem Mann, daß ich mich durch meine Capricen allmählich unmöglich mache und viele Leute vor den Kopf stoße.« Ihr Mann sei darüber sehr verärgert gewesen.[22]

Am 29. April fuhren Mussolini, Ciano und Cavallero im Zug nach Salzburg zu einer Unterredung mit Hitler und Ribbentrop. »Es geht sehr herzlich zu«, schrieb Ciano. »Das macht mich stutzig: die Gutmütigkeit der Deutschen steht immer im umgekehrten Verhältnis zu ihren Erfolgen. Hitler sieht müde aus: er ist stark, entschlossen, gesprächig; aber müde.« Zum ersten Mal entdeckt er, daß Hitler schon viele weiße Haare hat. »Hitler redet, redet, redet«, notierte er. »Am zweiten Tag nach dem Mittagessen, als schon alles gesagt war, hat Hitler eine Stunde und vierzig Minuten lang ununterbrochen geredet. Kein Thema hat er ausgelassen: Krieg und Frieden, Religion und Philosophie, Kunst und Geschichte. Mussolini schaute unwillkürlich auf seine Armbanduhr, ich dachte an meine eigenen Angelegenheiten, und nur Cavallero, der ein Ausbund an Unterwürfigkeit ist, tat, als höre er begeistert zu, und nickte dauernd zustimmend mit dem Kopf ... General Jodl, nachdem er heldenhaft gegen den Schlaf angekämpft hatte, schlief auf dem Sofa ein. Keitel gähnte, schaffte es aber, den Kopf aufrecht zu halten. Er saß zu nahe bei Hitler, als daß er sich hätte gehenlassen können.«[23]

Ciano bemerkte auf den Straßen nur Frauen, Kinder, alte Männer und Fremdarbeiter,»Leibeigene«.[24] Edda, die in Deutschland ein Lager für italienische Arbeiter besucht hatte, habe ihm von einem Italiener erzählt, der von einem brutalen Bewacher mit der Sense an den Armen verletzt worden war.»Sie hat es Hitler gesagt, der außer sich geriet vor Zorn und Untersuchungen und Verhaftungen angeordnet hat. Was jedoch den Lauf der Dinge nicht ändern wird.«[25]

Später rief Mussolini seine Tochter an und schärfte ihr ein, keiner Menschenseele von dem, was sie in Deutschland gesehen habe, zu erzählen. Der König hatte ihm nämlich gesagt:»Ganz Rom weiß, daß in einem deutschen Krankenhaus ein italienischer Arbeiter liegt, dem die Finger abgeschnitten worden sind, und daß Ihre Tochter energisch bei Hitler protestiert hat.« Ciano zufolge vermutete Mussolini in den Bemerkungen des Königs»einen Schachzug, die antideutschen Ressentiments des italienischen Volkes zu wecken«.[26]

Am 6. April ließ Göring dem italienischen Außenminister ein Gemälde von Boldini schicken. Schon einige Zeit zuvor hatten sich die beiden Männer über die Rückkehr von Kunstwerken nach Italien unterhalten. Dabei ging es besonders um Bilder aus dem Besitz französischer Juden, und es fiel auch der Name Rothschild, die viele Boldinis besaßen. In einem Begleitschreiben bedauerte Göring scheinheilig, daß»leider« nichts mehr im Hause Rothschild übriggeblieben sei. Ciano kommentierte:»Sollte eines Tages dieser Brief gefunden werden, so wird der Eindruck entstehen, daß ich es war, der anregte, die Häuser der Juden zu plündern, und daß es ihm leid tat, zu spät gekommen zu sein. Das ist eben die Gerissenheit der Deutschen in politischen Dingen.«[27]

Am 30. Mai hielt Ciano vor dem Senat eine Rede über faschistische Außenpolitik und versprach, daß Italien im Rahmen des Dreimächtepaktes »auf Befehl und im Namen des Königs« bis zum Sieg weiterkämpfen werde, »koste es, was es wolle«. Aber noch am selben Nachmittag fuhr er nach Livorno und ging dort mit dem regimekritischen General Carboni, der später in die Verschwörung gegen Mussolini involviert sein sollte, zum Angeln. »Dieses Jahr werde ich oft nach Livorno kommen, um Sie zu treffen«, verhieß er dem General, den er später dem spanischen Außenminister Serrano Suñer vorstellte. »Lieber Serrano«, sagte er, »wenn Sie eines Tages hören werden, daß Italien vor Deutschland gerettet und vom Faschismus befreit worden ist, dann wird dies, müssen Sie wissen, vor allem diesem General hier zu verdanken sein.« Ciano habe das, so Carboni, »in einem scherzenden Tonfall so dahingesagt«.[28]

Hatte Ciano auf Suñers Bedenken, er ruiniere seine Gesundheit für die Politik, früher eher unbekümmert reagiert und gemeint, das Leben habe keine Bedeutung für ihn und er wolle nicht in seinem Bett sterben, so begegnete Suñer nun ein ganz anderer Ciano, der nach einem gemeinsamen Strandspaziergang zu ihm sagte: »Das Leben ist immer lebenswert. Ich will, das habe ich mir vorgenommen, auch noch mit achtzig an diesem Strand mit meinem Hund spazierengehen und die herrliche Sonne genießen. Ich möchte hier in Livorno sterben, als alter Mann und nachdem ich viele meiner Feinde das Zeitliche habe segnen sehen.«[29]

Während dieses Besuchs des spanischen Außenministers übte er Kritik an Mussolinis Privatleben, worauf Suñer scherzhaft erwiderte, daß er wohl kaum der Richtige sei, sich darüber aufzuregen. Ciano erwiderte: »Einen ganzen Schwarm von Geliebten zu haben, ist nicht weiter schlimm. Bedenklich und geradezu skandalös wird die Sache, wenn man nur eine hat, und genau das ist bei Mussolini der Fall.«[30] Damit meinte er die damals dreißigjährige Clara Petacci. Sie hatte braunes Haar, grüne Augen, war vollbusig, stets elegant gekleidet und somit das auffällige Gegenstück zur eher biederen Rachele Mussolini. Claretta, wie sie genannt wurde, trug immer dickes Make-up und an den Handgelenken mit Vorliebe Bernstein- und Elfenbeinschmuck. Sie dilettierte in Malerei und schrieb mittelmäßige Gedichte. 1940 war sie von Mussolini schwanger geworden und wollte sein Kind auch austragen, erlitt aber am 18. August 1940 eine Fehlgeburt.

Seit langem hegte Ciano eine starke Abneigung gegen Claretta und wußte, daß sie und ihr Bruder Marcello ihre privilegierte Stellung mißbraucht hatten und an korrupten Machenschaften beteiligt waren. Mitte Juni 1942 sah er seine Chance gekommen, endlich zum Schlag auszuholen. Außenhandelsminister Riccardi erzählte ihm von heimlichen Goldgeschäften Marcello Petaccis mit Spanien, in die auch Innenminister Buffarini verwickelt sei. Riccardi hatte achtzehn Kilogramm Gold konfisziert und sie der Polizei übergeben. Am 24. Juni ging Riccardi zu Mussolini und erzählte ihm von der Geschichte. Der Duce war empört und verlangte, daß die Schuldigen bestraft würden. Aber dann, so liest man in Cianos Tagebuch, setzte sich Dottore Petacci, der Vater der beiden, zur Wehr und richtete einen bitterbösen Brief an Buffarini, Riccardi und Mussolini, in dem er sich auf seine besonderen Verdienste um den Faschismus und die Nation berief »und all jene beschimpfte, die ihm Hindernisse in den Weg legen. Die ganze Geschichte dürfte kein allzu glimpfliches Ende nehmen: es ist interessant zu beobachten, wer den kürzeren zieht.«[31] Mussolini unternahm nichts gegen die Petaccis.

Edda hatte genug von dem Eindruck, den diese Familie in der Öffentlichkeit erweckte. Im November ging sie zu ihrem Vater, um ihm ins Gewissen zu reden. Er sagte ihr, daß er sich bereits mit dem Problem befasse, seine Affäre beenden werde und Edda dankbar sei. »Im Grunde hatte ich wenig Hoffnung, daß meine Bemühungen bei ihm verschlugen«, meinte sie später. »Während der letzten zehn Jahre hatten mein Vater und ich uns einander entfremdet, und manchmal sahen wir uns monatelang überhaupt nicht. Wenn es dann tatsächlich zu einer Begegnung kam, gerieten wir immer in Streit.«[32]

Auch ihrem Mann sagte Edda deutlich, wenn ihr etwas nicht paßte. So warf sie ihm, weniger aus Wut als aus Sorge, vor, die Deutschen zu hassen, was allgemein bekannt sei, besonders in Deutschland selbst. »Ich begreife nicht«, schrieb er in seinem Tagebuch, »warum sich Edda das so zu Herzen nimmt, und weiß nicht, wer sie darauf hingewiesen hat. Eigentlich kennt sie doch meine Meinung darüber nur zu gut. Und mit der stehe ich nicht allein da.«[33]

Letzteres war wohl eher eine Wunschvorstellung. Myron G. Taylor, der als amerikanischer Vertreter beim Vatikan die Stimmung in Italien auszuloten versuchte, berichtete nach Washington: »Ciano hat in Italien keine Gefolgschaft. Er hält sich aus den gegenwärtigen Entwicklungen ostentativ heraus. Er möchte so weit wie möglich von der Bühne verschwinden, aber der Duce läßt es nicht zu.«[34]

Doch anscheinend hatte Ciano im Sommer 1942 ernsthafte Friedensbemühungen unternommen und sich dabei der polnischen Prinzen Sapieha bedient, die am englischen Königshof und beim Vatikan bekannt waren und in der italienisch besetzten Zone Frankreichs lebten. Ciano erwog, sie nach Lissabon zu schicken, damit sie dort Kontakte zu den Briten aufnähmen, doch sie wurden von der deutschen Polizei verhaftet, ehe die Operation beginnen konnte. Im November machte er einen weiteren Versuch über den italienischen Botschafter in Lissabon, Francesco Fransoni. Am 18. Dezember schrieb Anthony Eden an den amerikanischen und sowjetischen Botschafter in London, daß die italienische Gesandtschaft in der portugiesischen Hauptstadt durch einen rumänischen Mittelsmann den britischen und polnischen Botschaften ihr Interesse an einem Separatfrieden bekundet habe. Eden erklärte, Großbritannien habe beschlossen, nicht darauf zu reagieren, weil die Italiener in Lissabon Diener des faschistischen Regimes seien und eine Kontaktaufnahme Zweifel aufkommen lassen könnte, ob es den Alliierten mit ihrer Absicht, den Faschismus zu zerschlagen, ernst sei.

Die Deutschen waren über Cianos Bemühungen bestens im Bilde. Der Chef der deutschen Spionageabwehr, Admiral Canaris, bezog sich in einem Bericht auf Kontakte zwischen Fransoni und amerikanischen Regierungsvertretern und befand, daß Ciano zusammen mit dem Thronerben Prinz Umberto »in die Angelegenheit verwickelt« sei. Aber in einem Telegramm nach Berlin spielte Mackensen Cianos Manöver herunter: »Er ist der mit Abstand unbeliebteste Mann im Lande. Er hat womöglich keine klaren Vorstellungen, wie unbeliebt er ist, aber er müßte schon auf dem Mond leben, wenn er glauben würde, in der Masse der Bevölkerung, die ihn für den Hauptbefürworter der Achse hält, Rückhalt zu haben.«[35]

Am 22. September berichtete Blasco d'Aieta dem italienischen Außenminister von einer vertraulichen Unterredung, die er mit von Bismarck geführt hatte, der nun überzeugt davon war, daß Deutschland besiegt sei, aber bis zum »bitteren Ende« kämpfen werde. Von Bismarck sagte, Italien werde schon einen Ausweg finden und Cianos »wohlausgewogene Politik gegenüber England und Amerika« könne zu diesem Ziel beitragen. Der deutsche Botschaftsrat wies auch darauf hin, daß diese Politik der Grund sei, weshalb die Deutschen und ganz besonders Ribbentrop Ciano haßten. Sollten sie den Krieg gewinnen, so würden sie als erstes Cianos Kopf fordern, meinte von Bismarck.[36]

Während eines Besuchs in Rom führte Himmler mit Ciano ein langes Gespräch, in dem er den italienischen Außenminister über den Vatikan und das Königshaus aushorchte. Ciano versicherte ihm, daß sich die Monarchie loyal verhalte. Zumindest steht es so in seinem Tagebuch. In Wirklichkeit jedoch scheint er Himmler erzählt zu haben, daß die Polizei den Prinzen Umberto nicht aus den Augen lassen dürfe. Außerdem teilte er dem Reichsführer-SS mit, daß Mussolini im Besitz einer Polizeiakte sei, die es dem Königshaus unmöglich mache, gegen das Regime zu intrigieren, ohne die Thronfolge zu gefährden. »Wir haben den Prinzen von Piemont in der Hand«, sagte er.[37]

Anfang November gelang General Montgomery ein eindrucksvoller Sieg über die deutsch-italienische Panzerarmee bei El Alamein. Rommel trat den Rückzug an. Die Achsenmächte hatten 25 000 Tote und Verwundete sowie 30 000 Gefangene zu beklagen. Ciano erklärte gegenüber einem Freund: »El Alamein ist der Beginn unserer Niederlage. Das Schicksal ist gegen uns.«[38]

Am 6. November fragte ihn Mussolini, ob er sein Tagebuch auch ordentlich führe. Als Ciano dies bejahte, meinte der Duce, damit könne man einmal »belegen, daß die Deutschen auf militärischem und politischem Gebiet immer ohne sein Wissen gehandelt haben«. Aber Ciano war mißtrauisch und fügte seiner Eintragung hinzu: »Was steckt wirklich hinter seiner merkwürdigen Frage?«[39]

Nach der Landung der Alliierten in Marokko und Algerien in der Nacht vom 7. auf den 8. November erklärte Ciano Vergani, es sei sinnlos, den Krieg fortzusetzen. Vergani legte Ciano einen Rücktritt nahe. »Wenn ich zurücktreten würde, wären wir handlungsunfähig«, entgegnete Ciano.[40]

Am 9. November schickte Mussolini seinen Schwiegersohn nach München, um mit Hitler die Haltung gegenüber Frankreich und die Lage in Nordafrika zu erörtern. Göring, Ribbentrop und der französische Regierungschef Pierre Laval nahmen ebenfalls an dem Treffen teil, bei dem die sofortige Besetzung Korsikas und des noch freien Teils Frankreichs beschlossen wurde, um diese Gebiete gegen eine mögliche Invasion der Alliierten zu verteidigen. Der italienische Diplomat Lanza beschrieb eine mitternächtliche Begegnung zwischen Ciano und Hitler in seinem Tagebuch: »Ciano sitzt in einer Ecke, verloren unter lauter Generälen und Nazifunktionären; niemand scheint ihn zu beachten. Hitler senkt das Haupt und schließt die Augen. Mir ist, als wohnte ich einer spiritistischen Sitzung bei. Ciano ist erregt und sagt etwas mit lauter Stimme. Alle Blicke richten sich auf ihn, ärgerlich und vorwurfsvoll. Am nächsten Tag läuft Darlan [französischer Vizepremier und Außenminister] zu den Engländern über. Die Deutschen scheinen den Kopf zu verlieren.«[41]

Hinterher hatte Ciano noch eine kurze Unterredung mit Hitler. »Als er herauskommt«, notierte Lanza, »ist er ganz rot im Gesicht und erregt. Er ruft aus: ›Wir sind am Ende ... und die Deutschen begreifen es immer noch nicht! Sie sind zu Tode erschrocken, aber sie glauben nicht an die Niederlage. Im April

werden die Alliierten in Italien sein, und wir werden für alles bezahlen.‹«[42] In den frühen Morgenstunden trafen Meldungen ein,
daß die Amerikaner auf Korsika gelandet seien. Ciano kommentierte das in ziemlicher Lautstärke:»O, sie könnten genausogut
bei Rom oder Genua an Land gehen, wo immer sie wollen. Sie
würden niemanden finden, der sie aufhält.«[43]
      Am 19. November eröffneten die Russen ihre Großoffensive
am Don. Die zum Schutz der deutschen Flanke dort eingesetzte
8. italienische Armee wurde beim sowjetischen Angriff am 16. Dezember schnell aufgerieben und gab den Russen damit den Weg
frei zur vollständigen Einkesselung der 6. deutschen Armee in
Stalingrad.
      Um die gleiche Zeit sprach Mussolini gegenüber Vertretern
des Vatikans davon, das italienische Oberkommando aus Rom
abzuziehen, um Bombenangriffen der Alliierten auf die Stadt zu-
vorzukommen. Als Guariglia, der italienische Botschafter beim
Heiligen Stuhl, andeutete, daß selbst der Duce die Hauptstadt
verlassen werde, erwiderte Monsignore Montini:»Dann wird er
wohl noch einmal einen Marsch auf Rom machen müssen.«[44]
      Auf den 18. Dezember wurde Mussolini zu einem Treffen
mit Hitler zitiert, aber da er immer noch unter starken Magen-
beschwerden litt, schickte er Ciano und Cavallero ins Führerhauptquartier. Er wies sie an, für ein Abkommen mit Rußland
einzutreten oder zumindest darauf zu drängen, daß eine solide
Verteidigungslinie im Osten geschaffen werde, damit sich die
Achse 1943 auf eine zu erwartende angloamerikanische Offensive
im Westen konzentrieren könne.»Die Atmosphäre ist gedrückt«,
schrieb Ciano über das Treffen in Rastenburg.»Zu den schlechten Nachrichten kommen noch die düstere Stimmung dieses
feuchten Waldes und die Langeweile, die in den Kommando-
baracken herrscht, wo alle zusammenleben … Niemand verhehlt
mir oder meinen Mitarbeitern das Unbehagen, das die Meldungen vom Zusammenbruch an der russischen Front auslösten. Man
versuchte ganz unverhohlen, uns die Schuld zuzuschieben.«[45] Alfieri zufolge machten Hitler, Göring und Ribbentrop den über-
stürzten Rückzug der italienischen Truppen für das Debakel von

Stalingrad verantwortlich. »Ciano wirkte apathisch und gleichgültig, als er mir das erzählte«, schrieb Alfieri. »Ich versuchte, ihn dazu zu bewegen, einer so schändlichen Vermutung entgegenzutreten ... Aber er ignorierte meine Appelle.«[46]

Nervös und erregt kehrte Ciano gegen 9 Uhr abends in seinen Salonwagen zurück und teilte seinen Mitarbeitern mit, daß die Lage äußerst ernst sei. Zweimal habe Hitler die Möglichkeit erwähnt, daß der Krieg verloren sein könnte. Die Deutschen befürchteten jetzt den Fall Rostows und sprächen davon, Nordafrika aufzugeben. Am nächsten Tag freilich war Hitler wieder ganz der alte. In Gegenwart des französischen Premierministers Laval versicherte er, daß Deutschland die russische Front halten könne. Mussolinis Vorschlag, Friedensverhandlungen aufzunehmen, verwarf er mit den Worten, es sei unmöglich, mit Moskau eine Übereinkunft zu erzielen. Angesichts der alliierten Seeattacken müsse jetzt vor allem das Nachschubproblem für Nordafrika gelöst werden.

Am letzten Tag des Treffens, einem Sonntag, wollte Ciano die Deutschen noch einmal ärgern und bestand darauf, die heilige Messe zu besuchen, obwohl er wußte, daß weit und breit kein Priester aufzutreiben sein würde. Der Chef des Protokolls habe ihm das dann ausgeredet und ihm zu verstehen gegeben, daß es besser sei, wenn er den Führer nicht zu sehr erzürne.[47]

»In meiner Lage kann man nichts anderes tun, als auf seinen Posten zu bleiben, bis die Zeit reif ist zum Handeln«, schrieb Ciano nach seiner Rückkehr. »Das kann zum Beispiel der Fall sein, wenn der Widerstand in Afrika gebrochen ist.«[48]

Zenone Benini behauptete später, Ciano sei damals nur deshalb nicht zurückgetreten, weil er noch immer Ambitionen auf die Nachfolge Mussolinis gehabt habe. Als ihn Vergani Ende des Jahres fragte, ob er nicht daran gedacht habe, ein Flugzeug zu nehmen und sich ins Ausland abzusetzen, erwiderte Ciano: »Ich wüßte gar nicht, mit welchem Gesicht ich mich auf einem Flugplatz der Alliierten präsentieren sollte ... Ich könnte wohl kaum in Feindesland kommen und die Fahne des Antifaschismus schwenken oder die Fahne eines neuen, gegen Mussolini gerichteten

Faschismus entrollen.« Er räumte ein, daß er in Spanien ohne weiteres Asyl erhalten würde, sagte aber:»Ich habe so viel vom Leben gehabt, daß ich auch etwas dafür bezahlen muß ... Das Schicksal schenkte mir einen vorbildlichen Vater ... Ich habe eine ausgezeichnete Ehefrau bekommen und Kinder, die ich nicht im Stich lassen kann, selbst wenn mir dies das Leben retten könnte. Ich möchte nicht, daß sie die Kinder eines Mannes sind, der nicht persönlich für das bezahlt hat, wofür er verantwortlich ist. Ich verhehle Ihnen nicht meine feste Überzeugung, daß ich leben werde und daß ich in der Lage sein werde, sie heranwachsen zu sehen, sie zu unterrichten und Männer aus ihnen zu machen.«[49]

Im Golfklub hatte der Graf dann ein längeres Gespräch mit Malaparte, der später folgende Schilderung davon gab:

»Gib acht auf den Alten«, sagte ich zu ihm.

»Ich weiß, er haßt mich. Er haßt alle. Manchmal frage ich mich, ob er nicht verrückt ist. Glaubst du, daß noch etwas zu machen ist?«

»Es ist nichts mehr zu machen jetzt. Es ist zu spät. Du hättest 1940 etwas machen sollen, um ihn daran zu hindern, Italien in diesen schmachvollen Krieg hineinzuziehen.«

»1940?« fragte er und lachte auf eine Weise, die mir nicht gefiel. Dann fügte er hinzu:»Der Krieg hätte auch gut ausgehen können.« Ich schwieg. Er spürte, daß etwas Schmerzliches und Feindseliges in meinem Schweigen lag, und setzte hinzu:»Ich trage keine Schuld. Er ist es, der den Krieg gewollt hat. Was hätte ich tun können?«

»Gehen.«

»Gehen? Und was dann?«

»Dann? Nichts.«

»Damit wäre nichts erreicht worden«, sagte er.

»Es wäre nichts erreicht worden. Aber du hättest gehen sollen.«

»Gehen, gehen. Jedesmal, wenn wir über diese Dinge sprechen, hast du mir nichts anderes zu sagen. Gehen! Und dann?«[50]

177

Ende1942 beteiligte sich Ciano offenbar an der Rettung Tausender jüdischer Flüchtlinge an der Côte d'Azur und im italienisch besetzten Kroatien. Im November, nach der Invasion alliierter Streitkräfte in Nordafrika, übernahmen die Achsenmächte die Kontrolle über Vichy-Frankreich und besetzten die Küstenregionen, um sie gegen eine Invasion der Alliierten zu verteidigen. Den Italienern wurden die Alpes Maritimes und das Var sowie sechs weitere Départements zugewiesen. Die Zivilverwaltung in den von Deutschland und Italien neu besetzten Zonen blieb in den Händen der Vichy-Regierung, die bereits im Frühjahr 1942 damit begonnen hatte, Juden zusammenzutreiben, die zunächst als Zwangsarbeiter über die Demarkationslinie und später dann in die Vernichtungslager im Osten deportiert wurden.

Als der italienische Generalkonsul in Nizza, Alberto Calisse, davon erfuhr, setzte er sich mit dem Außenministerium in Rom in Verbindung und erhielt die Auskunft, daß Zwangsverschickungen von Juden nicht zulässig seien. »Die Maßnahmen zum Schutz von Juden, sowohl ausländischen als auch italienischen, dürfen nur von unseren Organen getroffen werden.«[51] Calisse teilte den Vichy-Behörden daraufhin mit, daß alle antijüdischen Maßnahmen, die sie bereits ergriffen hätten, rückgängig zu machen seien.

John Bierman, der sich lange mit dieser Frage beschäftigte, gelangte in *The Italian Refuge* zu dem Schluß, daß diese Anweisungen »aller Wahrscheinlichkeit nach direkt von Graf Ciano kamen ... Wie verschiedene Dokumente belegen, glaubten dies sowohl Laval als auch die Nazis. Laval war so erbost über diese italienische Einmischung, daß er den italienischen Botschafter kommen ließ und sich bei ihm beschwerte. Aber damit erreichte er das genaue Gegenteil dessen, was er beabsichtigt hatte: Umgehend dehnte die italienische Regierung ihren Schutz auf die Juden in allen von ihren Streitkräften besetzten Départements – nicht nur in den Alpes Maritimes – aus, und das Außenministerium in Rom teilte der Vichy-Regierung unmißverständlich mit, daß in den von Italien kontrollierten Départements nur die italienischen Behörden berechtigt seien, Juden, egal welcher Nationalität, zu verhaften oder zu internieren.«[52]

In einem Bericht der deutschen Polizei vom Frühjahr 1943 wurde gemutmaßt, daß Ciano über die in der italienisch besetzten Zone in Südfrankreich lebenden Juden seine Hand halte, weil er hoffe, auf diese Weise Sympathien für Italien zu erkaufen, wenn es den Krieg verlieren sollte. Cianos Freundin Cyprienne del Drago sagte in diesem Zusammenhang:»Galeazzo mochte die Juden nicht besonders. Aber er half, sie zu retten.«[53] Er habe seine Beziehungen zum Vatikan genutzt, damit den bedrohten Juden falsche Papiere ausgestellt wurden, die sie als Ehepartner von Nichtjuden auswiesen.

Auch in Kroatien gewährten die Italiener jüdischen Flüchtlingen Schutz. Es handelte sich dabei in erster Linie um Juden, die 1941/42 aus dem kroatischen Ustascha-Staat in die italienische Besatzungszone entlang der dalmatinischen Küste geflohen waren und deren Auslieferung an die Deutschen die Italiener standhaft verweigerten. Im Sommer 1943 wurden sämtliche jüdischen Flüchtlinge in Dalmatien in ein Lager auf der Insel Rab gebracht und nach der italienischen Kapitulation im September von Partisanen befreit. Die Gesamtzahl der auf diese Weise von den Italienern in Jugoslawien geretteten Juden wird mit etwa 5000 angegeben.

Michele Sarfatti, ein italienischer Historiker jüdischer Abstammung, hält es allerdings für abwegig, davon zu sprechen, die Juden unter italienischer Herrschaft hätten »Schutz vor den Deutschen« genossen. Seiner Meinung nach war Mussolini durchaus geneigt, Juden, die in Frankreich oder Kroatien Zuflucht gesucht hatten, an die Deutschen zu überstellen. Welche Rolle Ciano dabei spielte, bleibt in beiden Fällen unklar.[54]

14. KAPITEL

Ciano wird entlassen

Ende Januar 1943 saß Allen W. Dulles in seiner gemütlichen Wohnung in der Berner Herrengasse 23 einem Besucher gegenüber, der im Schutze der Verdunkelung gekommen war und den er mißtrauisch musterte.[1] Es handelte sich um einen bebrillten, großgewachsenen preußischen Rechtsanwalt und Staatsbeamten mit Namen Hans Bernd Gisevius. Ein im Exil lebender deutscher Nazigegner hatte das Treffen arrangiert. Offiziell war Gisevius Vizekonsul am deutschen Generalkonsulat in Zürich. Hier jedoch saß er in seiner Eigenschaft als Kontaktmann von Admiral Wilhelm Canaris, dem Leiter des Amtes Ausland/Abwehr im OKW, der ihn in die Schweiz geschickt hatte, um mit den Alliierten Gespräche über einen Waffenstillstand aufzunehmen.

Die neutrale Schweiz war ein ideales Operationsgebiet für die gegen Deutschland arbeitenden Spione der Alliierten, die hier Agenten rekrutieren und sich heimlich mit ihnen treffen konnten. Der legendärste dieser Spione war Allen Dulles. Offiziell ein Mitarbeiter des amerikanischen Botschafters, leitete er die Berner Operationen des amerikanischen Office of Strategic Services (OSS). Nach dem Krieg ging das OSS in der Central Intelligence Agency (CIA) auf, deren Leiter Dulles 1953 wurde.

Bei ihrer ersten Begegnung zog Gisevius ein schwarzes Notizbuch aus seiner Jackentasche und begann daraus vorzulesen. Mit Erstaunen vernahm Dulles eine Reihe verschlüsselter Botschaften, die sein Amt einige Wochen zuvor nach Washington geschickt hatte. Den Deutschen war es offenbar gelungen, einen der amerikanischen Geheimcodes zu knacken. Es handelte sich dabei nicht um den von Dulles gewöhnlich benutzten Code, sondern um den sogenannten Burns-an-Victor-Code, dessen er sich nur gelegentlich bediente, um politische Berichte allgemeiner Art zu übermitteln. »Burns« war Dulles; hinter »Victor« verbarg sich General William Donovan, der Chef des OSS. Einer der Berichte behandelte die Lage in Italien; es ging um Meinungsverschiedenheiten innerhalb der Regierung und um die Aktivitäten der antideutschen Gruppe, die sich um Badoglio, Grandi, Ciano und andere gebildet hatte. Gisevius berichtete Dulles, daß Hitler dieses Telegramm auf seinem Schreibtisch gehabt und es mit besten Grüßen an Mussolini weitergeleitet habe. Mit dieser Auskunft zerstreute Gisevius alle Zweifel des Agentenführers. Von nun an war er OSS-Agent Nr. 512 und erhielt von seinem neuen Chef den Decknamen »Tiny«.

Wenige Tage nachdem Mussolini das abgefangene Telegramm erhalten hatte, entzog er Ciano das Amt des Außenministers. Der Tag der Entlassung war der 5. Februar. Ciano beschrieb den Vorgang wie folgt:»Um halb fünf nachmittags bestellt mich der Duce ein. Schon beim Betreten des Zimmers merke ich, daß er sehr verlegen ist. Ich weiß, was er mir sagen will. ›Was wirst du nun machen?‹ fängt er an und fügt dann mit leiser Stimme hinzu, daß er sein gesamtes Kabinett umbilden werde. Ich verstehe die Gründe. Ich teile sie und erhebe nicht den geringsten Einwand. Von den verschiedenen Lösungen, die er mir anbietet, lehne ich den Posten des Gouverneurs von Albanien entschieden ab, würde ich doch als Vollstrecker und Henker jener Leute ins Land kommen, denen ich Gleichheit und Brüderlichkeit versprochen hatte. Ich ziehe es vor, Botschafter beim Heiligen Stuhl zu werden. Das ist ein ruhiger Posten, der zudem vielleicht viele Möglichkeiten für die Zukunft enthält. Und die liegt mehr denn je in Gottes Hand. Es ist freilich ein harter und schmerzlicher Schlag, das Außenministerium zu verlassen, wo ich sieben Jahre lang – und was für Jahre! – mein Bestes gegeben habe. Zwischen jenen Mauern habe ich – im wahrsten Sinne des Wortes – zu lange gelebt, um leichten Herzens zu gehen. Aber das macht nichts. Ich werde stark sein und nach vorn blicken und erlange vielleicht sogar noch größere Handlungsfreiheit. Die Wege der Vorsehung sind zuweilen rätselhaft.«[2]

Er sei nie dahintergekommen, schrieb Dulles nach dem Krieg, ob die Entlassung Cianos in der Luft gelegen habe oder auf sein Telegramm an Donovan zurückzuführen war. Womöglich war Dulles' Bericht für Mussolini der letzte Auslöser zum Handeln, doch hatte er bereits vorher reichlich Beweise für Cianos Treuebruch gehabt und war ihm gegenüber immer mißtrauischer geworden. Knapp drei Wochen nach Cianos Entlassung gab der britische Botschafter in Washington Informationen an London weiter, die er aus amerikanischen Regierungskreisen erhalten hatte und die besagten, daß Mussolini mit seiner Kabinettsumbildung auf eine von der Gestapo aufgedeckte Verschwörung reagiert habe, deren Ziel es gewesen sei, den Prinzen von Piemont, Kronprinz Umberto, an die Macht zu bringen und die Regierung zu stürzen. »Grandi, der frühere Botschafter Italiens in London, und Graf Ciano organisierten die Bewegung mit vollem Wissen des Prinzen von Piemont«, hieß es in dem Botschaftsbericht.[3]

Ciano verhehlte Mussolini keineswegs, daß er einen Kompromißfrieden anstrebe. Bereits Ende des Jahres 1942 hatte er sich erboten, durch geheime Sondierungen die Haltung der Briten in dieser Frage auszuloten. Aber Mussolini machte ihm Vorwürfe, daß er solche Gedanken überhaupt hege. Ciano traf sich währenddessen weiterhin mit General Carboni in Rom und Livorno und stand in regelmäßigem Kontakt mit zwei über den Duce verstimmten Mitgliedern des Generalstabs, den Generälen Vittorio Ambrosio und Giuseppe Castellano. All das hatte der Aufmerksamkeit Mussolinis oder, genauer gesagt, der Geheimpolizei nicht entgehen können, deren Beamte ihm täglich Bericht erstatteten. »Wenn etwas morgens um 11 Uhr vorfiel, wußte Mussolini um 1 Uhr mittags darüber Bescheid«, sagte Mano Mondello, der unter Ciano im Außenministerium gearbeitet hatte und dann mit ihm als Privatsekretär zur Botschaft beim Vatikan wechselte. Seinen Aussagen zufolge kamen mehrere von Grandis Beauftragten »dreimal täglich« in die Botschaft, um sich mit Ciano zu treffen.[4]

Del Drago behauptete später, daß sich Ciano und seine Mitverschwörer bereits Anfang 1943 über ihr weiteres Vorgehen definitiv abgesprochen hätten. Angeführt von regimekritischen Generälen, sollten vertrauenswürdige Truppenverbände an Schlüsselpositionen verlegt und die römische Garnison unter den Befehl eines bekannten Antifaschisten gestellt werden. Auf ein Codewort hin sollten führende Persönlichkeiten des Regimes festgenommen, öffentliche Gebäude besetzt und Telefonleitungen gekappt werden. Mussolini würde in Schutzhaft genommen und an einen geheimen Ort verbracht werden. Armeeinheiten sollten den Brenner und andere Grenzübergänge besetzen, um ein Eingreifen der Deutschen zu verhindern. Britische und amerikanische Verbände würden an mehreren Stellen der Halbinsel landen, um Schützenhilfe zu leisten.»Eines Tages aber sagte Ciano zu mir, es sei alles aus«, erinnert sich del Drago.»Der König habe nicht zugestimmt, und die Generäle würden nichts gegen den königlichen Wunsch unternehmen.«[5]

Nachdem sich Mussolini, geschwächt von einer chronischen Gastritis, am 12. Januar zu einem kurzen Genesungsurlaub in sein Haus in Rocca delle Caminate begeben hatte, eröffnete Buffarini einer Freundin des Duce, Angela Curti Cucciati, daß Ciano, Grandi und Bottai auf der einen Seite und der Nazifreund Farinacci auf der anderen ein Komplott gegen den Regierungschef schmiedeten. Da Buffarini es nicht wagte, Mussolini persönlich zu berichten, was er über die Verschwörung wußte, fiel ihr die Aufgabe zu, den Freund zu warnen. Möglicherweise brachte sie damit den Stein ins Rollen.[6]

Am 20. Januar fuhr Ciano nach Rocca delle Caminate, um Mussolini darüber zu unterrichten, daß der italienische Gesandte in Bukarest, Renato Bova Scoppa, auf Bitten des rumänischen Staatschefs Ion Antonescu nach Rom gekommen sei, um mit ihm, Ciano, die Möglichkeiten eines Separatfriedens zu erörtern. Als Antwort darauf gab der Duce abermals seiner festen Zuversicht Ausdruck, daß die deutschen Streitkräfte an der Ostfront standhalten würden. Dann wechselte er das Thema und sprach von seiner Absicht, Cavallero als Chef des Generalstabs zu ersetzen. Zu diesem Schritt hatte ihn der unmittelbar bevorstehende Fall von Tripolis bewogen. Cavallero war stets für eine enge Zusammenarbeit mit Deutschland eingetreten, und Ciano hatte mit mehreren

Generälen seinen Sturz betrieben und Ambrosio zum Nachfolger auserkoren. Cavalleros Absetzung erfolgte kurz darauf. In einem Bericht des deutschen Geheimdienstes vom 24. Januar wurde Ciano als Verräter hingestellt und beschuldigt, mit Hilfe von »jüdisch versippten Ariern« und anderen Verrätern im Außenministerium eine antideutsche Kampagne zu führen. »Es besteht kein Zweifel daran, daß dies die wahre und fast die einzige Verräterorganisation ist, die es in Italien gibt«, heißt es in dem Bericht, der siebenundfünfzig Beamte des italienischen Außenministeriums namentlich aufführt, darunter sieben, die mit Jüdinnen verheiratet waren.[7]

Am 29. Januar zeigte Ciano dem Duce einen Brief Anfusos aus Budapest, in dem dieser von heimlichen Verhandlungen der Ungarn mit Briten und Amerikanern berichtete. Vergani gegenüber bekannte Ciano, aus der Politik ausscheiden zu wollen. Mussolini, so sagte er, müsse abdanken und einer Koalitionsregierung Platz machen. »Es muß wieder Parteien geben. Die Leute müssen sich frei äußern können.« Er selbst jedoch wolle in einer neuen Regierung keinen Posten übernehmen. »Es sind zwar nur Träume, aber ich würde gern in meinem Haus in Ponte de Moriano leben, mit einem Buch und einem Gemälde.«[8]

Als am 5. Februar für Ciano das Aus kam, entließ Mussolini auch Grandi, Bottai und Buffarini; die beiden ersten zweifellos deshalb, weil bekannt war, daß sie Cianos Ansichten teilten. Buffarini stürzte über die Petacci-Affäre, in die er verwickelt war. Mussolini hielt zwar an seiner Geliebten fest, aber auf den Mann, der die korrupten Machenschaften ihres Bruders gefördert hatte, konnte er verzichten. Den Titel des Außenministers nahm der Duce nun wieder selbst an und ernannte Bastianini zum Staatssekretär, der das Ministerium zu leiten hatte. Diese Ernennung war eine Art Trotzreaktion, denn er wußte vermutlich, daß Ribbentrop Bastianini einen »Ehrenjuden« genannt hatte.[9]

Mussolini bot Ciano drei Posten zur Auswahl an: Generalgouverneur in Albanien, Botschafter beim Heiligen Stuhl oder Botschafter in Spanien. Seine Mutter, die Ciano am selben Abend anrief, rechnete damit, daß er sich ganz aus der Politik zurückzie-

hen und die Leitung seiner Zeitung *Il Telegrafo* in Livorno übernehmen werde. Auch Edda dachte, er werde von der politischen
Bühne abtreten. Tatsächlich kündete er Vergani beim Verlassen
des Palazzo Chigi seinen Abschied von der Politik an, fügte aber,
widersprüchlich, wie er nun einmal war, hinzu: »Wenn ich mich
nicht aufs Land zurückziehe, so deshalb, weil ich eine Aufgabe
habe, vor der ich mich nicht drücken kann und darf ... Ich möchte
alles in meiner Macht Stehende tun, um dieses Desaster zu beenden.«[10]

Edda war überzeugt, daß ihr Mann wegen der Machenschaften
der Petaccis seinen Job verloren hatte. »Seine Entlassung ist auch
eine Vergeltungsmaßnahme gegen mich, da ich meinen Vater mit
Beweisen davon überzeugen wollte, daß ihn sein Verhältnis zu
Clara zu sehr ins Gerede bringe und ihm schade, während die du-
biosen Geschäfte ihres Bruders auch nicht gerade dazu beitrügen,
die Situation zu verbessern ... Da sie mir nichts anhaben konnten,
rächten sie sich eben an Galeazzo.«[11]

Lanza, der damals in Berlin akkreditiert war, glaubte zu wissen,
daß die Deutschen Cianos Ernennung zum Botschafter beim Vatikan mit Mißtrauen verfolgten, da sie fürchteten, Mussolini wolle
über diesen Kanal Verhandlungen mit den Alliierten aufnehmen.
Zwar findet sich in Goebbels' Tagebuch kein diesbezüglicher
Hinweis, doch deutete der deutsche Propagandaminister Mussolinis Kabinettsumbildung durchaus zutreffend, als er schrieb: »Der
Sinn der Wachablösung in Italien war zweifellos, Ciano in die
Ecke zu stellen. Der Duce hat darum ein großes Brimborium
gemacht, damit Cianos Kaltstellung nicht zu auffällig wirkte.«[12]
Ciano, so fügte er später hinzu, »ist der Hauptreiber gegen sei-
nen Schwiegervater gewesen, ein Lump und niederträchtiger Verräter, einzigartig und beispiellos dastehend in der Geschichte.«[13]

Mussolini bezweifelte, daß Ciano den Posten beim Heiligen
Stuhl annehmen würde. Ein Jahr zuvor hatte dieser die Botschaf-
terstelle Bottai angeboten und bemerkt: »Ich kann es einfach
nicht glauben, daß ein gestandener Mann wie Bottai mit sechs-
undvierzig als Sakristan endet.«[14] Ciano wiederum fürchtete, daß
Mussolini seine Meinung ändern und das Angebot zurückziehen

könnte, weshalb er mit Guariglia, dem Mann, den er ablösen sollte, Kontakt aufnahm und ihn drängte, rasch die Zustimmung des
Vatikans einzuholen, bevor Mussolini einen Rückzieher machte.
Guariglia kam der Bitte nach. Eine halbe Stunde nachdem der
Vatikan sein Einverständnis erklärt hatte, rief der Duce Ciano an
und teilte ihm mit, daß er nun doch anders entschieden habe und
ihn auf einen anderen Posten schicken wolle. Aber er kam zu spät.
»Der Duce nahm die vollendeten Tatsachen ohne Begeisterung
zur Kenntnis«, schrieb Ciano in sein Tagebuch.[15]

Während er seinen Schreibtisch räumte, sagte er zu Vergani:
»Vor achtzehn Jahren habe ich dieses Gebäude zum ersten Mal
betreten, damals war ich ein junger Spund und kam direkt von der
Universität ... Mit vierzig verlasse ich es nun. Vielleicht habe ich
in diesem Zimmer einige Fehler gemacht, aber vermutlich hätte
sie auch jeder andere in meiner Lage begangen.« Was sein Ansehen bei seinen Landsleuten betraf, machte er sich nun nichts
mehr vor: »Mein Schicksal ist es, daß ich zu dem Mann wurde,
der von den Italienern mehr als jeder andere gehaßt wird. Ich kenne alle die kleinen Witze, die sie auf meine Kosten machen, was
über mein Privatleben, meinen Reichtum, meinen Leichtsinn gesagt wird. Ich weiß, daß Journalisten, die meine Freunde sind, mir
einen Gefallen erweisen, wenn sie keine Fotos von mir veröffentlichen. Ich weiß, daß die Leute in den Kinos lachen und kichern,
wenn sie mich in der Wochenschau sehen. Glaube ja nicht, daß
ich so spreche, weil ich unter Verfolgungswahn leide. Ich verlange
nicht einmal, daß ich von einen Augenblick auf den anderen den
Leuten sympathisch werde. Ich wünsche mir nur, daß man eines
Tages erfahren wird, daß ich im Rahmen meiner begrenzten Möglichkeiten versucht habe, Italien aus dem Krieg herauszuhalten,
und daß mir irgend jemand einmal attestiert, alles Erdenkliche
unternommen zu haben, um den Krieg zu beenden.«[16]

Am Morgen des 8. Februar 1943 übergab er Bastianini die
Amtsgeschäfte und ging dann in den Palazzo Venezia, um sich
vom Duce zu verabschieden. »Du mußt dir vorstellen«, empfing
ihn dieser, »daß du jetzt eine Ruhepause hast. Danach wirst auch
du wieder zum Zuge kommen. Deine Zukunft liegt in meinen

Händen, und deshalb brauchst du dir keine Sorgen zu machen.« Offensichtlich dachte Mussolini, Ciano werde aus seiner Entlassung eine heilsame Lehre ziehen und sich in Zukunft loyal zu ihm verhalten. Ciano erwiderte, er besitze alle Dokumente, die den Verrat der Deutschen gegenüber Italien belegten, und sagte, er brenne darauf, dies in einer Rede zu offenbaren.»Er hörte mir schweigend zu und schien mir fast zuzustimmen«, schrieb Ciano in sein Tagebuch.»Er hat mich eingeladen, ihn oft zu besuchen, sogar täglich. Unser Abschied war herzlich, worüber ich sehr froh bin, weil ich Mussolini liebe, sehr liebe, und am meisten werde ich den Kontakt zu ihm vermissen.«[17]

Cianos Tagebuch endet mit dieser Eintragung. Ein Postskriptum sollte erst viel später hinzukommen. Etwa ein Jahr zuvor hatte er die ersten Bände aus dem Safe in seinem Amtszimmer genommen und sie seiner Mutter zur Aufbewahrung anvertraut. Als er das Ministerium verließ, nahm er nicht nur die späteren Tagebücher mit, sondern auch sechzehn Bände, in denen seine offiziellen Unterredungen als Außenminister protokolliert waren.

Mario Mondello, der nach dem Krieg das Amt des Botschafters beim Heiligen Stuhl bekleidete, erinnerte sich, daß Ciano »täglich fünf bis zehn Generäle und Admiräle empfing, jene, die später den Staatsstreich« gegen Mussolini verübten. Auch den Papst habe Ciano häufig getroffen, sagte Mondello und wies darauf hin, daß Blasco d'Aieta, Cianos zweiter Mann, ein Verwandter von Sumner Welles war und des öfteren den päpstlichen Staatssekretär Kardinal Luigi Maglione empfing. Diese Treffen könnten vermuten lassen, so Mondello, daß Ciano d'Aieta benutzte, um mit den Alliierten Kontakt aufzunehmen, aber genaueres ist nicht darüber bekannt.[18] Was die Amerikaner betrifft, so scheint dies unwahrscheinlich, vor allem deshalb, weil sie mit Ciano nichts zu tun haben wollten. Myron G. Taylor schloß eine Lösung des italienischen Problems mit Hilfe faschistischer Dissidenten aus, zumal er Ciano für völlig isoliert und bar jeglicher Gefolgschaft hielt und Grandi als zu schwach einschätzte. Aber zu den Briten hat Ciano anscheinend wirklich Kontakt aufgenommen. Während eines Besuchs in Rom vom 24. bis 28. Februar überreichte Ribbentrop seinem ehemaligen Kollegen zu dessen bevorstehendem vierzigsten Geburtstag ein Gemälde von Boldini. Ciano, der ihn jahrelang verteufelt hatte, dankte ihm nun für »das Feingefühl eines treuen Freundes«. Es war nicht nur einfache Höflichkeit; Ciano hatte einen weiteren Gesinnungswandel vollzogen. »Ich bin sehr gerührt von Ribbentrops Aufmerksamkeit«, schrieb er Alfieri. »Ich muß offen gestehen, daß er mir gegenüber stets eine Haltung wahrer Freundschaft gezeigt hat und zeigt.«[19] Hierin hätte er sich schlimmer nicht irren können.

Zu Bottai, der ihn am 11. März besuchte, sagte Ciano, er glaube, daß Mussolini sich von Deutschland distanzieren wolle. Aber noch am selben Tag bekräftigte der Duce in einer Rede, daß er nicht von der Seite Deutschlands und Japans weichen werde. Dem ließ er einen Brief an Hitler folgen, in dem er auf einen Separatfrieden mit Rußland drängte. Am nächsten Abend kam Bottai erneut mit Ciano zusammen und erfuhr von ihm, daß Churchill bereit sei, eine interne Lösung der faschistischen Krise zu akzeptieren, an der Ciano und Grandi beteiligt wären, daß aber Eden starke Vorbehalte gegenüber allen Faschisten habe.[20]

Als Anfuso im März nach Rom kam, fand er Ciano bis über die Ohren in der Vorbereitung der faschistischen Verschwörung stecken. Er »rannte vom Vatikan zu Bottai, von dem zu Carboni und von Carboni zu Castellano und war über alle Komplotts im Bilde, ohne sich an irgendeinem aktiv zu beteiligen«.[21] Mussolini hegte Verdacht, äußerte aber gleichzeitig die Zuversicht, daß Ciano ihm nicht in den Rücken fallen werde. Am 13. April aß Ciano mit Bottai zu Mittag und prophezeite ihm den bevorstehenden Zusammenbruch des Regimes. Bottai konstatierte an ihm eine »giftige Freude und einen selbstmörderischen Zug«.[22]

Im April wurde Marcello del Drago als Generalkonsul nach Brüssel versetzt. Beim Abschied sagte Ciano zu ihm und seiner Frau Cyprienne: »Ich habe keine Verbündeten. Ich bin ein toter Mann. Man muß realistisch sein. Was ich tat, habe ich für mein Land getan.«[23]

Am 21. April empfing der König mehrere Politiker, die ihn drängten, Mussolini zu entlassen, doch Ciano war nicht dabei.

Währenddessen erteilte Ambrosio General Castellano die Erlaubnis, einen Plan zur Festnahme Mussolinis und seiner engsten Vertrauten auszuarbeiten. Castellano zeigte Ciano den Plan und sagte, er gebe sich ganz in Cianos Hände. Dieser reichte den Plan an d'Aieta weiter: »Das ist Sprengstoff«, meinte er, »nehmen Sie ihn an sich, ich habe ihn nicht gesehen.«[24]

In Nordafrika standen die italienischen Truppen im Frühjahr 1943 vor der endgültigen Niederlage. Am 12. Mai gab Mussolini seinem Befehlshaber in Nordafrika, General Messe, dessen Truppen vollständig eingekesselt waren, die Erlaubnis zur Kapitulation. Die letzte italienische Stellung in Nordafrika war gefallen. Am selben Tag bereitete Papst Pius XII. eine »Erklärung« für Mussolini vor, in der er ihn mahnte, die Erfordernisse der Lage zu bedenken. Ciano sah Mussolini am 13. Mai und traf hinterher mit Maglione zusammen, um ihn darüber zu informieren, daß der Duce keine Alternative zum Weiterkämpfen sehe. Im vertrauten Kreise sagte er, Mussolini sei von der päpstlichen Intervention gar nicht begeistert und wolle bis zum letzten Mann kämpfen.

Die deutsche Gesandtschaft in Bern meldete am 15. Mai nach Berlin, daß Ciano mit den Briten und den Amerikanern Gespräche geführt habe. Dies sei der Schweizer Regierung von ihrem Botschafter beim Vatikan berichtet worden. Zwar telegrafierte der apostolische Nuntius in Washington, Cicognani, am 25. Juni an Maglione: »Die Alliierten lehnen Verhandlungen mit Faschisten, einschließlich Grandi und Ciano, ab«,[25] aber offenbar war es doch zu einer Kontaktaufnahme gekommen. Bei einem geheimen Treffen mit dem albanischen Bevollmächtigten in Rom, Ernest Koliqui, meinte Ciano, er sei froh, daß er aus Albanien herauskomme, ohne sich die Hände mit Blut besudelt zu haben. »Ich habe mit den Briten über Albanien gesprochen und von ihnen das Versprechen erhalten, daß das Land Skanderbegs, unter Wahrung der italienischen Interessen, seine Unabhängigkeit erlangen werde.«[26]

Der frühere italienische Premierminister Ivanoe Bonomi bestätigt in seinen Memoiren, daß Ciano und Grandi mit dem britischen Botschafter beim Vatikan, Godolphin d'Arcy Osborne, über ein Ende der Feindseligkeiten und einen Kompromißfrieden konferiert hätten.[27] Gaetano Polverelli gegenüber äußerte Ciano: »Mussolini kann mit Churchill und Roosevelt keine Gespräche aufnehmen. Er ist das Verhandlungshindernis. Er will das nicht einsehen, aber wenn seine Absetzung entschieden ist, werden sofort Gespräche auf einer gleichberechtigten Basis möglich werden. Im Grunde wollen London und Washington doch Hitlerdeutschland schlagen. Ich bin überzeugt, daß nicht einmal England an einer Niederwerfung Italiens interessiert ist. Solange Mussolini nicht abgesetzt ist, werden Churchill und Roosevelt Gespräche ablehnen. Ihre Truppen werden südlich und nördlich von Rom landen, und dann wird alles zu Ende sein.«[28]

Von den Beamten, die Mussolini im Februar gefeuert hatte, trafen sich einige, darunter auch Buffarini, Ende Mai, um die Lage zu besprechen. Ciano nahm an dem Treffen nicht teil, und Buffarini befürchtete, er sei ferngeblieben, weil er Mussolini die ganze Verschwörung offenbaren wolle. So eilte er selber zum Duce, um ihm von der Zusammenkunft zu erzählen. Doch Mussolini nahm die Warnung ebensowenig ernst wie andere, die von seiten der extremen Faschisten Giovanni Preziosi und Farinacci noch ergehen sollten.

Edda, die inzwischen als Rotkreuzschwester in Sizilien arbeitete, schrieb ihrem Vater von den Bombenangriffen der Alliierten, unter denen die Zivilbevölkerung zu leiden hatte, und zeichnete ein erbärmliches Bild von den italienischen Truppen, die »wie Kaninchen das Weite suchen«. Anstatt den notleidenden Menschen nach einem feindlichen Luftangriff zu Hilfe zu eilen, sähen sie tatenlos zu, »im Unterschied zu den Deutschen, die zumindest versuchen, etwas zu tun. Die Bevölkerung«, so fügte sie hinzu, »die die Deutschen zuerst nicht leiden konnte, erträgt sie jetzt nicht nur, sondern bewundert sie wegen ihres Organisationstalents und ihrer Nächstenliebe. Man sagt mir, daß der Militärkommandant General Fiocca keinen Schuß Pulver wert ist.« Mussolini schickte ihr darauf fünfzigtausend Lire, um sie an die Bedürftigsten zu verteilen.[29]

Als Edda Anfang Juni aufs Festland übersetzte, war ihre Sympathie für die Deutschen verflogen, wie Alfredo Cucco, der Vizesekretär der Partei, sich erinnerte, der sie auf ihrer Rückreise begleitete. Als sie einen deutschen Lastwagen überholen wollten, dessen Fahrer sich stur weigerte, sie vorbeifahren zu lassen, schimpfte sie empört und machte eine obszöne Handbewegung.[30]

In der ersten Juniwoche, als sich die Lage weiter verschlechterte, trafen verschiedene faschistische und antifaschistische Politiker, deren einzige Gemeinsamkeit darin bestand, daß sie gegen Mussolini waren, mit dem König zusammen und baten ihn, einzugreifen. Mit Mussolinis Erlaubnis ergaben sich am 10. Juni die italienischen Truppen auf der Insel Pantelleria, drei Tage später fiel die Insel Lampedusa. Der König empfing Ciano in San Rossore. Wenn er keine Schritte unternehme, die Regierung in andere Hände zu geben, ehe die Alliierten in Sizilien gelandet seien, so machte Ciano Viktor Emanuel deutlich, dann würden Mussolinis Feinde eine Exilregierung unter der Leitung des früheren Außenministers Graf Carlo Sforza anerkennen, der damals an der Universität von Kalifornien lehrte. Der König fragte ihn daraufhin, so Ciano hinterher zu Ansaldo, ob er Mussolini etwas davon erzählt habe, was Ciano verneinte. Der König warf ein, er könne nicht mit Mussolini reden. Ciano drängte den König, Mussolini abzulösen, und wies auf die Notwendigkeit eines Waffenstillstands hin. Der König schwieg.[31] Nachdem Ciano gegangen war, verriet er ihn an Mussolini, der ihn daraufhin einbestellte und beschuldigte, ein Komplott gegen ihn zu schmieden.

In einem Gespräch mit dem Dolmetscher der SS Eugen Dollmann im Juni bezeichnete Rachele Mussolini ihren Schwiegersohn als »den eigentlichen Unheilbringer in unserer Familie«. »Ich bin mir völlig darüber im klaren«, meinte sie bitter, »daß seine Freundinnen im Golfklub alles wissen, was es zu wissen gibt, und ich weiß auch, daß ihm seine Eitelkeit und sein Ehrgeiz mehr bedeuten als seine Bindungen zu unserer Familie – aber Edda wird stets eine Mussolini bleiben.«[32]

Die deutsche Spionageabwehr in Rom verfaßte am 24. Juni einen Bericht über die Gruppe um Ciano, in dem der Verdacht geäußert wurde, daß Ciano als Spion arbeite und seine wichtigsten Zuträger im Außenministerium säßen.

Nach einem schweren Luftangriff der Alliierten ließ Ciano am 28. Juni in der Präfektur von Livorno vor Magistratsbeamten eine Tirade gegen »diesen verrückten Tyrannen, der diesen Krieg wollte«, vom Stapel. Damals schrieb er auch an einem Buch gegen Mussolini, das er jedoch später vernichtete. Ehe er Livorno verließ, hielt er beim Friedhof an und legte Blumen auf das Grab seines Vaters und das seiner einstigen Gouvernante. »Sie sagte immer: ›Galeazzo, du wirst ein schlimmes Ende nehmen‹«, erinnerte sich später ein Jugendfreund Cianos.

Am Tag von Cianos Abreise traf Emilio Pucci im Haus der Cianos ein, um Edda zu besuchen. Damals war ihre Affäre schon vorbei und er nur noch ein guter Freund. Jedenfalls hatte Ciano nichts gegen den Umgang seiner Frau mit Pucci, dem er freundschaftlich begegnete und der inzwischen bei der Luftwaffe mehrere Tapferkeitsmedaillen erworben hatte.

Ciano, so berichtete der amerikanische Korrespondent Melton Davis 1943 aus Rom, »war nicht mehr der jugendliche Anwärter auf die Nachfolge Mussolinis. Die dunklen Ringe unter seinen Augen wurden zu einer Dauererscheinung, seine korpulente Statur verfettete mehr und mehr, seine Gesichtszüge wirkten aufgedunsen, und seine Wangen hingen tiefer herab denn je ... Immer noch herzlich mit engen Vertrauten, wurde er gegenüber Leuten, die er nicht mochte, zunehmend reservierter und arroganter.«[33]

192

15. KAPITEL

Der Sturz Mussolinis

Die Landung der Alliierten auf Sizilien am 10. Juli 1943 beflügelte die Phantasien aller, die einen Staatsstreich gegen Mussolini in Erwägung gezogen, aber bisher noch gezaudert hatten. Am 12. oder 13. Juli traf Ciano in Rom mit General Gastone Gambara zusammen, der in Kroatien ein Panzerkorps befehligte. Angesichts der dramatischen Lage waren sich beide darüber einig, daß der Oberbefehl über die Streitkräfte an den König zurückgegeben und die Leitung der kriegswichtigen Ministerien hochrangigen Militärs übertragen werden sollte. Ciano übte harte Kritik an Mussolini und den Deutschen, und Gambara entgegnete, daß etliche Generäle genauso dächten. »Wir wollen dem Duce ins Gewissen reden und ihn auffordern, die Entscheidungen zu treffen, die wir verlangen.«[1]

Am 14. Juli offenbarte sich Ciano einem seiner erklärten Feinde, Roberto Farinacci. Entweder, sagte er, gewinne Deutschland den Krieg, dann würden sich alle Italiener um den König und die Generäle scharen, oder aber die Alliierten siegten, und in diesem Fall müsse man einen Separatfrieden schließen, ehe es zu spät sei. Doch wie man es auch wende, fuhr er fort, die Folge sei eine Beschneidung der Machtbefugnisse Mussolinis, den die Alliierten als »das eigentliche Hindernis auf dem Weg zum Frieden« betrachteten.

Am selben Tag bat der Chef des Generalstabs Ambrosio General Castellano, seinen Plan für die Gefangennahme Mussolinis bis ins Detail auszuarbeiten. Ivanoe Bonomi begab sich zu Badoglio und vereinbarte mit ihm, dem König die Absetzung Mussolinis und die Ernennung Badoglios zum Ministerpräsidenten vorzuschlagen; Bonomi sollte sein Stellvertreter werden. Diesen Plan unterbreitete Badoglio tags darauf dem König. Der Monarch lehnte zwar eine Regierung ab, zu der auch Parteipolitiker gehörten, aber zum ersten Mal erklärte er sich bereit, zu handeln. Inzwischen hatte sich auch Edda gegen ihren Vater gewandt. »Wenn mein Vater nur noch mit Hilfe der Deutschen an der Macht bleiben kann«, sagte sie zu Ciano, »dann sollte er lieber zurücktreten. Es geht jetzt nicht mehr darum, ob einer Faschist oder Antifaschist ist, sondern nur noch darum, ob er Italiener ist. Egal was geschieht, Italien muß gerettet werden.«[2]

Ciano lag mit einer Mittelohrentzündung darnieder. Er war zwar durchaus krank, aber daß er sich ins Bett legte, mag wohl auch ein Akt politischer Klugheit gewesen sein. Er hatte erfahren, daß Mussolini ihn sehen wollte, doch als er im Palazzo Venezia anrief, versicherte ihm die Sekretärin, der Duce wolle nur wissen, ob er in Rom sei. Am 17. Juli, Ciano widmete sich gerade angeregt einer angehenden Filmschauspielerin, rief ihn sein Schwiegervater an und beschwor ihn, im Bett zu bleiben und wieder gesund zu werden.[3]

Für den 24. Juli berief Mussolini eine Sitzung des Großen Faschistischen Rates ein, um sich der Kritik zu stellen, die ihm aus den Reihen der Partei entgegenschlug. Daraufhin setzte sich Ciano mit Justizminister Grandi und Erziehungsminister Bottai zusammen, um eine gemeinsame Strategie für das bevorstehende Treffen zu erörtern. Wegen Cianos verwandtschaftlicher Beziehung zu Mussolini wollte man es ihm ersparen, gegen den Duce zu stimmen. Aber Ciano bestand darauf. »Wenn mein Vater noch lebte, wäre er auf eurer Seite«, sagte er. »Wollt ihr mich daran hindern, das, was ich tue, in seinem Namen zu tun?«[4]

Am 21. Juli ging Farinacci zu Mussolini und zeigte ihm eine Botschaft, die er von dem den Nazis nahestehenden General Cavallero erhalten hatte. Darin stand: »Seien Sie auf der Hut! Grandi und Genossen schmieden ein Komplott gegen Mussolini, aber sie werden nichts dabei gewinnen, weil das Königshaus mit Acquarone den Kampf auf eigene Rechnung führt und alle gegeneinander ausspielen wird.« Mussolini tat die Warnung ab. Erst heute morgen, sagte er, habe der König ihm seine Freundschaft

zugesichert:»Auch wenn alle Sie im Stich lassen sollten, ich wäre
der letzte, der das täte. Ich weiß, wieviel Italien und die Dynastie
Ihnen verdanken.«⁵

Aber dann wurden Mussolini die Augen geöffnet. Carlo Scorza, der Parteisekretär, überbrachte ihm den Entwurf eines Antrags, den Grandi bei der Sitzung des Großen Faschistischen Rates einbringen wollte. Darin wurde Mussolini aufgefordert, seine
militärischen und politischen Machtbefugnisse an den König abzugeben. Grandi selbst hatte Scorza eine Kopie des Antrags gegeben. Scorza erzählte Mussolini außerdem von einem abgehörten
Telefongespräch Badoglios mit Acquarone, in dessen Verlauf der
Marschall davon gesprochen habe,»den Duce beim Verlassen der
Villa Savoia festzunehmen«.⁶ Mussolini entgegnete lapidar, Kri-
minalromane könne er nicht ausstehen.

Acquarone verständigte Ambrosio, daß sich der König zum
Handeln entschlossen habe und es an der Zeit sei, den Plan
durchzuführen. Am 23. Juli nahmen die Verschwörer fieberhaft
Kontakt zueinander auf. Bottai und Grandi gingen zur Partei-
zentrale und trafen dort Scorza, Ciano und Farinacci zusammen
an. Alle waren übereingekommen, Grandis Entschließungsantrag
zu unterstützen.

Seit Monaten schon hatte Rachele Mussolini ihren Mann davon zu überzeugen versucht, daß Ciano ein Verräter sei. Vier Tage
vor dem Zusammentreten des Großrates drängte sie Mussolini erneut zum Handeln. Sie habe eine Liste von Verrätern erhalten,
sagte sie; es sei höchste Zeit, etwas gegen Ciano, Grandi, Badoglio und Konsorten zu unternehmen.⁷ Mussolini indes traute seinen Ministern, Ciano inbegriffen, die Durchführung eines Staats-
streiches schlichtweg nicht zu und erklärte seinem Polizeichef
Chierici, daß er bei der bevorstehenden Sitzung mit keiner Opposition rechne. Die Mitglieder des Rates, so sagte er, seien »von
mäßiger, sehr mäßiger Intelligenz, unentschlossen und nicht die
Tapfersten«. Und er beruhigte den Polizeichef mit den Worten:
»Glauben Sie mir, Chierici, sie wollen nichts anderes als überzeugt werden, und es wird mir nicht schwerfallen, einen Grandi,
einen Bottai in den Schoß der Partei zurückzuführen, selbst einen

Ciano, dem offenbar die Aussicht auf meine Nachfolge wirklich etwas zu sehr zu Kopf gestiegen ist.«[8]

An jenem 24. Juli aß Benini bei den Cianos zu Mittag. Ciano machte auf ihn einen ziemlich aufgeregten Eindruck, als er die Uniform anzog, die er bei der Sitzung des Großrates tragen mußte. »Jeder von uns hat Angst«, sagte Ciano zu ihm, »schließlich könnten wir ja alle hinter Gittern enden.« Dann aber fügte er in einem, wie Benini fand, »albernen und gleichzeitig ernsten Tonfall« hinzu: »Du wirst sehen, letztlich dankt er ab, und dann bringen wir die Sache schon irgendwie in Ordnung.«[9]

Die Sitzung des Großrates war auf 17 Uhr anberaumt. Als Mussolini Anstalten machte, die Villa Torlonia zu verlassen, beschwor ihn Rachele: »Laß sie alle verhaften, bevor die Sitzung beginnt.«[10] Wortlos gab er ihr einen Kuß und ging zu seinem Wagen.

Auch an diesem schwülen Sommernachmittag – es war ein Sonnabend – erschienen die Mitglieder des Großrates in ihren schwarzen Uniformen.[11] Grandi trug unterm Mantel zwei Handgranaten bei sich, Bottai eine. Wenn Mussolini sie hätte festnehmen lassen, behauptete Grandi später, hätte er die Handgranaten gezündet. Ein anderer Verschwörer, der Präsident der italienischen Akademie, Luigi Federzoni, war gegen den Einsatz von Waffen, sagte aber, »nicht wenige« Mitglieder seien gut bewaffnet zur Sitzung gekommen. Möglicherweise war auch Ciano bewaffnet. Als Anfuso ihn nach der Sitzung im Vatikan aufsuchte, sah er auf seinem Schreibtisch jedenfalls »zwei oder drei Handgranaten liegen, die nie zuvor dort gelegen hatten«.

Mussolini eröffnete die Sitzung mit einer fast zweistündigen Rede. Darauf verlas Grandi seinen Entschließungsantrag, und danach ergriff Ciano das Wort. Er erklärte unumwunden, daß Italien den Alliierten »bis an die Grenzen des Möglichen« Widerstand entgegensetzen müsse. Dann jedoch schilderte er, daß die Deutschen bestimmte Klauseln des Stahlpaktes verletzt hatten, als sie Polen angriffen, ohne sich zuvor mit ihren italienischen Verbündeten abgesprochen zu haben. Damit, sagte er, hätten sie die unbedingte Loyalität des Duce in Zweifel gezogen. Ciano vermied direkte Beschuldigungen und begegnete Mussolini mit Achtung. Er wies darauf hin, daß die Deutschen zweimal um ein Bündnis mit Italien nachgesucht hätten und Mussolini anfangs eine Festlegung vermieden habe. Als Italien dann schließlich den Vertrag unterzeichnet habe unter dem ausdrücklichen Vorbehalt, daß bis auf weiteres von einem Krieg abgesehen werde, habe für den deutschen Generalstab bereits der Zeitpunkt für den Angriff auf Polen festgestanden. »Wir wurden in keiner Weise informiert oder konsultiert«, sagte Ciano. Italiens »loyale Warnungen« im Jahre 1939 seien ins Leere gegangen. »Gegen jede Abmachung hat Deutschland vorzeitig losgeschlagen ... Auch alle Angriffe, die dem auf Polen folgten, wurden uns erst in letzter Minute mitgeteilt: von dem auf Belgien und Holland bis zum letzten auf Rußland. Kurzum, unsere Loyalität wurde nie erwidert. Jeden Verratsvorwurf, der uns von den Deutschen gemacht wurde, könnte man umgekehrt gegen sie wenden. Wir jedenfalls waren nicht die Verräter, sondern die Verratenen.«

Die Viertelstunde, die Cianos Rede dauerte, war für Mussolini eine Phase »bitterster Verzweiflung«, schrieb Federzoni. In seinen Augen leuchtete ein kaum verhohlener Zorn, und seine Kinnladen begannen zu mahlen, »kauten unausgesprochene Verwünschungen und böse Verheißungen gegen den untreuen Schwiegersohn«. Ganz besonders verletzte es ihn anscheinend, daß Ciano offenlegte, wie ihn die Deutschen übergangen und diskreditiert hatten, was bewies, wie wenig Hitler von ihm hielt.

Nachdem Ciano gesprochen hatte, brachte Farinacci eine von ihm selbst verfaßte Gegenresolution ein, in der er dazu aufrief, der Achse die Treue zu halten und dem König lediglich den Oberbefehl über die Streitkräfte, nicht aber die politische Verantwortung zu übertragen. Weitere Redner folgten. Gegen Mitternacht unterbrach Mussolini die Debatte für zwanzig Minuten.

In einem Vorraum sammelte Grandi Unterschriften für seine Resolution. Ciano war bereit, zu unterschreiben, aber Grandi sagte zu ihm: »Nein, laß es. Wir sind dir alle dankbar für deine Unterstützung und Mitarbeit ... Bring dich nicht in Teufels Küche. Niemand verübelt es dir, wenn du dich der Stimme enthältst. Hör auf mich, ich spreche als Freund.« Aber Ciano erwiderte: »Ich habe mich entschieden und die Verantwortung, die ich damit auf mich nehme, abgewogen. Euren Rat habe ich nicht vergessen, aber auch nicht, daß ich mich vor der Madonna bekreuzigt und ihr versprochen habe, meinen Kurs nicht zu ändern. Ich möchte den Antrag unterschreiben, und ich werde ihn unterschreiben. Gebt ihn her.« Während der Pause schnappte ein hartgesottener Faschist auf, daß Ciano über Mussolini sagte: »Er ist wie ein verwundeter Bär. Wenn wir uns nicht verteidigen, wird er uns in Stücke reißen.«

Als die Sitzung fortgesetzt wurde, schaltete sich Ciano erneut in die Debatte ein und sagte, es komme keineswegs dem Eingeständnis einer Niederlage gleich, wenn der Oberbefehl an den König zurückgegeben werde, dem ja die Kronen Abessiniens und Albaniens verliehen worden seien. Die Stimmung wurde immer gereizter, Nervosität machte sich breit.

Noch einmal ergriff Mussolini das Wort. Wenn es zu einem Bruch zwischen der faschistischen Partei und dem Land kommen sollte, dann sei das wahrscheinlich darauf zurückzuführen, daß einige Funktionäre zu schnell zu reich geworden seien. Bei diesen Worten, so behauptete Alfieri, sah er Ciano an. Mussolini gab zu verstehen, daß er nicht gewillt sei, »sich einen Kopf kürzer machen zu lassen«, noch stehe der König hinter ihm.

Bottai hielt die Schlußrede, mit der er auch jene gewonnen haben dürfte, die immer noch zögerten. »Zwei Tage lang habe ich nicht gegessen und nicht geschlafen, aber wenn ich jetzt Grandis Antrag meine Unterschrift verweigern würde, wäre ich in meinen Augen kein Mann mehr«, schloß er etwas pathetisch.

Bei der nun folgenden namentlichen Abstimmung war Ciano an achter Stelle. Als er sich erhob, schloß Mussolini die Augen bis auf einen winzigen Spalt. Dann wechselten er und sein Schwiegersohn einen langen durchdringenden Blick. Darauf sagte Ciano mit klarer und fester Stimme: »Ja.« Als das letzte Votum abgegeben war, stand es neunzehn zu acht, bei einer Enthaltung. »Damit haben Sie eine Krise des Regimes heraufbeschworen«, erklärte Mussolini. »Die Sitzung ist geschlossen!« Er wies Scorza an, daß der obligate faschistische Gruß zum Abschied unterbleiben sollte, und verließ um halb drei Uhr morgens, neuneinhalb Stunden nachdem die Sitzung begonnen hatte, den Saal »wie ein angeschossener Eber«.

Als Farinacci gehen wollte, trat Ciano zu ihm und sagte: »Roberto, wir stehen in zwei entgegengesetzten Lagern, aber du mußt mir glauben. Ich handele zum Besten Italiens, wie ich das auch dir unterstelle.« Farinacci entgegnete kein Wort. Anders Antonino Tringali Casanuova, der Farinacci begleitete. Er prophezeite großes Unheil für Italien und meinte, Ciano werde für seinen »Verrat« möglicherweise teuer bezahlen.

Nach der Sitzung fuhr Ciano Bottai nach Hause, während Grandi seine Resolution an den König weiterleitete mit der Bitte, eine nichtfaschistische Zivilregierung zu bilden, geführt von einem Militär, Marschall Enrico Caviglia. Zu Hause angekommen, griff Ciano zum Telefon und informierte Benini und zwei weitere Freunde über den Verlauf der Großratssitzung. Sie eilten sofort zu ihm, und als sie merkten, wie aufgewühlt er war, rieten sie ihm, sich schlafen zu legen. »Es hat keinen Zweck«, erwiderte er. »In ein paar Stunden wird mich Mussolini verhaften lassen. Aber dann entreißt ihm der König die Macht und setzt mich wieder auf freien Fuß.«[12]

Begleitet von Scorza, fuhr Mussolini durch verlassene Straßen nach Hause. Der Duce verharrte in Schweigen, bis er plötzlich ausrief: »Selbst Ciano, Albini und Bastianini!« Rachele kam ihm an der Tür der Villa Torlonia entgegen und fragte ihn, ob er sie alle habe verhaften lassen. »Nein, das werde ich morgen tun«, antwortete Mussolini dumpf. »Morgen wird es zu spät sein«, gab sie zurück.[13]

Am Morgen des 25. Juli wurde Bastianini, obwohl er gegen Mussolini gestimmt hatte, von diesem höflich empfangen. Bitter bemerkte der Duce, daß mit Ciano die Verräter sogar sein eigenes Haus betreten hätten. Bastianini zeigte ihm einen Bericht, den Ciano nach den von den Briten und Amerikanern durch den Vatikan vorgeschlagenen Bedingungen verfaßt hatte, damit Rom als offene Stadt anerkannt werde. Mussolini las ihn aufmerksam durch.

Am Nachmittag kehrte Ciano in seine Botschaft zurück, traf dort einige Freunde und las ihnen die Grandi-Resolution vor. »Heute morgen habe ich sie Maglione geschickt«, sagte er. »Im Vatikan sind sie auf dem laufenden.« Anfuso fragte ihn: »Meinst du nicht, daß Mussolini dich verhaften lassen wird?« Ciano entgegnete nur: »Es ist möglich.« Anfuso war empört: »Was also willst du hier noch? Warten, daß sie kommen und dich holen? Laß uns hier abhauen! Komm in mein Haus. Es ist weitab vom Zentrum, und sie werden dich dort nicht vermuten, weil ich ja nicht in Rom lebe.«[14] Ciano sah auf die beiden Handgranaten, die noch immer auf seinem Schreibtisch lagen, dann versuchte er zu telefonieren. Die Leitung war tot, gekappt. Da wurde er stutzig und entschied, Anfusos Rat anzunehmen. Sie fuhren gemeinsam los, aber Ciano wollte noch kurz bei Grandi vorbeischauen. Während er dort war, kam Muti und verkündete, daß Mussolini auf Befehl des Königs verhaftet worden sei. Er war um halb sechs Uhr abends, nachdem er dem König Bericht erstattet hatte, im Park der königlichen Residenz festgenommen und in eine Ausbildungskaserne der Carabinieri in der Via Legnano gebracht worden. Während der kommenden Tage sei Mussolini dort oft ruhelos auf und ab gegangen, wurde später berichtet. Jedesmal, wenn er stehenblieb, schüttelte er seinen kahlen Schädel, rollte wütend die Augen und schrie: »Dieser Vierzigjährige, dieser Vierzigjährige!«

Als Ciano an jenem Abend erfuhr, daß Badoglio Regierungschef geworden war, begann er, mit Hilfe von General Castellano Vorkehrungen für die Sicherheit seiner Frau und seiner Kinder zu treffen, die sich gerade in Livorno aufhielten. Castellano versicherte ihm, er werde seine Familie sicher nach Rom bringen. Um acht Uhr abends rief er aus Anfusos Haus Edda an und sagte zu ihr: »Hier weht ein tramontana [Nordwind, ein zwischen beiden gebräuchliches Codewort], nicht direkt für uns. Ich schicke dir morgen früh den Wagen. Ruf meine Mutter an und bring sie mit.«

Aus Angst vor einer Verhaftung Cianos servierte Anfusos Diener dem Hausherrn und seinem Gast nur ungewürzten Reis und drängte sie, zu gehen. Draußen auf der Straße jammerte Cianos Chauffeur Tiberio del Gracco:»Meine Kinder! Meine Kinder! Der Graf! Alles ist verloren!«[15] Um drei Uhr morgens beschloß Ciano, nach Hause zurückzukehren, und Anfuso fuhr mit ihm. Noch immer feierten die Menschen auf den Straßen Roms das Ende des Faschismus und rissen überall die Parteisymbole herunter.

16. KAPITEL

In den Händen der Deutschen

Nachdem ihr Ciano am Telefon gesagt hatte, daß er einen Wagen schicken werde, rief Edda ihre Schwiegermutter an und beschwor sie, mit Marzio, der gerade bei ihr war, sofort zu kommen. Nur mit Mühe vermochte sie, ihr klarzumachen, daß sie diesmal nicht wie sonst ihre riesigen Koffer sowie Zofen mitnehmen könne. Dann zog sie Fabrizio und Raimonda an sich und erzählte ihnen, was geschehen war. Fabrizio erschrak. »Was machen sie denn jetzt mit uns? Werden wir alle umgebracht?« fragte er. »Nein«, beruhigte sie ihn. »Jedenfalls nicht gleich. Im besten Falle verliert euer Vater seine Stellung und sein Vermögen, und wir ziehen uns ins Privatleben zurück. Aber weitaus wahrscheinlicher ist es, daß wir den üblichen Weg werden gehen müssen: Gefängnis, Tod oder, wenn wir Glück haben, Exil.«[1] Angesichts solcher Äußerungen verwundert es nicht besonders, daß einige von Eddas alten Freunden behaupteten, sie sei ihren Kindern keine gute Mutter gewesen. Die übrige Unterhaltung war nicht weniger bizarr: »Ist das denn wirklich wichtig?« fragte sie. »Unser Land befindet sich in tödlicher Gefahr; alles andere ist gleichgültig, solange unser Land lebt. Wir haben herrliche Jahre gehabt. Nun müssen wir für alles bezahlen, besonders für einen fatalen Fehler. Leute in unserer Position müssen nun einmal bereit sein, die Härten und die Annehmlichkeiten des Lebens in gleicher Weise anzunehmen, und dürfen sich dabei nichts anmerken lassen. Gott sei Dank sind wir keine Feiglinge.«[2] Edda redete sich ein, daß ihre Kinder verstanden, wovon sie sprach. Von sich selbst sagte sie später: »Ich machte mir nichts vor ... In diesem Augenblick wußte ich, daß das Unglück nun endlich über uns hereingebrochen war, daß wir verdammt waren: Ratten in einer Falle. Aber selbst im Tod einer

Maus kann Schönheit liegen.« Zu ihren Kindern sagte sie:»Wir
wollen Musik hören. Es ist unser letzter Abend hier, machen wir
das Beste daraus.«[3]
Der Wagen, der sie am nächsten Tag von Livorno abholen sollte, kam nicht, und die Telefonverbindung zwischen Rom und Livorno war unterbrochen; das erste Anzeichen dafür, daß sich das
Schickal der Cianos mit einem Schlag gewendet hatte. Die Verschwörer aus der Generalität und das Königshaus hatten für Ciano keine Verwendung mehr, ja, er war sogar eine Belastung. Die
Öffentlichkeit wußte nicht, daß er gegen den Krieg gewesen war,
und sah in ihm nur den Verantwortlichen für das Desaster in
Griechenland und den Mann, der sich in seinem Amt bereichert
hatte. Er war allgemein verhaßt, und bald würden Forderungen
nach seiner Verhaftung laut werden. Ciano hatte Mussolini über
Bord geworfen, ohne sich selbst eine Rettungsleine zu sichern. Er
war isoliert, und in den höheren Kreisen, auf die es ankam, hatte
er keine Freunde mehr und wurde verachtet.
Irgendwann im Laufe des Vormittags tauchte ein Carabinieri-
Hauptmann bei Edda in Livorno auf und erklärte ihr, daß sie und
die Kinder mit dem Zug fahren müßten. Als sie um zwei Uhr am
Bahnhof standen, kaufte sie sich eine Zeitung und las darin, daß
ihr Vater entmachtet sei. Vom Zug aus sah sie auf vorbeifahrenden
Lastwagen Plakate mit Aufrufen wie»Nieder mit Mussolini!«. Es
ging auf Mitternacht zu, als der Zug mit vier Stunden Verspätung
in Rom einfuhr. Drei Carabinieri brachten Edda zu ihrer Woh-
nung in Parioli.[4]
In der Bibliothek trat ihnen Ciano, in Hemdsärmeln, entgegen
und sagte zu Edda, er hätte sich nie vorgestellt, daß der Zusammenbruch des Regimes so total sein und mit solcher Begeisterung
begrüßt werden würde.»In Italien haben wir nicht die geringste
Überlebenschance«, sagte er.[5]
Am nächsten Abend kam Acquarone und teilte Ciano den
Wunsch des Königs mit, daß er Botschafter beim Vatikan bleibe.
Hinterher sagte Ciano zu Edda:»Wenn die Deutschen [auf den
Staatsstreich] reagieren, werde ich als Puffer dienen. Aber wenn
die Alliierten als erste hier eintreffen, kannst du vielleicht etwas

für mich tun.«[6] Zwei Tage später unterrichtete Ciano den König
von seinem Entschluß, den Dienst zu quittieren. Am 31. Juli trat
er als Botschafter beim Vatikan zurück.

Er stand nun unter Hausarrest. Grandi war nach Portugal geflohen, Bottai sollte bald in einem unter dem Schutz des Vatikans
stehenden Kloster Zuflucht finden und später in der französischen Fremdenlegion kämpfen. Vittorio Mussolini, der älteste
Sohn des Duce, hatte sich nach Deutschland abgesetzt. Aber Ciano konnte nirgendwo hin, und bewaffnete Carabinieri patrouil-
lierten vor seinem Haus. Er und Edda beschlossen, in Spanien
Asyl zu suchen, und er beantragte Pässe. Doch es kam kein Bescheid. Edda zufolge sprach Ciano nun von Selbstmord. Tatsächlich hatte sein Onkel Arturo nach den Ereignissen des 25. Juli
Suizid begangen. Badoglio gab Außenminister Guariglia zu verstehen, daß die Öffentlichkeit entrüstet wäre, wenn man Ciano
erlauben würde, das Land zu verlassen, da überall Gerüchte kursierten, er habe sich im Amt bereichert.

Edda wandte sich an den Vatikan mit der Bitte, ihrer Familie
Zuflucht zu gewähren, aber ihr Gesuch wurde abgelehnt. In späteren Jahren mutmaßte Fabrizio, daß es für die Zurückweisung
der Vatikans zwei mögliche Gründe gegeben habe: 1) Die Regierung Badoglio riet dem Heiligen Stuhl ab, Ciano Asyl zu gewähren, da sie beschlossen hatte, ihn zu inhaftieren, und es daher
für den Papst peinlich gewesen wäre, einem Flüchtling vor der
italienischen Justiz Unterschlupf zu gewähren. 2) Die Alliierten
rieten dem Vatikan davon ab, weil Ciano auf ihrer Liste der
Kriegsverbrecher stand. Beide Erklärungen scheinen plausibel.[7]

Viele seiner Freunde drängten Ciano, Italien zu verlassen, wie
es Grandi und andere getan hatten, aber er weigerte sich, ohne
seine Familie zu gehen. »Der Pilot im Außenministerium war Ciano treu ergeben. Er verdankte ihm seine ganze Karriere«, sagte
ein Freund. »Er hätte ihn aus dem Land gebracht, wenn Ciano
dazu bereit gewesen wäre.«

Mussolini, der inzwischen auf den Insel Ponza interniert war,
erhielt am 1. August einen Brief von Edda. Er überflog ihn kurz
und warf ihn dann unter sein Bett, anscheinend erzürnt, weil dar-

in auch von Ciano die Rede war. Er sei »eine wirklich erbärmliche Kreatur«, sagte er zu einem Mithäftling.[8] Währenddessen gaben sich die Besucher Cianos in der Via Angelo Secchi die Türklinke in die Hand. Selbst Cianos Freundinnen kamen, und auch Alfieri machte seine Aufwartung. »Er war gerührt, als er mich sah, und umarmte mich«, schrieb Alfieri. »Er war nervöser und gefühlsbetonter als sonst. Als er von Mussolini sprach, schluchzte er los: ›Er war ein großer Mann, ein wahres Genie. Er könnte noch immer so viel Gutes für Italien tun ... Warum nur hat er uns alle so behandelt?‹ Dann beruhigte er sich wieder ... ›Selbst wenn ich drei Monate lang zu Hause bleiben müßte, wäre das nicht mein Tod‹, sagte er. ›Später sehen wir dann weiter ...‹«[9] Auch Anfuso, ein weniger mitfühlender Beobachter, war unter Cianos Besuchern. »Wenn ihn auch die Faschisten der Verschwörung wegen fallen lassen mußten, so blieben ihm doch die Gräfinnen treu«, schrieb er hämisch.[10]

Am 4. August gab die Badoglio-Regierung bekannt, daß sie eine Kommission einsetzen werde, welche die illegal erworbenen Reichtümer hoher faschistischer Funktionäre unter die Lupe nehmen solle. Das war eine bittere Ironie, da Badoglio selbst zu denen gehörte, die vom Mussolini-Regime am meisten profitiert hatten. Ciano besaß Dokumente, die bewiesen, daß Badoglio in Abessinien und Griechenland einige zwielichtige Dinge gedreht und den Mord am König von Jugoslawien und dem französischen Außenminister Barthou im Jahre 1934 gutgeheißen hatte.

In seiner Suche nach einem Ausweg wurde Ciano immer verzweifelter. Er hatte bereits mit Edda die Möglichkeit erörtert, die Deutschen um Hilfe zu bitten, und schon Ende Juli Anfuso aufgetragen: »Geh zu Mackensen und sag ihm, daß ich unter diesen Bedingungen nicht weiter leben und abwarten kann. Badoglio wird mich nicht gehen lassen, und hier wird alles nur noch schlimmer.« Anfuso warnte ihn davor, daß ihn die Deutschen ins Gefängnis stecken oder nach Dachau schicken würden. »Ich sprach von Dachau, weil es mir der schrecklichste Ort schien«, schrieb er später. »Ich fügte hinzu, daß es Wahnsinn sei, in Deutschland zu landen, nachdem er im Großrat gegen Mussolini gestimmt hatte.«[11] Aber Ciano ignorierte diese Warnung und eine noch deutlichere des Protokollchefs im Auswärtigen Amt, Freiherr von Dörnberg, der einen von Cianos Freunden bat: »Sagen Sie Galeazzo, daß er sich hüten soll, den Deutschen in die Hände zu fallen; wenn sie ihn kriegen, werden sie ihn töten.«[12] Admiral Candido Bigliardi, der die Cianos aus China kannte, und ein Oberst Casero erboten sich, Ciano nach Spanien zu schleusen, sagten ihm aber klipp und klar, daß er seine Familie nicht mitnehmen könne. »Aus diesem Grund lehnte Galeazzo ab. Es war ein Akt edler Einfalt«, berichtete Bigliardi später. Edda und die Kinder wären in Italien sicher gewesen oder hätten in Deutschland Zuflucht gefunden. Edda machte den Irrsinn komplett, indem sie Ciano überredete, die Deutschen um Hilfe zu bitten. Bigliardi wies sie darauf hin, daß die Deutschen ihren Mann nicht ausstehen könnten. Edda erwiderte: »Das weiß ich, aber sie sind die einzigen, die uns ein Flugzeug zur Verfügung stellen können, um uns nach Spanien zu fliegen. Sie ahnen ja nicht, was ich mir einfallen lassen muß, damit Galeazzo nicht verzagt. Es wird langsam unmöglich! Lieber gehe ich das Risiko mit den Deutschen ein, und vielleicht hilft ja auch mein Name ein wenig.«[13]

Kurz darauf übergab ein elegant gekleideter Mann, vermutlich Bigliardi, dem SS-Dolmetscher Dollmann ein kurzes Schreiben Eddas, in dem sie um ein Treffen bat. Es wurde der 11. August vereinbart. Am Abend der Begegnung verließ sie das Haus, als wolle sie einen Spaziergang machen. Dollmanns Wagen stand um die Ecke. Er ließ ihn sofort an, und sie stieg ein. Dollmann fuhr zum Haus von Freunden.

»Sie [Edda] war bewunderungswürdig«, so Dollman in *Dolmetscher der Diktatoren*. »Das war nicht die amüsante und exzentrische Gräfin, wie man sie aus besseren Tagen kannte. Das war auch nicht die Tochter ihres Vaters, des Duce, dessen zu jener Stunde noch ungewisses Schicksal sie nur kurz streifte. Sie war jetzt ganz Gattin und Mutter. Die Rettung von Mann und Kindern stand absolut im Vordergrund. Mochte Galeazzo noch so leichtlebig gewesen sein, mochte er sie mit ungezählten Seitensprüngen und Amouren noch so bitter gekränkt haben. Er war ihr Mann.«[14]

Dollmann erklärte sich bereit, seinen Einfluß bei Feldmarschall von Kesselring geltend zu machen, um einen Flug aus Rom
zu organisieren. Später schrieb er, er habe Edda mehrfach darauf
hingewiesen, daß »ihr Fluchtziel jedoch Deutschland heißen«
werde, und Edda habe ihm erklärt, daß Ciano damit einverstanden wäre, sollte ihre erste Wahl, Spanien, als Asylland nicht in
Frage kommen. Diese Darstellung stimmt nicht mit Eddas Behauptung überein, daß sie und ihr Mann fest damit gerechnet hätten, nach Spanien geflogen zu werden, und überrascht gewesen
seien, als sie feststellen mußten, daß die Reise nach München
ging. Tage später tauchte ein SS-Mann in Zivil bei Edda auf. »Er
überreichte ihr zu einem schnell konstruierten Familienfest einen
riesigen Strauß Blumen und nahm dafür unauffällig Schmuck und
andere kleine, aber wichtige Dinge in Empfang, die die Cianos
mitnehmen wollten.«[15]

Eine der vielen Besucherinnen in der Via Angelo Secchi war
Susanna Agnelli. Sie bemerkte, daß Edda ihre Freunde in einem
Zimmer empfing und Ciano die seinen in einem anderen. »Es war
peinlich und schwierig«, schrieb sie. Ciano, der ihr ziemlich nervös vorkam, erklärte kichernd, daß viele seiner alten Freunde sich
weder blicken noch von sich hören ließen, seit er in Ungnade gefallen sei.

»›Hör mal, Suni, du sagst doch die Wahrheit‹, forderte er mich
heraus, ›glaubst du, daß sie mich umbringen?‹

Ich lächelte, damit sich meine Worte weniger schrecklich an-
hörten. ›Ich glaube schon, Galeazzo.‹

›Und wer, glaubst du, wird mich umbringen lassen, die Deutschen oder die Alliierten?‹

›Ich fürchte, die einen wie die anderen‹, antwortete ich ihm
aufrichtig und bereute es noch im selben Augenblick, als ich sah,
wie blaß er wurde.

›Merk dir eines, Suni‹, sagte er, ›wenn sie mich umbringen,
dann bringen sie auch dich um.‹

›Das kann gut sein.‹ Galeazzo hatte sehr wenig Sinn für Rea-
lität und keinerlei Menschenkenntnis. Ich hätte ihm so gerne geholfen. Unzählige Male hatte er Leuten geholfen, für die ich mich

einsetzte, als ein Wort von ihm einen Menschen vor dem Tod bewahren konnte. Aber er war nach wie vor von Leuten umgeben, die ihm schmeichelten. Sie versicherten ihm, er werde von allen geliebt und sein Leben sei nicht gefährdet.«[16] Am 22. August wurde die Lage der Cianos noch brenzliger. Der *Corriere della sera* brachte einen Artikel über die Reichtümer von Vater und Sohn. Solche Vorwürfe konnten einer Verhaftung Cianos den Boden bereiten. Er schrieb Badoglio eine Protestnote, in der er sein Erbe detailliert darlegte und behauptete, die vermeintlichen Billionen seines Vaters beliefen sich tatsächlich auf etwa achthundert Millionen Lire, abgesehen von der in Familienbesitz befindlichen Zeitung *Il Telegrafo*. Badoglio reagierte nicht darauf.

Ciano hat in dem Brief gelogen. Zum einen fehlten in seiner Vermögensaufstellung die fünfundneunzig Wohnungen, die er in Rom besaß, sowie sein Haus in Ponte Moriano. Zum andern belegen Dokumente, die in den amerikanischen National Archives erst Ende 1996 ans Licht kamen, daß er Millionen von Pesos in Argentinien versteckt und zusammen mit Mussolini Gelder auf Schweizer Geheimkonten deponiert hatte.

Bereits in seiner Zeit als Außenminister legte die Geheimpolizei eine umfangreiche Akte mit Aussagen über die Bereicherung der Cianos an. Aus einem Hinweis, den die Polizei von einem Informanten in Pistoia erhielt, ging hervor, daß das Oberhaupt einer gewissen Familie achtzehn Grundstücke in der Provinz Lucca auf zweifelhaftem Wege erworben habe. Dem Bericht zufolge handelte es sich um den Außenminister. Die Polizei vermerkte auch Gerüchte, daß er Anteile an verschiedenen Eisenbahngesellschaften, der Firma Bombrini-Parodi und am Süßwaren-Konzern Motta halte und sich außerhalb Roms, in Sorrent, Amalfi und der Toskana, Grundbesitz angeeignet habe. Andere Berichte behaupteten, er sei an einer Gesellschaft beteiligt, die Carrara-Marmor abbaue.

Dem Geheimarchiv des Vatikans waren im Februar 1942 Informationen zugegangen, wonach Ciano mit anderen Italienern eine Scheinfirma gegründet hatte, um vom Staat das gesamte Kasernengelände in Castro Pretorio zu bekommen. Es hieß, der Staat verkaufe das Land für ganze sechs Lire pro Quadratmeter, während sich der Marktwert auf 1 500 Lire belief.[17] Mario Mondello, ehemaliger italienischer Botschafter beim Heiligen Stuhl und langjähriger Mitarbeiter Cianos, begegnet Behauptungen, Ciano habe sich im Amt bereichert, mit Skepsis. Im Gegenteil, er habe sein Gehalt als Außenminister karitativen Zwecken zugeführt und die hierfür bestimmten Gelder seien von Beamten des Ministeriums verwaltet worden.[18] Aber wovon hat er dann gelebt?

Cianos Bangigkeit verwandelte sich in höchste Besorgnis, als in der Nacht vom 23. auf den 24. August Ettore Muti, der ihn beschworen hatte, Rom zu verlassen, in seinem Haus im römischen Vorort Fregene ermordet wurde. Nach offizieller Darstellung wurde er erschossen, als er sich seiner Festnahme zu entziehen versuchte. Ciano hatte allen Grund, alarmiert zu sein. Nachdem der *Corriere*-Artikel erschienen war, befahl Badoglio dem wieder in sein Amt eingesetzten Polizeichef Carmine Senise, Ciano und andere hochrangige Funktionäre der faschistischen Partei festzunehmen. Ciano sollte nach Ponza gebracht werden, wo auch Mussolini inhaftiert war. Edda zufolge kam Susanna Agnellis Jugendfreund Raimondo Lanza am Tag vor ihrer Flucht bei ihnen vorbei und unterrichtete sie über Badoglios Pläne.

Aber Senise war Ciano wohlgesinnt. »Die Öffentlichkeit forderte seine Verhaftung«, schrieb er in seinen Memoiren. »Ich war damals nicht dafür. Wir hatten nicht die Möglichkeit, den Umfang seines Vermögens zu ermitteln. Eine Verhaftung erschien mir verfrüht, ehe die Untersuchung nicht abgeschlossen war.« Senise fragte bei Badoglio nach, ob Ciano sofort festgenommen werden sollte und ob es nicht besser sei, wenn der Marineminister seinen Transport nach Ponza organisiere. Das müsse der Polizeichef selbst entscheiden, antwortete Badoglio. Eine Stunde später erfuhr Senise, daß Ciano mit Familie am Morgen das Land verlassen hatte.[19]

Die deutschen Beamten in Rom, die sich mit Edda getroffen hatten, mußten natürlich Hitlers Zustimmung zu dem Fluchtplan einholen. Laut SS-Sturmbannführer Wilhelm Höttl, dem SD-Chef für Italien und Südeuropa, empfand Hitler große Zuneigung für Edda. Er schätze sich glücklich, habe Hitler gesagt, »das Blut des Duce« retten zu können.[20] Seine Entscheidung bezog sich zunächst ausschließlich auf Edda und die Kinder. Widerwillig meinte er dann, Ciano könne mitkommen, wenn er wolle, und vor allem, wenn seine Frau Wert darauf lege. Offensichtlich ließ sich Hitler von Gerüchten leiten, die von einer tiefen Entfremdung der Ehepartner sprachen. »Er dachte«, so Höttl, »Edda freue sich über eine Gelegenheit, ihren Mann loszuwerden.«[21]

Die Flucht war für den 27. August angesetzt. An diesem Morgen weckte Edda ihre Kinder sehr früh und befahl ihnen, zwei Kleider übereinander anzuziehen. Als sie das Haus verließen, schärfte sie ihnen ein, sich ganz normal zu benehmen, »so zu tun, als würden wir einen Spaziergang machen«. Ihr Hausmädchen hatte einen der Wachtposten mit dem Versprechen auf ein Schäferstündchen in den Park gelockt. Edda und die Kinder schlenderten zur nahen Piazza Santiago del Chile, wo eine schwarze amerikanische Limousine, in der zwei Deutsche saßen, anhielt und sie aufnahm. Der Wagen raste davon. Kurz nachdem sie das Haus verlassen hatten, trat Ciano, das Gesicht hinter einer großen grünen Sonnenbrille verborgen, vor die Tür und stieg, ehe die Carabinieri reagieren konnten, in ein langsam heranfahrendes Auto, dessen Beifahrertür geöffnet war.

Offensichtlich waren Cianos Personal und die diensthabenden Polizisten von den Deutschen bestochen worden, denn sie tischten dem Polizeichef eine andere Version des Hergangs auf, wonach die Familie über eine Gartenmauer aufs Nachbargrundstück geklettert sei.

Die beiden Fluchtautos fuhren in den Hof des Deutschen Hauses, wo ein Lieferwagen der Wehrmacht wartete, der die Familie zum Flughafen Ciampino brachte. Dort stand eine Ju 52 mit laufenden Motoren startbereit auf dem Rollfeld. Unter den Passagieren, die die Cianos an Bord empfingen, befand sich auch SS-Hauptsturmführer Otto Skorzeny, der Mann, der später Mussolini aus dem Berghotel auf dem Gran Sasso befreien und nach

Deutschland bringen sollte. Der Pilot war SS-Hauptsturmführer
Erich Priebke, der nach dem Krieg in Südamerika Zuflucht fand
und 1996 nach Italien ausgeliefert wurde, wo er für seine Beteiligung an dem Massaker in den Ardeatinischen Höhlen im Juli
1997 zu fünf Jahren Haft verurteilt wurde.

An Bord des Flugzeugs steckten sich Edda und Galeazzo Ciano
als erstes wieder ihre Parteiabzeichen an. Höttl berichtete:
»Gleich nach dem Abflug, kaum daß das Flugzeug sich vom Boden erhoben hatte, begann Ciano aus allen Taschen goldene Taba-
tièren, Armbänder, Ringe herauszuziehen und machte eine erste
Inventur. Auch seine kleine Tochter hatte ein Umhängetäschchen
mit, das mit Pretiosen vollgestopft war.«[22]

In ihren Erinnerungen behauptete Edda, man habe ihnen gesagt, das Flugzeug werde in München landen, damit sie dort ein
Mittagessen einnehmen könnten, und dann vermutlich über Berlin, wo sie gefälschte Pässe an Bord nehmen würden, nach Spanien fliegen. Die Cianos hatten ihre Wohnung in Sommerklei-
dern verlassen, und als sie nun in der in 5 000 m Höhe fliegenden
Transportmaschine kauerten, froren sie entsetzlich. Edda und die
Kinder tranken Brandy, den Skorzeny besorgt hatte, aber der Ab-
stinenzler Ciano rührte keinen Tropfen an.

General Hellstein, der SS- und Polizeiführer in Bayern, und
SS-Obergruppenführer Karl Wolff holten die Cianos vom Flug-
zeug ab, das um 4 Uhr nachmittags in München landete. Hellstein
stellte ihnen umgehend Bezugsscheine für Lebensmittel und Klei-
dung in Aussicht. Ciano wandte sich an Edda und rief aus: »Mein
Gott, ich glaube, die haben vor, uns eine Weile hierzubehalten.«
Nach Höttls Darstellung stieg Ciano sichtlich erleichtert aus dem
Flugzeug und wurde zusammen mit seiner Familie nach Oberall-
mannshausen am Starnberger See gebracht. Dort hatte Hitler den
Cianos eine prächtige Villa zur Verfügung gestellt, in die sie nun
unter strengster Geheimhaltung einzogen. Da sie nur wenige
Kleidungsstücke bei sich hatten, sorgte Höttl dafür, daß sie ihre
Garderobe in einem Münchener Kaufhaus ergänzen konnten.

Zwei Tage nach ihrer Ankunft in Deutschland erhielt Edda
Blumen von Ribbentrop und ein Schreiben von Gestapo-Chef

Kaltenbrunner, in dem er um eine Unterredung bat. In diesem Gespräch wurde Ciano geflissentlich ignoriert. Kaltenbrunner arrangierte ein Treffen zwischen Edda und Hitler für den 31. August im Führerhauptquartier. Am Tag zuvor wurden Paßbilder von den Cianos gemacht, wobei Galeazzo einen falschen Schnurrbart und eine Brille trug. In seinem Paß wurde er als Argentinier italienischer Abstammung ausgewiesen, Edda war nun eine in Shanghai geborene Engländerin mit Namen Margaret Smith. Auch die Kinder erhielten gefälschte Pässe.[23]

Winston Churchill konnte zu diesem Zeitpunkt noch nichts von der Flucht der Cianos nach Deutschland wissen. Aber in einer Rundfunkrede am 31. August ergötzte er sich am Sturz Mussolinis und Cianos. »Seht, wie jene, die vom rechten Weg abkommen, getäuscht und bestraft werden«, sagte er. »Schaut euch diesen Halunken Mussolini und seinen Schwiegersohn und Komplizen Ciano an, auf die wahrhaftig der Fluch Garibaldis gefallen ist.«[24]

Während der ersten Wochen ihres Aufenthalts in Deutschland führte Höttl mehrere Gespräche mit dem Ehepaar. Anfangs, so der SS-Mann, versuchte Ciano, seine Beteiligung an Mussolinis Sturz zu verschleiern. »Gräfin Edda dachte nicht einen Augenblick daran, die Wahrheit zu verschleiern. Ein solches Ausweichen verbot ihr die Unbedingtheit ihres Charakters, der weder in der Liebe noch im Haß eine Halbheit zuläßt. Ihrer logisch geschlossenen Beweisführung, warum die Politik ihres Vaters falsch gewesen sei, schloß sich auch Ciano selbst mehr und mehr an, zumal er erkannte, daß sein deutscher Gesprächspartner Verständnis für manche seiner Handlungen zeigte.«[25]

Während der Gespräche mit Höttl brachte Ciano auch die Rede auf sein Tagebuch und bot schließlich an, es den Deutschen zu übergeben, wenn sie ihn nach Spanien oder Südamerika ausreisen ließen. Ribbentrop, so sagte er, werde durch das Tagebuch derart kompromittiert werden, daß er sich nicht länger als Reichsaußenminister halten könne. Höttl wurde neugierig und beschloß, seine Sekretärin als Dolmetscherin hinzuzuziehen. Sie hieß Hildegard Burkhardt, war in Weimar geboren und heiratete im September 1943 den Luftwaffenmajor Gerhard Beetz, der damals an der Ostfront stand. Sie sprach perfekt Italienisch, war klein, hatte braunes Haar, ein intelligentes Gesicht und ein sonniges Gemüt; aus diesem Grund hatte sie von Kaltenbrunner den Spitznamen Felicitas erhalten.

Als sie Ciano kennenlernte, war Hildegard Beetz zweiundzwanzig und, wie sie später zugab, eine »glühende Nationalsozialistin«. »Mein erster Eindruck von ihm war eigentlich negativ. Er schien mir ein eitler, frivoler, völlig von sich überzeugter Mann zu sein«, sagte sie, »auch wenn er sehr attraktiv und sympathisch war. Er hatte einen durchdringenden Blick. Mit der Zeit allerdings mußte ich mein Urteil revidieren. Ich erkannte nämlich, daß er im Grunde ein ehrlicher Kerl war, ein guter Familienvater, sehr liebevoll zu seinen Kindern.«[26] Mit Edda sei es ihr nicht anders ergangen, auch sie lernte sie nach und nach schätzen.

Ciano unterbreitete Höttl noch ein anderes Angebot, um seine Freiheit zu erlangen. Er könne nach Südamerika gehen, um dort von den Nazis hergestelltes britisches Falschgeld unter die Leute zu bringen, wodurch die britische Wirtschaft erheblich geschädigt werde. Höttl war abermals sehr interessiert, und während Hildegard Beetz die Gespräche mit Ciano fortsetzte, flog er nach Berlin, um sich mit Kaltenbrunner zu treffen, der ein geschworener Feind Ribbentrops war. Kaltenbrunner zeigte sich von beiden Vorschlägen Cianos ebenso begeistert wie Himmler, der Ribbentrop gleichfalls kritisch gegenüberstand.

In dieser Situation beging Edda einen schweren Fehler. Entgegen Höttls Rat bestand sie darauf, Hitler persönlich um Erlaubnis und Unterstützung zu bitten. Auch ein Sturm konnte sie nicht davon abhalten, zu dem Treffen in Rastenburg zu fliegen, das Kaltenbrunner arrangiert hatte. Hitler empfing sie an der Schwelle seiner Baracke, hielt lange ihre Hände und hatte, wie Edda später erzählte, Tränen in den Augen, als er sie in den Salon führte, wo der Tee serviert wurde.

»Warum hat Ihr Vater denn nur den Großen Faschistischen Rat zusammengerufen? Welch schrecklichen Fehler hat er da gemacht?« waren seine ersten Worte.

»Und was wird nun mit ihm geschehen?« fragte Edda.

»Keine Angst. Er wird befreit werden. Wir wissen noch nicht, wo er gefangengehalten wird, aber wir werden es bald herauskriegen. Und dann, darauf können Sie sich verlassen, werde ich alles in meiner Macht Stehende tun, um ihn zu befreien. Seien Sie versichert, ich werde ihn gesund und munter zu Ihnen bringen.«[27]

Edda lenkte das Gespräch auf ihre prekäre Lage und verlangte, daß sie und ihr Mann nach Spanien ausfliegen dürften. Hitler ließ daraufhin eine Tirade vom Stapel. Er habe nicht die Absicht, sie gegen ihren Willen zu halten. Sie sei sich aber hoffentlich der Gefahr bewußt, die ihr vor allem in Spanien drohe, wo sie leicht von den Engländern entführt werden könnte.

Im weiteren Verlauf der Unterredung benahm sich Edda äußerst ungeschickt und taktlos. Nachdem ihr Hitler erklärt hatte, daß die Achse den Krieg gewinnen werde, genauso wie Friedrich II. den Siebenjährigen Krieg gegen eine zahlenmäßig überlegene Koalition gewonnen habe, erwiderte Edda: »Ja, das stimmt, aber zur Zeit Friedrichs II. gab es weder Mosquitos [britische Kriegsflugzeuge] noch Amerikaner ... Glauben Sie mir, der Krieg ist bereits verloren, und das einzige, was man tun kann, ist, einen Separatfrieden mit den Russen zu schließen.« Hitler sei aufgesprungen: »Alles, nur das nicht! Ich werde niemals mit den Russen verhandeln, gnädige Frau. Sie können nicht Wasser mit Feuer vermählen. Ein Frieden mit ihnen ist unmöglich!«[28] Edda, die sich auf ihre Offenheit viel zugute hielt, nahm diesen Ausbruch nicht weiter ernst, da sie sich der Sympathie Hitlers sicher glaubte. Doch ihr Bruder Vittorio, der bei dem Treffen zugegen war, meinte später, seine Schwester habe damit ihre Chancen, mit Galeazzo und den Kindern nach Spanien ausreisen zu können, nicht gerade erhöht. »Du bist wirklich keine große Diplomatin«, sagte er zu ihr. Goebbels erkannte noch einen weiteren schlimmen Fauxpas, als Edda Hitler bat, die sechs Millionen Lire, die sie aus Italien mitgebracht hatten, in Peseten umtauschen zu dürfen, und ihm großzügig den dabei zu erwartenden Gewinn anbot. »Taktlosigkeiten«, empörte sich Goebbels, »die dem Führer schwer in die Nase gestiegen sind.«[29]

Edda verbrachte die Nacht im Salonwagen Hitlers, wo er ihr

am nächsten Morgen zu ihrem dreiunddreißigsten Geburtstag
gratulierte und einen Strauß Orchideen überreichte. Edda sah
sich bestätigt und meinte, sie und ihr Mann hätten nichts zu befürchten.

Dennoch gestaltete sich das Leben in Oberallmannshausen immer schwieriger, wie sie in ihren Erinnerungen schrieb. »Schlechtes Essen, unangenehmes Personal, nur bedingte Freiheit, da die
SS immer um uns war. Galeazzo wurde nach dem 5. September
zunehmend nervöser, und ich kurz darauf. Aber ich konnte immer
noch nicht glauben, daß uns die Deutschen getäuscht hatten.«[30]
Ein SS-Sturmbannführer namens Otto habe sie besonders brutal
behandelt, und als ihnen klar wurde, daß sie im Grunde Gefangene waren, tauchte der Gedanke an Selbstmord auf.

Am 8. September verkündete die Badoglio-Regierung die be-
dingungslose Kapitulation Italiens; der König und die Generäle
flohen nach Süditalien unter den Schutz der alliierten Armeen. An
diesem Tag trat ein SS-Offizier die Tür von Cianos Zimmer mit
dem Fuß auf und schrie, das Gesicht rot vor Zorn: »Verräter, Verräter!«[31]

Als Hildegard Beetz den Grafen im September, einen Monat nach
ihrer ersten Begegnung, wiedersah, schien er ihr völlig verändert.
»Er hatte sein Selbstvertrauen verloren. Er war niedergeschlagen,
gebrochen«, sagte sie. »Instinktiv empfand ich für ihn Solidarität.
Aus der anfänglichen Antipathie war Sympathie geworden ... Er
gewann Vertrauen zu mir, schüttete mir sein Herz aus. Unsere Beziehung wurde immer enger, vertrauensvoller.«[32]

Am 13. September erfuhren die Cianos aus dem Radio, daß
Mussolini am Tag zuvor aus dem Berghotel Campo Imperatore
unterhalb des Gran Sasso-Gipfels in den Abruzzen befreit und
nach Deutschland gebracht worden sei. Bei seinem ersten Treffen
mit dem Duce nach dessen Befreiung wies Hitler auf die Notwendigkeit hin, die Verräter im Großrat zum Tode zu verurteilen. »In
meinen Augen ist Ciano ein vierfacher Verräter: ein Verräter an
seinem Land, ein Verräter am Faschismus, ein Verräter am Bündnis mit Deutschland, ein Verräter an seiner Familie. Wenn ich an

Ihrer Stelle wäre, hätte mich wohl nichts davon abgehalten, mit
meinen eigenen Händen Gerechtigkeit zu üben. Aber ich rate
Ihnen: das Todesurteil sollte lieber in Italien vollstreckt werden.«[33]

Mussolini war blaß geworden. »Aber Sie sprechen vom Mann
der Tochter, die ich über alles liebe, vom Vater meiner Enkel«,
wandte er ein. Das sei um so mehr ein Grund, Ciano zu bestrafen,
wies Hitler ihn zurecht.[34] Selbst Eva Braun, die den Grafen einmal verehrt hatte, äußerte gegenüber Otto Skorzeny, der die Be-
freiungsaktion geleitet hatte, daß Ciano den Tod verdiene.

Mussolini war am 13. September, aus Wien kommend, in
München eingetroffen, und noch am gleichen Tag gab es ein Wiedersehen mit Edda. Auf ihre Bitte wurde auch Galeazzo empfangen. »Die Begrüßung war herzlich, und sie umarmten sich bewegt«, schrieb Edda. »Dann zogen sie sich gemeinsam für eine
Weile zurück. Als Galeazzo das Zimmer meines Vater verließ,
wirkte er ganz heiter. Er erzählte mir, daß er meinem Vater seine
Rolle glaubhaft erläutert und ihn dann gebeten habe, nach Italien
zurückkehren und auf irgendeinem Gebiet, egal welchem, arbeiten zu dürfen, am liebsten bei der Luftwaffe. Nach den Worten
meines Mannes hatte Papa dem zugestimmt.«[35]

»Für Mussolini war sein Schwiegersohn auch jetzt noch der
Junge, den er in die Politik gehievt hatte: gut, wenn auch ein
Leichtgewicht«, urteilte Filippo Anfuso. Selbst dann noch, als er
von Cianos Verrat überzeugt war, habe er seinen Schwiegersohn
nie angeklagt und immer nur gesagt, Ciano habe sich mit skrupel-
losen Leuten umgeben.[36]

Goebbels schrieb am 23. September in sein Tagebuch, die Cianos übten einen »unheilvollen Einfluß« auf Mussolini aus. »Es ist
Edda Mussolini gelungen, den Duce in seiner Meinung über Ciano vollkommen umzuwerfen«, eiferte er sich. »Ciano ist vom
Duce wieder in Gnaden aufgenommen worden. Damit sitzt der
Giftpilz wieder mitten in der neu beginnenden faschistisch-repu-
blikanischen Partei. Es liegt auf der Hand, daß der Duce keine
Strafverfolgung gegen die Verräter am Faschismus einleiten kann,
wenn er nicht bereit ist, seinen eigenen Schwiegersohn zur Re-

chenschaft zu ziehen ... Wenn der Duce nach all seinen schlimmen Erfahrungen sich wieder in die Hände seiner Tochter Edda gibt, die wirklich ein ordinäres und verworfenes Frauenzimmer ist, ist ihm politisch nicht mehr zu helfen.«[37] Cianos Versuche, sich in Mussolinis Augen zu rehabilitieren, trafen nicht nur von seiten der Deutschen auf Widerstand, sondern auch von seiten seiner Schwiegermutter:»Wenn er mir nahe kommt, spucke ich ihm ins Gesicht!« versprach Rachele Mussolini, die bei dem ersten Treffen der beiden Männer zugegen war. Ein paar Tage später hatte sie mit Ciano eine Begegnung unter vier Augen und machte ihm bittere Vorwürfe.»Wenn dir der Posten nicht gefallen hat, den dir der Duce angewiesen hat, hättest du zurücktreten können«, sagte sie. Ciano beteuerte, stets im guten Glauben gehandelt zu haben, doch Rachele schnitt ihm das Wort ab.»Der Duce ist kein Möbelstück, das man in die Abstellkammer stellen kann, wenn es einem nicht mehr paßt«, sagte sie. »Du hast einen großen Fehler begangen und wirst vielleicht eines Tages dafür bezahlen müssen.« Ciano räumte ein, vielleicht einen Fehler begangen zu haben, als er die Grandi-Resolution unterstützte, fügte aber hinzu, er und die anderen hätten damit nicht gegen Mussolini Stellung bezogen:»Mussolini ist über alles erhaben«, sagte er.[38]

Jahre später äußerte sich Romano Mussolini zu dieser Auseinandersetzung:»Meine Mutter war eine Frau aus dem Volk, eine Bäuerin. Galeazzo war anders, hatte eine aristokratische Haltung und großen Ehrgeiz. Ich glaube, er liebte meine Mutter. Sie stritten sich über viele Dinge, aber er kam oft zu uns zum Essen. Am 25. Juli hatte Galeazzo einen Fehler begangen. Er hätte sich der Stimme enthalten können. Meine Mutter war sehr hart. Wenn sie einmal über jemanden den Stab gebrochen hatte, war sie schwer von ihrer Meinung abzubringen. Sie nahm an der Politik viel mehr Anteil als irgend jemand sonst von uns.«[39]

Am 19. September aßen die Cianos bei den Mussolinis in deren Residenz in Hirschberg bei Weilheim, das man ihnen als Aufenthaltsort zugewiesen hatte, zu Abend. Während des Essens ging Romano in ein anderes Zimmer und improvisierte auf dem Klavier: Jazz. Als man ihn darauf hinwies, daß amerikanische Musik hier nicht sehr geschätzt sei, ging er zu Wiener Walzern über. Rachele sagte hinterher, das Familienessen habe den Argwohn der Deutschen verstärkt, die »nicht aufhörten, uns auszuspionieren«.[40]

Ende September äußerte Ciano gegenüber Edda den Wunsch, sie möge nach Italien fahren, um sein Tagebuch und andere Dokumente zu holen, die er dort an einem sicheren Ort versteckt hatte. Die Deutschen waren zunächst nicht bereit, sie gehen zu lassen. Doch als sie mit Hungerstreik drohte und Mussolini sich einschaltete, erhielt sie einen Ausweis, der auf den Namen Emilia Santos ausgestellt war. Am 27. September nahm sie den Zug nach Rom. Wenige Tage später fuhr Kaltenbrunner nach Oberallmannshausen und hieß die Kinder ihre Taschen packen, weil sie umziehen würden. Sie wurden ins Schloß von Waldbichel gebracht, wo sie Rachele Mussolini und ihre Söhne antrafen. Der Duce war inzwischen nach Italien zurückgekehrt, um in Salò seine Marionettenrepublik zu errichten.

In Italien wurde Edda von einem für sie bereitstehenden Wagen zum Haus von Cianos Onkel Gino in Ponte a Moriano gebracht. Dort traf sie sich mit ihrer Schwiegermutter, von der sie erfuhr, daß die Dokumente, die Ciano dem Onkel anvertraut hatte, vorübergehend verschwunden gewesen, dann aber wieder aufgetaucht waren. Die Notizen über Cianos Gespräche mit Ribbentrop sowie einen Aktenordner mit der Aufschrift »Germania«, in dem es um die deutsch-italienischen Beziehungen ging, hatte Gino Carolinas Angaben zufolge in Rom versteckt. Also fuhr Edda nach Rom, wo ihr Gino die gesuchten Papiere aushändigte. Am 10. Oktober begab sie sich in eine Klinik bei Ramiola, in der Nähe von Parma. Sie trug sich unter dem Namen Emilia Santos ein, aber ihre wahre Identität sickerte durch, als Leute kamen, die nach ihr fragten, unter ihnen Emilio Pucci, den sie zuvor in Florenz besucht hatte, wo er sich von einer Gelbsucht erholte.

Am 17. Oktober tauchte plötzlich Höttl in Oberallmannshausen auf und teilte Ciano mit, daß die Deutschen beschlossen hätten, ihn nach Italien zu überstellen und der dortigen Polizei zu übergeben.»Heißt das also, daß man mich ins Gefängnis stecken wird?« fragte Ciano. Höttl nickte, worauf Ciano ausfällig wurde und Höttl beschuldigte, die Abmachung verletzt zu haben, die sie im August in Rom getroffen hatten und die besagte, daß er und seine Familie nach Spanien ausgeflogen würden. Tatsächlich war Höttl machtlos. Alessandro Pavolini, der Sekretär der neuen republikanisch-faschistischen Partei, hatte Hitler um Cianos Auslieferung gebeten, und dieser war einverstanden. Nach Darstellung von Hildegard Beetz war Höttl wütend, weil er sich an sein Ehrenwort, das er Ciano gegeben hatte, gebunden fühlte. Er hatte sich daher ins Reichssicherheitshauptamt nach Berlin begeben, um Protest einzulegen. Es war zu einer erbitterten Diskussion mit Kaltenbrunner gekommen, der ihm barsch erklärte, Ciano werde auf persönlichen Befehl Hitlers zurückgeschickt.

Pavolini sollte der Judas in der Ciano-Tragödie werden, schließlich verdankte er seine ganze Karriere dem Mann, dem er nun ein Todesurteil an den Hals wünschte. Während des Abessinienkrieges hatte er Ciano als persönlicher Publizist begleitet. Er war auch Soldat geworden, wurde aber lächerlich gemacht und dubioser Geschäfte angeklagt. Ciano hatte ihn verteidigt und die Kastration der Ankläger gefordert. Später, als Mussolini an Pavolinis politischer Loyalität zweifelte, hatte sich Ciano erneut vor ihn gestellt und ihm beruflich weitergeholfen. Er hatte dafür gesorgt, daß Pavolini mit sechsunddreißig Minister für Volkskultur wurde, und oberflächlich sah es so aus, als seien die beiden Männer Freunde. Aber offensichtlich hegte Pavolini einen heimlichen Groll gegen Ciano, weil dieser durch Heirat und nicht durch eigenes Verdienst zu Amt und Würden gekommen war. Oder aber, wie Edda vermutete, er war sich darüber im klaren, daß das faschistische Abenteuer schlimm enden werde, und daher entschlossen, alle jene zu töten, die nicht denselben Weg eingeschlagen hatten wie er.

Nach Mussolinis Festnahme gehörte Pavolini, der damals die römische Zeitung *Il Messaggero* herausgab, zu den ersten, die Rom den Rücken kehrten, aus Angst, von Badoglio eingesperrt zu werden. In der wiedererrichteten faschistischen Republik stellte er

Schwarze Brigaden zur Bekämpfung der Partisanen auf und trieb
die Gewalttätigkeit dabei so weit, daß selbst Obergruppenführer
Wolff ihn »terroristischer Exzesse« beschuldigte. Als Mussolini
im April 1945 in einem deutschen Lastwagen aus Italien zu fliehen versuchte und von Partisanen gefaßt und hingerichtet wurde,
saß Pavolini in einer deutschen Uniform im LKW. Er stürmte
heraus, schoß wild um sich, wurde getroffen und sprang in den
See. Die Partisanen fuhren in einem Boot hinterher, schossen ihm
in die Beine und schlugen ihm das Ruder auf den Kopf. Später
brachten sie ihn auf den Piazzale Loreto in Mailand, wo sie auch
die Leichen Mussolinis und Clara Petaccis aufhängten, und erschossen ihn.

Ciano wurde gestattet, sich von seinen Kindern zu verabschieden, die bei der Großmutter Rachele lebten. »Ciao Kinder, wir
werden uns nun wohl ein Weilchen nicht mehr sehen«, sagte er.
»Meine Schwester und ich«, erinnerte sich Fabrizio, »blieben
stumm. Wir hätten ihn so vieles fragen wollen, aber die Fragen
blieben uns im Hals stecken.« Die Familie saß im Salon des
Schlößchens, und Rachele goß Tee ein. Ciano nippte an seiner
Tasse, stand dann aber hastig auf, da er den schmerzlichen Abschied abkürzen wollte. »Ciao, Fabrizio, benimm dich immer ehrenhaft«, sagte er zu seinem Sohn, und zu Raimonda: »Vergiß nie,
daß wir Italiener sind.« Er zog die Kinder an sich und gab dem
kleinen Marzio einen dicken Kuß. Er wußte, daß er sie wohl nicht
mehr wiedersehen würde.[41]

17. KAPITEL

In Haft

Am 19. Oktober wurde Ciano auf dem Münchener Flughafen Riem in eine deutsche Militärmaschine gesetzt und nach Verona geflogen. Er trug einen hellgrauen Flanellanzug und einen hellbraunen Staubmantel und wurde von zehn SS-Männern in Kampfanzügen sowie von Hildegard Beetz begleitet; er war so verbittert und niedergeschlagen, daß er während des Flugs mit keinem ein Wort wechselte. Auf dem Rollfeld in Verona wurde er von uniformierten Milizangehörigen der republikanisch-faschistischen Regierung in Empfang genommen. »Galeazzo Ciano, Sie sind festgenommen«, sagte einer von ihnen. »Das ist mir bewußt«, entgegnete er.[1]

Der Arrest bedeutete, daß er des Verrats angeklagt werden würde. Seine Verurteilung schien beschlossene Sache, und seine einzige Hoffnung, dem Todesurteil zu entgehen, stützte sich auf Mussolini.

Ciano wurde in die Scalzi gebracht, ein früheres Karmeliterkloster aus dem 16. Jahrhundert, das 1900 in ein Gefängnis umgewandelt worden war und gegen Ende des Zweiten Weltkrieges amerikanischen Bombenangriffen zum Opfer fallen sollte. Faschistische Funktionäre hatten dort für Ciano und andere Verschwörer des Großen Faschistischen Rates neunzehn Zellen in einem oberen Stockwerk herrichten lassen. Als erstes wurde Ciano im Beisein des Gefängnisdirektors Sergio Olas einer eingehenden Leibesvisitation unterzogen; das Geld, das er bei sich hatte, sowie anderen persönlichen Besitz nahm man ihm ab. Eine kleine Marien-Ikone, die dem Duce einst von einer russischen Prinzessin verehrt worden war und die er dann später seiner Tochter zur Hochzeit geschenkt hatte, durfte er behalten. Nach der Leibesvisitation wurde Ciano in eine besondere Gefangenenliste eingetragen und bekam die Nummer 11902. Man nahm seine Fingerabdrücke. »Lieber in einem Gefängnis unter Italienern als in einem Palast unter Deutschen«, scherzte er.[2]

Auf Cianos Wunsch fuhr Hildegard Beetz nach Ramiola, um Edda über die Verhaftung ihres Mannes zu unterrichten. Außer sich vor Wut eilte diese am 21. Oktober zur Villa Feltrinelli am Gardasee, um mit ihrem Vater zu sprechen. Mussolini versicherte ihr: »Es wird zweifellos zum Prozeß kommen, aber mach dir keine Sorgen. Ich werde die nötigen Vorkehrungen für das Ergebnis treffen.«[3] Edda bat ihn, ihren Mann sehen zu dürfen, und Mussolini gab seine Einwilligung.

Nach Eddas Besuch wurde der SD-Verantwortliche in Gargnano nach Verona beordert und streng getadelt, weil er sie nicht daran gehindert hatte, bei ihrem Vater vorstellig zu werden. Dolfin berichtete Mussolini von dem Vorfall, und der Duce trug ihm auf, Edda von weiteren Besuchen abzuhalten, damit »wirklich unangenehme Komplikationen« vermieden würden. Dolfin war dieser Auftrag höchst unangenehm, weshalb er dem Duce nahelegte, einen Familienangehörigen damit zu betrauen.

In Verona begab sich Edda zum Provinzchef Piero Cosmin und bat um die Erlaubnis, ihren Mann zu besuchen. Cosmin telefonierte mit Mussolini, der ihm erklärte, daß er seine Einwilligung gegeben habe. Der Provinzchef machte aus seiner Feindseligkeit durchaus kein Hehl, mußte sich aber Mussolinis Befehl beugen. Er litt an TBC im fortgeschrittenen Stadium und sollte nach dem Krieg in derselben Klinik sterben, in der auch Cianos Mutter lag.

Als Edda und Ciano sich am 22. Oktober in Anwesenheit Cosmins und des Gefängnisdirektors gegenübertraten, gelang es ihr, ihrem Mann beim Abschied zuzuflüstern, daß sie seine Aufzeichnungen in Sicherheit gebracht habe. Die italienischen und deutschen Behörden in Verona beschlossen nach dem Besuch, dafür zu sorgen, daß sie Ciano nie mehr wiedersah.

Nachdem Dolfin abgelehnt hatte, beauftragte Mussolini seinen Sohn Vittorio, mit Edda Verbindung aufzunehmen und sie zu bitten, nicht mehr so oft nach Gargnano zu kommen. Vittorio schrieb seiner Schwester, daß er nach Deutschland fahre und hoffe, ihr bald ihre Kinder bringen zu können. Er beschwor sie, ruhig zu bleiben und Ciano oder Mussolini nicht mehr aufzusuchen. Wenn sie in Ramiola bleibe, meinte er, werde vielleicht noch alles gut, aber jedes andere Verhalten könnte Zwangsmaßnahmen zur Folge haben. Dickköpfig, wie sie nun einmal war, kümmerte sie sich nicht um den Rat des Bruders und tauchte noch mehrmals in Gargnano und Verona auf.

Vittorio fuhr nach Berlin, wo er im Hotel Adlon abstieg. In einem Bunker unter dem Hotel traf er sich mit einem Staatssekretär des Auswärtigen Amtes, während Hunderte von britischen Flugzeugen die Stadt bombardierten. Vittorio bat darum, Cianos Kinder nach Italien bringen zu dürfen, erhielt aber eine abschlägige Antwort, woraufhin er nach Ramiola zurückkehrte. Er warnte seine Schwester, daß übertriebener Druck auf die Deutschen deren Widerstand nur noch verstärke. Doch sie entgegnete: »Du hast mir meine Kinder versprochen, und du mußt sie mir bringen.«[4] Wenige Tage später brach Vittorio erneut nach Deutschland auf. Diesmal traf er sich in München mit einem hohen Beamten des Auswärtigen Amtes und erzählte ihm, daß Mussolini seine gesamte Familie um sich haben wolle. Der Beamte erteilte ihm schließlich die Ausreisegenehmigung für die Kinder und ließ ihm sogar den Wagen für die Rückfahrt auftanken. Bei Bozen gerieten sie in einen Fliegeralarm und mußten anhalten, während ein massives Bombardement der Amerikaner auf die Stadt niederging. Danach setzte Vittorio die Fahrt nach Ramiola fort, und am Abend konnte Edda endlich ihre Kinder in die Arme schließen. Sie war überglücklich, beließ es aber bei einem schlichten »Danke, Vittorio«.[5]

Am 27. Oktober wurde durch ein Dekret Mussolinis ein Außerordentliches Sondergericht gebildet, vor dem sich Ciano und fünf weitere ehemalige Mitglieder des Großen Faschistischen Rates verantworten mußten. Mussolini sagte zu Dolfin: »Die Italiener gehen mit Ciano sehr streng ins Gericht. Er ist jedoch weder schlimmer noch besser als die anderen. Der ganze Haß richtet sich auf ihn, um mich zu treffen. Es ist ein altes Spiel, das sich seit Jahren wiederholt.«[6]

Etwa um diese Zeit meldete sich Hildegard Beetz bei Wilhelm Harster, dem Chef des Sicherheitsdienstes in Verona, und legte ihm Dokumente vor, die sie zu einer Wiederaufnahme des Kontakts mit Ciano berechtigten. Ihr Ziel sei es, sagte sie, in den Besitz seines Tagebuchs zu gelangen. Harster stellte ihr eine unbefristete Besuchserlaubnis für das Gefängnis aus.

Noch 1996 behauptete die italienische Presse, Hildegard Beetz habe eine Affäre mit Ciano gehabt. Edda war überzeugt davon, daß sie eine Schwäche für ihren Mann hatte, und Mario Pellegrinotti, der für Ciano zuständige Gefängniswärter, erinnerte sich später, die beiden einmal in einer eindeutigen Situation überrascht zu haben. Auch für Cianos Jugendfreund Zenone Benini, der ebenfalls im ehemaligen Barfüßerkloster einsaß, weil man ihn verdächtigte, die Vereinbarung zwischen Grandi und Ciano eingefädelt zu haben, stand fest, daß Frau Beetz, die mit dem Hauptangeklagten Karten und Schach spielte und ihm vorlas, in seinen Freund verliebt war. Sie selbst, die mit ihrem Verhalten gewisse Risiken einging, gab zu, für ihren Schützling mehr als bloße Sympathie empfunden und sich darüber hinaus als Deutsche für den an ihm begangenen Verrat schuldig gefühlt zu haben. Doch betonte sie ihr Leben lang: »Gewiß, ich habe ihn geliebt, aber es stimmt nicht, daß ich mit ihm geschlafen habe.«[7]

Edda wurde allmählich klar, daß sie nicht mit der Hilfe ihres Vaters rechnen konnte, zumal alles, was sie ihm erzählte, sofort den Deutschen zugetragen wurde. Nachdem sie ihm bei einem ihrer ersten Gespräche nach Cianos Verhaftung erklärt hatte, mit einigen entschlossenen Männern an ihrer Seite traue sie es sich zu, ihrem Mann zur Flucht zu verhelfen, wurde Ciano unter die ständige Bewachung zweier SS-Männer gestellt. Als sie zum ersten Mal auftauchten, sagte er: »O weh, es riecht schon nach Tod.«[8] Man steckte ihn in Einzelhaft und verweigerte ihm den täglichen Hofgang, der den anderen Gefangenen erlaubt war. Das einzige Privileg, das man ihm zugestand, war, daß er sich seine Mahlzeiten aus dem besten Restaurant Veronas kommen lassen durfte.

Am 4. November wurden weitere Mitglieder des Großrates,

denen der Prozeß gemacht werden sollte, von verschiedenen Gefängnissen in die Scalzi überstellt: Giovanni Marinelli, der frühere
Geschäftsführer der faschistischen Partei, Tullio Cianetti, der
ehemalige Korporationsminister, Luciano Gottardi, der Präsident
des Industriearbeiterverbandes, und Carlo Pareschi, der ehemalige Landwirtschaftsminister. Keiner von ihnen hatte nach der
Sitzung vom 25. Juli versucht, sich ins Ausland abzusetzen oder in
Italien unterzutauchen. Es war klar, daß man sie in erster Linie
festgenommen hatte, um damit zu demonstrieren, daß jeder, der
für die Grandi-Resolution gestimmt hatte, ein Landesverräter
war. Im Grunde aber galt das Verfahren dem Grafen Ciano.

Inzwischen hatte sich Mussolini damit abgefunden, daß Cianos
Schicksal besiegelt und er nicht mehr zu retten war. »Die Deutschen hassen ihn, weil sie wissen, daß er nie ihr Freund gewesen
ist«, sagte er zu Dolfin. »Sie beobachten ihn. Nicht einmal mir
trauen sie. Falls Ciano zum Tod verurteilt wird, werden die Italiener sagen, ich sei der Vollstrecker. Sie sind mein Zeuge, daß ich
überhaupt nicht von der Nützlichkeit des Prozesses überzeugt
bin, der kein einziges Problem lösen wird. Aber an Leuten, die
sagen werden, wir hätten ein Verbrechen begangen, wird es nicht
mangeln.«[9] Mussolini hatte keine Autorität mehr bei den radikalen Faschisten, die seinem untergehenden Regime dienten, und
natürlich auch nicht bei den Deutschen, die nun die eigentlichen
Herren Italiens waren, zumindest bis etwa zur Stiefelmitte.

Zwischen Ciano und Edda entspann sich ein Briefwechsel. Am
13. November schrieb er ihr, daß er aufgrund der Kälte in der
Zelle erneut einen heftigen Asthmaanfall erlitten und auch wieder
mit seinen Ohren Probleme habe. Er hoffte, in eine Klinik verlegt
zu werden, war aber nicht sicher, ob dies erlaubt werden würde.
»Meine liebe Edda, bitte schicke mir ein paar warme Sachen: einen Wintermantel, eine Mütze oder einen Pelzmantel und Pull-
over. Das brauche ich wohl am nötigsten. Das Essen ist recht gut
und reichlich. Das Leben ist traurig. Aber ich lese, lese, lese. Jahrelang konnte ich der literarischen Entwicklung nicht folgen.
Jetzt bringe ich mich in einem Schnellkurs auf den neuesten
Stand. Ich denke viel an Dich. Hoffnungsvoll und traurig, je nach-

dem, aber immer mit unendlicher Sehnsucht. Küsse unsere drei Lieblinge, wenn sie bei Dir sind, und sei ganz zärtlich geküßt von Deinem Gallo.«[10]

Dr. Bottoli, der Gefängnisarzt, behandelte Ciano wegen seiner Asthmaanfälle und Ohrenbeschwerden. Einmal sagte Ciano zu ihm: »Sie nennen mich einen Verräter. Wenn ich das wäre, hätte ich vor allem Sorge getragen, meine eigene Haut zu retten ... und ich versichere Ihnen, es wäre mir nicht schwergefallen.«[11] Er las *Die Nachfolge Christi* und unterstrich in seinem Text die Kapitelüberschriften: »Auf Gott, das letzte Ziel, führe alles zurück« und »Gott allein ist unser Trost«.

Am 14. November hielt die faschistische Partei einen Kongreß in Verona ab, und die Delegierten stimmten überein: Sie wollten Cianos Tod. Einer schlug vor, man solle ihn aufs Rad binden und vierteilen. Der neue Parteisekretär Pavolini tat sich besonders lautstark hervor und erklärte den Delegierten, daß die einzige Strafe für Verräter der Tod sei. »Den Tod für Ciano! Den Tod für Ciano!« grölte die Menge.

Am 23. November schrieb Edda ihrem Mann, sie könne keine Kleidungsstücke für ihn finden, da seine Garderobe in Deutschland zurückgeblieben sei, sie hoffe aber, ihn in ein paar Tagen besuchen zu können. Sie klammerte sich an die Hoffnung, daß er für unschuldig erklärt werde und sich dann aus dem schmutzigen, undankbaren politischen Geschäft zurückziehen könne. »Mein Gallo, bleib ruhig und gelassen und glaube mir, daß ich neben tiefem Schmerz um Dich die absolute Gewißheit habe, daß alles gutgehen wird, wenn es noch eine Gerechtigkeit gibt. Mein Herz hüllt sich in Verachtung. Viele liebevolle Küsse von uns vieren.«[12]

In einem Artikel des *Corriere della sera* wurde nun behauptet, der neapolitanische Reeder Achille Lauro, den die Amerikaner festgenommen hatten, sei »Cianos Partner« gewesen. Ciano schrieb an das Mailänder Blatt, zwischen ihm und einem Industriellen, Geschäftsmann, Bankier italienischer oder anderer Nationalität habe nie eine Interessengemeinschaft bestanden. Wieder einmal log er. Tatsächlich hatte er Lauro bei Verhandlungen unterstützt, die dieser 1941 mit den Zeitungen *Il Mattino*, *Corriere della sera* und *Roma* geführt hatte, um Anteile zu erwerben. Mussolini hatte es damals abgelehnt, Lauro den Kauf von mehr als 50 Prozent der Anteile zu erlauben. Am 25. November 1943 schickte Ciano seine Gegendarstellung an Mussolini mit der Bitte, er möge dafür sorgen, daß sie veröffentlicht werde, was dieser auch tat, obwohl er wußte, daß es sich dabei um eine Lüge handelte. Die deutsche Zensur verhinderte jedoch die Veröffentlichung.[13]

Am 30. November wurde Zenone Benini in die Scalzi gebracht. Er war Industrieller und Mathematiker gewesen, daneben ein Gourmet, der ein Kochbuch mit toskanischen Rezepten herausgegeben hatte. Unter Mussolini hatte er als Minister gedient, aber niemals dem Großrat angehört. Sein »Verbrechen« bestand darin, daß er vor der Sitzung des Großen Rates auf Cianos Bitten mit Cianetti Kontakt aufgenommen hatte, um ihn zu fragen, ob er für die Grandi-Resolution stimmen werde.

Kurz nach seiner Einlieferung bekam Benini unerwarteten Besuch. »Eines Nachmittags, ich döste auf meinem Bett vor mich hin, hörte ich ein Pochen an meiner Zellentür«, sagte er. »Die Tür ging auf, und eine hübsche junge Frau trat lächelnd ein. Hinter ihr stand ein Wärter, der ein Tablett mit einer Tasse Tee und einem Stück Kuchen trug. Sie sprach mit leichtem deutschen Akzent, aber ihr Italienisch war perfekt. ›Graf Ciano hat mir erzählt, daß Sie ein enger Freund von ihm sind, und es tue ihm leid, daß man Sie eingesperrt hat. Er bat mich, Ihnen zu bestellen, daß Sie sich keine Sorgen machen sollen, er hat Ihren Namen gegenüber keiner Menschenseele erwähnt.‹«[14]

Wenige Minuten nachdem sie seine Zelle verlassen hatte, erschien der Wärter und forderte Benini auf, zur Toilette zu gehen, worauf der erwiderte, er verspüre im Augenblick kein Bedürfnis. Der Wärter bestand indessen darauf und führte ihn den Gang zu den Lagerräumen hinunter. In einem davon wartete Ciano. Als er den Schulfreund in die Arme schloß, sagte der lächelnd: »Inzwischen gibt es für mich kein Entrinnen mehr. Ich war schon am 25. Juli tot. Aber eigentlich kümmert es mich nicht. Die Deutschen haben den Krieg verloren, und das ist für mich die Hauptsache …

Hab volles Vertrauen zu Pellegrinotti und dieser Frau; beide sind ehrliche Leute.«

»Wer ist diese Frau?« wollte Benini wissen. »Sie ist eine Spionin, aber meine Spionin, du kannst ihr blind vertrauen. Hab keine Angst«, erwiderte Ciano.[15]

Am 27. November gelang es Edda, mit Hilfe des SS-Mannes Hutting ihren Mann ein zweites Mal zu besuchen. Hinterher schrieb sie ihrem Vater und beklagte sich bitter über die harten Haftbedingungen, denen Ciano unterlag. Man verweigere ihm den Hofgang, und das Gespräch mit ihm müsse im Beisein des Gefängnisdirektors, eines Reichsvertreters und eines Mitglieds der faschistischen Partei geführt werden. »Hier ist eine Ehefrau, Duce, die verlangt, daß dem eigenen Mann die Rechte eingeräumt werden, die für jeden Gefangenen heilig sind«, schloß sie ihren Brief.[16]

Edda bemühte sich um eine weitere Besuchserlaubnis, wurde aber abgewiesen. Brieflich teilte sie Ciano dies mit, der ihr in seiner Antwort versicherte, wie viel ihm ihre Gesellschaft, und sei es auch nur für eine halbe Stunde, bedeute. Unter materiellen Gesichtspunkten, schrieb er, gehe es ihm nicht schlecht, aber »Langeweile ist der wirklich unbezwingbare Feind, der mir ständig auflauert. Nur manchmal wird er schwach, aber dann fällt er einen wieder unerbittlich, verstohlen, hartnäckig an … Am Ende kriege ich wohl noch schlohweißes Haar.« Ciano äußerte große Sehnsucht nach seinen Kindern und setzte hinzu, er versuche, nicht an sie zu denken und nicht einmal ihre Fotografien anzuschauen. »Liebe Edda, ich will die Hoffnung nicht ganz aufgeben, Dich bald wieder in die Arme zu schließen, und in dieser Hoffnung lebe ich Stunde um Stunde.«[17]

In einem Gespräch mit dem Journalisten Carlo Silvestri erklärte Mussolini, Edda verstehe seine Lage nicht: »Ich kann für Galeazzo nichts tun. Sie möchte, daß ich in das Gerichtsverfahren zugunsten meines Schwiegersohnes eingreife. Das heißt, das Unmögliche verlangen. Ich hatte mit dem Verfahren nichts zu schaffen, habe damit nichts zu tun und will auch nichts damit zu tun haben … Die Gerechtigkeit muß ihren Lauf nehmen.«[18]

Mussolini hatte die Rolle des Pontius Pilatus gewählt. In Wahrheit jedoch hätte er gegen den Prozeß Protest einlegen und ihm die Legitimität absprechen können. Dadurch wären die radikalen Faschisten, die von dem Prozeß nicht ablassen wollten, in eine Zwickmühle geraten. Sie hätten es nicht gewagt, Mussolini abzusetzen, solange dieser die Unterstützung der Deutschen genoß, und sie hätten wohl auch gezögert, sich ihm offenkundig zu widersetzen. Mussolini aber war feige.

Am 13. Dezember hatte Edda eine erneute Unterredung mit ihrem Vater, deren Verlauf sie Ciano tags darauf schilderte: »Er hat Deinen Brief mit der Gegendarstellung für den *Corriere* bekommen. Aber wie Du gesehen haben wirst, ist er nicht abgedruckt worden. Ich habe ihm auch von den Restriktionen erzählt, die man Dir auferlegt, und er war erstaunt, weil man ihm versichert hatte, daß Du jeden Tag im Gefängnishof spazierengehst ... Ich verneinte das, und er versprach, sich einzuschalten.« Außerdem berichtete sie ihm von einer leichten Herzattacke, die seine Mutter erlitten, aber gut überstanden habe, und daß es den Kindern sehr gut gehe. »Du solltest sehen, wie Mowgli mit der alten tauben Gräfin Schach spielt.«[19]

In Wirklichkeit befanden sich die Kinder schon nicht mehr in Italien. Edda und Pucci waren zu dem Schluß gelangt, daß für Ciano wenig Aussicht auf Rettung bestand und sie daher die Kinder so schnell wie möglich in die Schweiz schmuggeln müßten. Fabrizio war damals zwölf Jahre alt, Raimonda neun und Marzio sechs. Edda erzählte ihnen, daß sie nach Varese zu ihrer Großmutter kämen.

Zwei Freunde, Tanino Pessina und Gerardo Gerardi, hatten sich bereit erklärt, Edda zu helfen, die Kinder außer Landes zu bringen. Pessinas Vater gehörte ein großes Reinigungsunternehmen in Como an der Schweizer Grenze. Er und Gerardi, den Edda den Kindern als Onkel Piero vorgestellt hatte, standen in Kontakt zu einem Italiener, der Leute über die Grenze schmuggelte.

»Ich hatte kein Geld, nur Schmuck, von dem schließlich der meiste Teil an diesen Mann ging«, schrieb Edda später.[20] So gab sie die Diamantbrosche weg, ein Hochzeitsgeschenk des Königs, sowie ein Rubinarmband und einen Solitär-Ring. Pucci erbot sich, die Kinder von Ramiola nach Mailand zu bringen, wo sie einen Tag in Gerardis Wohnung blieben. Dann schafften er und Pessina die drei zur Schweizer Grenze.

In der Nacht vom 12. auf den 13. Dezember passierten die Kinder bei Vollmond die durch einen Stacheldrahtzaun markierte Grenze. Es war Raimondas zehnter Geburtstag. Schweizer Polizei, der man gesagt hatte, es handele sich um Mitglieder der Aosta-Linie der königlichen Familie, wartete schon auf sie. Jedes Kind bekam ein Stück Schweizer Schokolade. Für Marzio war es die erste Schokolade in seinem Leben.

In dieser Nacht schliefen sie in der Residenz des Bischofs von Lugano, dann wurden sie in eine Schule gegeben, die an einen Konvent angeschlossen war. Das Dorf hieß Neggio. Ein Polizeibeamter kam und sagte zu ihnen: »Euren Familiennamen müßt ihr nun vergessen. Ich seid Angehörige einer spanischen Familie mit Namen Santos.« Fabrizio hieß nun Jorge, Raimonda hieß Margarita, und Marzio war Pedro. Edda würde von nun an Elsa heißen. Pucci fuhr nach Ramiola zurück, um ihr die beruhigende Nachricht zu überbringen, daß ihre Kinder wohlbehalten in der Schweiz angekommen seien.[21]

18. KAPITEL

Das Warten auf den Prozeß

Vincenzo Cersosimo, der Untersuchungsrichter, der den Fall Ciano und andere vorzubereiten hatte, vernahm den Grafen am 14. Dezember zum ersten Mal. Ihm werde vorgeworfen, erklärte er, Hochverrat begangen und dem Feind in die Hände gearbeitet zu haben; da er auf diese Weise Friedensillusionen geweckt habe, sei der Widerstandswillen des Landes untergraben worden. Cersosimo schrieb hinterher:»Während ich langsam Punkt für Punkt vorlas, beobachtete ich ihn: In seinen Augen und seiner Mimik las ich Erstaunen, Überraschung, Wut und Entsetzen, dabei kniff er den Mund zusammen und wurde von konvulsivischen Zuckungen erfaßt.«[1]

Als der Untersuchungsrichter den letzten Punkt verlesen hatte, stand Ciano auf, tat ein paar Schritte in der engen Zelle und explodierte:»Verrücktes Zeug! Daß ausgerechnet ich des Verrats und der Kollaboration mit dem Feind beschuldigt werde! Ich war vielleicht der einzige im Großrat, der für eine Fortsetzung des Krieges eintrat, und ich redete Mussolini heftig zu, von den Deutschen mehr Hilfe zu fordern, als sie uns zu geben schienen ... Und jetzt wird gegen mich der ungeheuerliche Vorwurf des Verrats erhoben ... Sollen sie mich doch auf der Stelle erschießen, so, aufrecht stehend, ohne auch nur meine Stimme hören zu müssen, aber sie sollen mich keinen Verräter nennen!«

Er habe, ereiferte er sich, dem Tod im Kampf viele Male ins Auge gesehen und fürchte ihn nicht.»Es ist nicht mein Leben, das ich verteidige, es ist die Ehre, es ist der Name meines Vaters, der Italien zur Ehre gereichte, es ist der Name meiner Kinder, und es kann und darf nicht sein, daß sie als Kinder eines Verräters gebrandmarkt werden.« Er räumte ein, Fehler begangen zu haben, was jedoch nicht dasselbe sei wie Verrat. »Freilich sollten Politiker nie Fehler machen«, fügte er hinzu. Er sprach mit brüchiger Stimme, und seine Augen waren von Tränen verschleiert. Er wisse, sagte er, was die Faschisten wollten, nämlich sein Tagebuch, und das würden sie niemals bekommen.

Als Cersosimo seine Vernehmung begann, gab Ciano folgende offizielle Erklärung ab: »Empört weise ich die erhobenen Anschuldigungen des Verrats am Duce, an der Sache und am Land zurück. Die Vorstellung, daß ich und andere Mitglieder des Großrates den Sturz des Duce und den Zusammenbruch des Faschismus hätten herbeiführen wollen, ist völlig absurd, da wir ja selbst unter den Trümmern begraben worden wären … Ich erkläre unumwunden, daß ich einen Irrtum begangen habe und daß die nachfolgenden Fakten zeigen, daß es ein Irrtum war, aber von Verrat kann nicht die Rede sein.«

Nach der Vernehmung bat er Cersosimo um Aufklärung über die Frau, die man ihm an die Seite gegeben habe. Cersosimo entgegnete, sie sei die Dolmetscherin, durch die er selbst die Erlaubnis der Deutschen erlangt habe, ihn zu vernehmen. »Ach was, das ist doch keine Dolmetscherin«, erwiderte Ciano.

»Aber, Graf, was sollte sie für eine andere Funktion haben? Was tut sie denn?«

»Ich weiß nicht … Sie ist dauernd um mich. Sie macht mir den Kaffee am Morgen, bringt meine Zelle in Ordnung, bleibt lange da und unterhält sich mit mir. Am Nachmittag kommt sie wieder, macht Tee und spielt dann mit mir Schach oder Dame. Kurzum, ich werde sie nicht mehr los. Sie ist wie mein Schatten.«

»Zu mißfallen scheint es Ihnen jedenfalls nicht«, erwiderte Cersosimo süffisant. »Die Gesellschaft dieser Frau muß ja nicht … unangenehm sein.«

Ciano sah ihn an und erwiderte mit fester Stimme: »Nein, in meiner Lage sind mir solche Gedanken fremd. Ich würde nur allzugern wissen, was sie mit ihrer ständigen Präsenz bezweckt. Sie klebt an mir wie eine Briefmarke auf dem Brief.«

Mit diesem Gespräch kann Ciano nur die Absicht verfolgt haben, bei den Faschisten jeglichen Verdacht bezüglich seines

Verhältnisses zu Hildegard Beetz zu zerstreuen. Am nächsten Nachmittag wurde Cersosimo ins Gefängnis gerufen, um eine fünfseitige Verteidigungsschrift Cianos entgegenzunehmen. Darin versuchte er, die Bedeutung seiner Kontakte zur Generalität herunterzuspielen, und behauptete, Badoglio seit drei Jahren nicht mehr gesehen zu haben. Den größten Teil des Sommers habe er in Livorno verbracht. Er habe zwar Grandis Antrag unterstützt, sich aber nie vorstellen können, daß er zu einem Zusammenbruch des Regimes führen würde.

Des weiteren setzte sich Ciano mit den Vorwürfen auseinander, er habe sich im Amt bereichert. Er führte seinen Besitz auf und erklärte, es handele sich dabei nicht um die unehrenhaft erworbene Beute eines Profiteurs, sondern um die Früchte eines ganzen Arbeitslebens. Sein Vater, fügte er hinzu, sei ja schließlich nicht mit leeren Händen in die Politik gegangen, sondern habe zuvor etliche Jahre lang die Schiffahrtsgesellschaft »Il Mare« geleitet und ihm deshalb eine beträchtliche Erbschaft hinterlassen.

»Diese Seiten enthalten die Wahrheit und nichts als die Wahrheit«, schrieb er. »Man kann nicht lügen, wenn man, wie ich, an der Schwelle zur Ewigkeit steht. Ich möchte hier noch einmal wiederholen, daß die Abstimmung am 25. Juli ein Fehler, aber nie und nimmer ein Verrat war; Politiker zahlen für ihre Fehler … und sogar mit ihrem Leben.«

Nachdem Cersosimo die Erklärung durchgelesen hatte, zeigte er sich verwundert, darin kein Wort des Bedauerns über das Schicksal Mussolinis zu finden. »Lassen wir mal die Politik beiseite, er war und ist doch Ihr Schwiegervater und der Großvater Ihrer Kinder.« Ciano wurde etwas nachdenklich und erwiderte dann: »Ich war über die Gefangennahme Mussolinis tief betrübt. Aber ich hielt es für vollkommen nutzlos, in einer Verteidigungsschrift eine solch persönliche Empfindung zu äußern. Zum anderen konnte ich in jenen tragischen Augenblicken nichts für ihn tun.«

Am 18. Dezember suchte Edda ihren Vater in Gargnano auf, die letzte und heftigste Begegnung der beiden. Er gab ihr zu verstehen, daß es nicht mehr in seiner Macht stehe, das Schicksal

Cianos von dem der anderen Angeklagten zu trennen. »Ihr seid ja alle verrückt!« fuhr Edda ihn an. »Der Krieg ist verloren, und man braucht sich nichts mehr vorzumachen. Die Deutschen werden noch ein paar Monate durchhalten, aber nicht länger. Du weißt, wie sehr ich mir einmal gewünscht habe, daß sie gewinnen, aber nun ist nichts mehr zu machen. Verstehst du das? Und in dieser Lage verurteilen sie Galeazzo?« Edda weinte, und auch ihr Vater hatte Tränen in den Augen. Aber sie ging wieder zum Angriff über. »Zwischen uns ist es aus, für immer aus, und wenn du dich vor mir hinknietest und um ein Glas Wasser bätest, würde ich es vor deinen Augen auf den Boden gießen.«[2] Hinterher rief Mussolini den Gerichtspräsidenten an und bat ihn, Gerechtigkeit walten zu lassen, »ohne jemanden zu begünstigen«. Er erneuerte seinen Befehl, Ciano von den anderen abzusondern, und wies ihn an, Edda im Auge zu behalten.

In seinem Brief an Edda vom 18. Dezember, dem Geburtstag seines jüngsten Sohnes Marzio, wirkte Ciano besonders niedergeschlagen. »Seit genau zwei Monaten habe ich ihn nicht mehr gesehen. Ich stelle mich auf ein sehr trauriges Weihnachtsfest ein, ohne die Kinder, ohne Dich.« Er berichtete ihr, daß sie nun mit den Verhören begonnen hätten. »Wollen wir hoffen, daß dies ein gutes Zeichen ist und es schnell zum Prozeß kommt. Das Warten von Tag zu Tag ist mehr als niederdrückend … Meine liebe Edda, ich denke oft an Dich und durchlebe Stunden der Schwermut oder Stunden der Zuversicht, wie es gerade so kommt. Wie Rot und Schwarz beim Roulette. Alles wartet gebannt, wohin die Kugel fällt. Inzwischen glaube ich nur noch an eines: ans Schicksal. Und ich nehme es an.«[3]

Edda antwortete am 23. Dezember, um ihm frohe Weihnachten zu wünschen. Sie hatte sich, wie sie schrieb, um eine Besuchserlaubnis bemüht, fürchtete aber, daß man sie ihr verweigern werde. »Es gibt Augenblicke, wo ich glaube verrückt zu werden«, bekannte sie. »Aber es bleibt uns nichts anderes übrig als zu warten. Den Kindern geht es gut. Das wird das erste Weihnachtsfest seit unserer Hochzeit sein, an dem wir nicht zusammen sind. Ich bin traurig, ich liebe Dich sehr und bin Dir näher denn je.«[4]

Zu diesem Zeitpunkt hatte Ciano bereits alle Hoffnung aufgegeben. Das geht nicht zuletzt aus den drei testamentarischen Verfügungen hervor, die er vor seinem Prozeß im Gefängnis verfaßte: Briefe an König Viktor Emanuel und Winston Churchill sowie eine Einleitung zu seinem Tagebuch. Hildegard Beetz schmuggelte die Dokumente aus dem Gefängnis und übergab sie Edda, die die Briefe durch Magistrati dem König bzw. dem englischen Premierminister zustellen ließ. In seinem Brief an Viktor Emanuel rechnete Ciano es dem Monarchen als Verdienst an, versucht zu haben, das Land vor dem »Verbrechen« zu bewahren, an der Seite Deutschlands in den Krieg einzutreten. »Ein Mann, ein einziger Mann, Mussolini, hat aus persönlichem Ehrgeiz, ›aus Gier nach militärischem Ruhm‹, um seine eigenen Worte zu benutzen, das Land vorsätzlich in den Abgrund geführt«, schrieb Ciano. »Eure Majestät, ich bereite mich mit innerer Gelassenheit und reinem Gewissen auf das höchste Gericht vor: Ich weiß, daß ich treu, ehrenhaft und uneigennützig gedient habe. Der Rest waren Lügen, hauptsächlich von jenen in die Welt gesetzt, die heute meinen Tod fordern.«[5]

Winston Churchill nahm Cianos Brief in Band II seiner Erinnerungen *Der Zweite Weltkrieg* auf:

Verona, 23. Dezember 1943

Signor Churchill,

Sie werden nicht überrascht sein, daß ich mich jetzt, da meine Todesstunde naht, an Sie wende, den ich als den Vorkämpfer eines Kreuzzuges aufs höchste bewundere, obgleich Sie einmal eine ungerechte Erklärung gegen mich abgegeben haben.

Ich war niemals Mussolinis Mitschuldiger an jenem Verbrechen gegen unser Land und die Menschheit, Seite an Seite der Deutschen zu kämpfen. Tatsächlich ist das Gegenteil wahr, und wenn ich im vergangenen August aus Rom verschwand, geschah es, weil mir die Deutschen einredeten, daß meine Kinder in unmittelbarer Gefahr seien. Nachdem sie sich verpflichtet hatten, mich nach Spanien zu bringen, deportierten sie mich und meine Familie gegen meinen Willen nach Bayern. Jetzt bin ich fast seit drei Monaten in den Gefängnissen von Verona der barbarischen Behandlung durch die SS preisgegeben. Mein Ende ist nah, und man hat mir mitgeteilt, daß in wenigen Tagen mein Tod beschlossen sein wird, der mir nichts anderes bedeutet als die Erlösung von diesem täglichen Martyrium. Und ich sterbe lieber, als Zeuge der Schmach und der nicht wiedergutzumachenden Schändung Italiens zu sein, das unter die Herrschaft der Hunnen gefallen ist.

Das Verbrechen, für das ich jetzt zu sühnen im Begriff stehe, besteht darin, daß ich angewiderter Zeuge der kalten, grausamen und zynischen Vorbereitung dieses Kriegs durch Hitler und die Deutschen geworden bin. Ich war der einzige Ausländer, der aus nächster Nähe mit angesehen hat, wie diese abscheuliche Clique von Banditen sich daran machte, die Welt in einen blutigen Krieg zu stürzen. Nun planen sie nach Gangsterregel, einen gefährlichen Zeugen zu beseitigen. Aber sie haben sich verrechnet, denn schon vor langer Zeit habe ich ein Tagebuch und verschiedene Dokumente an einen sicheren Ort gebracht, durch die, besser als ich selbst es könnte, die Verbrechen bewiesen werden, die diese Leute begangen haben, zu denen sich später die tragische, nichtswürdige Marionette Mussolini, getrieben von seiner Eitelkeit und seiner Mißachtung moralischer Werte, gesellt hat.

Ich habe Vorkehrungen getroffen, damit so bald wie möglich nach meinem Tode diese Dokumente, deren Vorhandensein Sir Percy Loraine zur Zeit seiner Mission in Rom bekannt war, der alliierten Presse zur Verfügung gestellt werden.

Vielleicht ist das, was ich Ihnen heute anbiete, nur wenig, aber das und mein Leben ist alles, was ich der Sache der Freiheit und Gerechtigkeit, an deren Triumph ich aus tiefster Überzeugung glaube, anzubieten vermag.

Dieses mein Zeugnis soll ans Licht gebracht werden, auf daß die Welt wissen möge, hassen möge, gedenken möge, auf daß denjenigen, die über die Zukunft zu entscheiden haben, nicht unbekannt bleibe, daß das Unglück Italiens nicht die Schuld seines Volkes ist, sondern dem schändlichen Verhalten eines einzigen Mannes zugeschrieben werden muß.

Ihr ergebener G. Ciano.[6]

Wie in dem Brief an Churchill ging es Ciano auch in seinem »politischen Testament« darum, die ganze Verantwortung für den Krieg auf Mussolini zu schieben und sich selbst reinzuwaschen. Der Text war als Einleitung zur Edition seiner Tagebücher gedacht. Hier einige Auszüge:
»Wenn es mir die Vorsehung gewährt hätte, in Ruhe alt zu werden, welch hervorragendes Material wäre dies für meine Autobiographie! ... Aber vielleicht liegen die Vorzüge dieses Tagebuchs gerade darin, daß alles Überflüssige weggelassen wurde. Die italienische Tragödie begann meines Erachtens im August 1939, als ich mich, nachdem ich auf eigene Initiative nach Salzburg gefahren war, plötzlich der zynischen Entschlossenheit der Deutschen gegenübersah, den Konflikt zu provozieren. Das Bündnis war im Mai unterzeichnet worden. Ich hatte mich immer dagegen ausgesprochen, und lange Zeit konnte ich es so einrichten, daß man die hartnäckigen deutschen Offerten auf sich beruhen ließ. Es gab meiner Meinung nach nicht den geringsten Grund dafür, die Geschicke unseres Landes auf Gedeih und Verderb mit denen Nazideutschlands zu verbinden. Ich war statt dessen für eine Politik der Zusammenarbeit, denn aufgrund unserer geographischen Lage müssen wir mit den 80 Millionen Deutschen, die brutal im Herzen Europas sitzen, irgendwie zurechtkommen, so sehr wir sie auch verabscheuen. Die Entscheidung, das Bündnis zu schließen, wurde von Mussolini getroffen, ganz plötzlich, als ich mit Ribbentrop in Mailand war ... Seit Salzburg war die Politik Berlins gegenüber Italien nichts als ein Gespinst von Lügen, Intrigen und Täuschungen. Nie wurden wir wie Partner behandelt, sondern immer wie Sklaven. Nur Mussolini in seiner niederträchtigen Feigheit konnte dies widerstandslos hinnehmen und so tun, als merke er es nicht ...
In wenigen Tagen wird ein Schauprozeß ein Urteil verkünden, das bereits von Mussolini beschlossen worden ist unter dem Einfluß jenes Kreises von Strichjungen und Mädchenhändlern, die seit einigen Jahren das politische Leben in Italien bestimmen und unser Land an den Rand des Abgrunds brachten ...
Einen gewissen Trost schöpfe ich bei dem Gedanken, daß man

mich für einen Soldaten halten wird, der im Kampf für die Sache gefallen ist, an die er wirklich geglaubt hat. Die Behandlung, der man mich während dieser Monate der Gefangenschaft unterzogen hat, war beschämend und unmenschlich. Ich darf mit niemandem kommunizieren. Alle Kontakte zu Personen, die mir lieb und teuer sind, wurden mir untersagt. Und dennoch fühle ich mich in dieser Zelle, dieser düsteren Zelle in Verona umgeben von all jenen, die ich geliebt habe und die mich lieben. Weder Mauern noch Menschen können dies verhindern. Die Vorstellung ist hart, daß ich meinen drei Kindern nicht mehr in die Augen werde sehen können und weder meine Mutter noch meine Frau jemals wieder werde ans Herz drücken dürfen ... Aber ich muß mich dem Willen Gottes beugen, und auf meine Seele senkt sich eine große Ruhe ... In dieser seelischen Verfassung, die jede Falschheit ausschließt, erkläre ich feierlich, daß kein Wort, das ich je in mein Tagebuch geschrieben habe, unwahr oder übertrieben oder von selbstsüchtigem Groll diktiert ist.« Neben seine Unterschrift schrieb er: 23. Dezember 1943, Zelle Nr. 27 des Gefängnisses von Verona.[7]

Zu einer der schlimmsten Demütigungen, die Ciano im Gefängnis erlitt, kam es ausgerechnet am Heiligen Abend. Drei betrunkene deutsche Offiziere, in Begleitung von drei ebenso beschwipsten Prostituierten, verlangten vor dem Gefängnis Einlaß und schrien in gebrochenem Italienisch »vedere Ciano« [Ciano sehen]. Vor seiner Zellentür verspotteten und beschimpften sie ihn und zeigten ihn den Huren. Als der deutsche Kommandant am nächsten Tag von dem Vorfall erfuhr, wurden die Offiziere sofort zurückgestuft und an die Ostfront geschickt. Cianos einziger Kommentar: »Es sind eben Barbaren.«[8]

Am nächsten Tag wurde Edda von den Gefängnisbehörden sogar ein Weihnachtsbesuch verweigert. Gegen Abend ging sie zum Gefängnis und sprach den Direktor Sergio Olas. Er war höflich und verständnisvoll, erklärte ihr aber, er könne nicht mehr tun, als Frau Beetz herzubestellen und sie zu bitten, Ciano die Weihnachtsgeschenke zu überreichen, die Edda ihm mitgebracht hatte:

ein Fläschchen Eau de Cologne, einen Blumenstrauß und eine Schachtel mit Süßigkeiten. Edda schrieb rasch noch ein Briefchen:»Mein lieber Gallo, obgleich ich weiß, daß ich Dich nicht sehen kann, bin ich doch bis hier ans Gefängnis gekommen, um Dir – wenn auch durch so viele Mauern – nahe zu sein. Letztlich können mich weder Mauern noch Menschen daran hindern, immer bei Dir zu sein. Und wir müssen nicht weinen. Nicht wahr, Gallo, man darf vor allem nicht zeigen, daß man weint. Ich umarme Dich mit unendlicher Liebe, zusammen mit den Kindern.«[9] Als Edda die Geschenke Hildegard Beetz übergab, erfuhr sie von ihr, daß Mussolini den Prozeß gegen Ciano auf den 28. Dezember festgelegt und bestimmt habe, daß alle Angeklagten innerhalb von zwei Stunden nach dem Urteilsspruch zu erschießen seien. Mussolini habe nicht nur nichts getan, um Edda einen Besuch zu ermöglichen, sondern auch die Haftverschärfung für Ciano bestätigt.[10]

Ciano weinte, als ihm Hildegard Beetz die Geschenke gab. »Sein Herz war voll Bitternis«, erinnerte sich sein Gefängniswärter Pellegrinotti.»Ich blieb bei ihm, bis er sich wieder beruhigt zu haben schien. Er legte sich auf sein Bett und sagte, er wolle ruhen. Aber ich bin überzeugt, daß er in dieser Nacht keinen Schlaf fand.«[11]

Am ersten Weihnachtstag ließen sich die Behörden so weit herab, Ciano und seinen Mithäftlingen die Teilnahme an der Heiligen Messe zu erlauben. Don Giuseppe Chiot, der Gefängniskaplan, hatte dies von dem deutschen Kommandanten erwirkt, der allerdings nur unter der Bedingung einwilligte, daß die Häftlinge ihre Zellen nicht verließen. Don Chiot stellte am Ende des Gangs einen Tisch auf und zelebrierte unter Mitwirkung einer Nonne die Messe, während die Gefangenen durch halbgeöffnete Türen daran teilnahmen. Hinterher besuchte er jeden Häftling außer Ciano. Das war ihm ausdrücklich verboten worden.

Am selben Tag erfuhr Ciano von Hildegard Beetz, daß Clara Petacci, die mit ihr in Kontakt getreten war, um ihn zu retten, seinetwegen einen Brief an Mussolini geschrieben hatte.»Mein lieber Ben, ich habe eine lange, schreckliche Nacht hinter mir.

Alpträume, Ängste, Blut und Trümmer. Unter den Gestalten, teils bekannt, teils unbekannt, die mir in einer roten Wolke erschienen, war die Cianos. Ben, rette diesen Mann! Zeig den Italienern, daß du immer noch Deinen Willen durchsetzen kannst. Vielleicht wird uns das Schicksal dann gewogener sein.«[12] In einem ebenfalls undatierten Schreiben an Clara Petacci schrieb Mussolini: »Es ist gut, daß Ciano weiß, daß ich ihn trotz allem nicht im Stich gelassen habe. Ich werde die Sache schon deichseln und mir vor allem sagen, daß er das Opfer von Umständen war und sich nicht freiwillig an der geplanten Intrige beteiligt hat.«[13]

Ciano übergab Hildegard Beetz einen kurzen Brief an die Petacci: »Signora, Frau Beetz hat mir alles erzählt, und ich bin von Ihren weihnachtlichen Gedanken gerührt. Aber das kann nicht alles sein. Die Anklage, die Haft und Schlimmeres sind nichts, wenn man mir die Möglichkeit verweigert, zu beweisen, daß ich in meiner Ehre und meiner Pflicht nicht gefehlt habe. Sie sind die einzige, die eine Entscheidung herbeiführen kann. Mag der Prozeß bald kommen. Das Urteil steht bereits fest, aber ich möchte, daß jeder die Wahrheit weiß, und ganz besonders er.«[14]

Am 26. Dezember besuchten Edda und Pucci Cianos Mutter in La Quiete, dem Altersheim, in dem sie in Varese lebte, und machten ihr den Ernst der Lage klar. Am Tag darauf kehrte Edda nach Verona zurück, aber wieder wurde ihr ein Besuch bei ihrem Mann verweigert. Sie schrieb ihm, daß sie ihm einen Morgenmantel geschickt habe, und fügte hinzu: »Ich habe sehr traurige Weihnachten verbracht, ohne Dich zu sehen. Sei jedoch ruhig und laß Dich nicht von Unbehagen und Langeweile überwältigen. Langeweile zu ertragen, ist eine Kunst.«[15]

In einem Brief vom 29. Dezember bestätigte Ciano den Erhalt ihrer Geschenke. »Zu wissen, daß Du nur ein paar Meter entfernt warst und ich Dich nicht umarmen konnte, ist sehr traurig«, schrieb er. »Geduld. Nun habe ich meine Gelassenheit wiedergefunden und warte, daß meine Sache entschieden wird ... Währenddessen vergehen die Tage langsam und eintönig. Ich lese, lese alles, was ich kriegen kann, von Romanen bis zu Platons Philosophie. Bücher sind hier meine einzige Gesellschaft, abgesehen von meinen Gedanken, die gegenwärtig nicht gerade als sehr glücklich zu bezeichnen sind ... Die Kinder? Die neuen Fotos machten mir große Freude, sie sind sehr schön ... Was mich bedrückt, ist, daß mir die Luft und Deine Besuche fehlen ... Liebe Deda, ich denke oft an Dich und sende Euch vieren meine liebevollen Küsse. Dein Gallo.«[16]

Am 30. Dezember berichtete ihm Edda, daß sie Buffarini geschrieben habe, der noch vor einem Jahr sich überschlagen hätte, ihr einen Gefallen zu erweisen, sie nun aber ignoriere. Sie warte voller Ungeduld auf den Prozeß und habe von ihrem Vater erfahren, daß er Anfang Januar stattfinden werde. »Für das neue Jahr habe ich nur einen einzigen Wunsch: daß Du freikommst und kein Mensch mehr etwas von uns hören wird.«[17]

Aber die Zeit wurde knapp, und Freiheit schien für Ciano nicht mehr im Bereich des Möglichen. Eine Person jedoch hoffte noch immer, und sie hatte einen Plan, wie man sein Leben retten konnte.

19. KAPITEL

Der Wettlauf um die Tagebücher beginnt

Nach Weihnachten schmiedeten Edda und Pucci Pläne für eine Flucht. Pucci sollte Edda in die Schweiz bringen und selbst wieder nach Italien zurückkehren, um ihrem Vater einen Brief zu überbringen, in dem sie ihm drohte, den Alliierten alle in ihrem Besitz befindlichen Aufzeichnungen Cianos, einschließlich seines Tagebuchs, zukommen zu lassen, wenn ihr Mann nicht freigelassen werde. Am Morgen des 27. Dezember brachen sie nach Como auf, entschieden sich dann aber für einen Zwischenstopp in Verona, um noch einmal mit Hildegard Beetz zu sprechen. Zu ihrer Überraschung drängte die Deutsche sie, ihre Flucht in die Schweiz zu verschieben, denn sie hatte sich einen eigenen Plan ausgedacht, wie man Cianos Leben retten könne.

Tags darauf ging Hildegard Beetz zu General Harster. Mit sehr bekümmerter Miene erklärte sie ihm, daß es für Ciano keine Hoffnung mehr gebe; er werde in Kürze vor Gericht gestellt und ohne Zweifel zum Tod verurteilt werden. »Wenn er erschossen wird, was mittlerweile sicher ist, werden sein Tagebuch und andere seiner Dokumente, die sich auf Deutschland beziehen, umgehend in Amerika und England veröffentlicht werden«, warnte sie ihn. »Stellen Sie sich vor, Herr General, welcher Schaden dem Reich daraus erwüchse.« Das müsse, so betonte sie, unter allen Umständen verhindert werden, und es gebe nur einen Weg, dies zu tun, nämlich Cianos Dokumente gegen sein Leben zu tauschen.[1]

Hildegard Beetz spielte ein sehr gefährliches Spiel, bei dem sie selbst Kopf und Kragen riskierte. Erst vor kurzem hatte Kaltenbrunner sie gefragt, ob es bei der Suche nach Cianos Tagebuch Fortschritte gebe, und sie hatte gelogen, indem sie behauptete, es sei in der Schweiz sicher versteckt. Höttl, ihr unmittelbarer Vorgesetzter, dachte, es liege im Vatikan. Ihm gegenüber deutete sie an, es könnte sich in den Händen des spanischen Außenministers Suñer, eines Freundes von Ciano, befinden. Nun beschwor sie Harster, mit seinen Vorgesetzten Kontakt aufzunehmen und ihnen den Vorschlag zu unterbreiten. Harster übermittelte Kaltenbrunner eine kodierte Botschaft und erhielt noch am gleichen Tag eine von diesem und Himmler unterzeichnete Antwort, aus der hervorging, daß sie den Vorschlag im Prinzip guthießen und genauere Anweisungen folgen lassen würden. Wie Harster später erfuhr, erhofften sich sowohl Himmler als auch Kaltenbrunner von Cianos Tagebuch belastendes Material, um ihren Erzrivalen Ribbentrop aus dem Amt jagen zu können. In einem Telefongespräch machte Kaltenbrunner dem General klar, daß weder er noch Himmler Hitler über den vorgeschlagenen Tauschhandel informiert hätten, weil sie überzeugt seien, daß er ihn verbieten würde. Sie brachten sich dadurch in eine gefährliche Lage, vereinbarten aber dennoch, Hitler nicht in die »Aktion Conte« – so Kaltenbrunners Bezeichnung – einzuweihen.

Telefonisch gab Himmler genauere Anweisungen an Harster durch. Zwei auf derartige Operationen spezialisierte SS-Männer würden bald in Verona eintreffen und sich bei Harster melden, der sie mit den beiden SS-Männern Krutsch und Guck in Verbindung bringen sollte, die Ciano bereits bewachten. Die neu angekommenen Agenten, getarnt als italienische Faschisten, würden Ciano dann nach Absprache entführen. So könnten sich alle in dem Glauben wiegen, daß Faschisten Ciano befreit hätten. Der sollte anschließend nach Ungarn geflogen werden, wo ihn ein Freund, der Graf Festetic, bei sich aufnehmen und anschließend in die Türkei schleusen würde. Sobald er dort eintreffen und dies in einem Anruf bei Edda bestätigen würde, sollte sie das Tagebuch und andere Dokumente den Deutschen übergeben. Natürlich würde sie während der ganzen Aktion aufmerksam observiert werden. Zunächst mußte allerdings Cianos Zustimmung eingeholt werden, die Hildegard Beetz auch prompt erhielt. Er machte jedoch auf sie einen recht apathischen Eindruck:»Es ist umsonst,

Ein Bild aus glücklicheren Tagen:
Edda Ciano am Vorabend des Zweiten Weltkriegs zu Besuch in London.
Rechts die Gattin des italienischen Botschafters in London Dino Grandi,
dessen Resolution im Juli 1943 zum Sturz Mussolinis führte

dabei wird nichts herauskommen«, sagte er zu ihr.»Trotzdem ist das Spiel ganz amüsant. Fangen wir also an.«² Kaltenbrunner, ein Pedant erster Ordnung, beschied, daß der Plan vertraglich abgesichert werden müsse. Bei einem Treffen am Neujahrstag 1944 in Innsbruck teilte Kaltenbrunner Harster mit, daß das Reichssicherheitshauptamt auf Garantien bestehe und Ciano einige seiner Dokumente sofort aushändigen solle. Der Vertrag wurde aufgesetzt und von Kaltenbrunner unterzeichnet. Ciano setzte am 2. Januar seine Unterschrift daneben und sagte zu Hildegard Beetz:»Allmählich fange ich an zu hoffen, daß es klappen wird.«³ Harster ließ den Vertrag mit einer Sondermaschine nach Berlin zu Kaltenbrunner bringen. Dann trafen die beiden SS-Männer, großgewachsene Holländer, die Ciano entführen sollten, in Verona ein. Die»Aktion Conte« sollte am 7. Januar über die Bühne gehen, nachdem ein Teil der Ciano-Papiere übergeben war. Der Prozeßbeginn war für den 8. Januar angesetzt.⁴

Während der ganzen Zeit wartete Edda voller Unruhe in Ramiola. Sie war der Verzweiflung nahe und mit ihren Nerven am Ende. Am 3. Januar kam Hildegard Beetz aus Verona und überbrachte ihr zwei Briefe Cianos. Der eine, offizielle, setzte Edda über den Fluchtplan in Kenntnis. Sie solle, hieß es darin, nach Rom fahren, die Dokumente aus dem Versteck holen und sie der Gestapo aushändigen. Am 7. Januar erwarte er sie um 21 Uhr bei Kilometer 10 auf der Straße Verona – Brescia. Den zweiten Brief hatte Hildegard Beetz heimlich herausgeschmuggelt. Er enthielt dieselben Anweisungen mit einer freilich entscheidenden Abweichung: Edda sollte den Deutschen lediglich fünf in grünes Leder gebundene Bände»Unterredungen« geben, in denen er sich während seiner Zeit als Außenminister persönliche Notizen über Gespräche mit italienischen und ausländischen Ministerialbeamten und Diplomaten gemacht hatte. Die Sammlung von Dokumenten mit dem Titel»Germania« sollte Edda sofort nach ihrem Eintreffen in der Schweiz den Alliierten übergeben. Das Tagebuch erwähnte er nicht, wußte er doch, daß es im Zuge von Eddas Fluchtvorbereitungen bei Mailand versteckt worden war. Ciano

bat seine Frau außerdem noch, eine große Summe Geldes mitzu-
bringen, damit er im Ausland leben könne.

Hildegard Beetz teilte Edda mit, daß sie am nächsten Morgen
um 4 Uhr ein Wagen der Gestapo abholen und nach Rom bringen
werde. Doch Edda fühlte sich zu schwach und einer so langen
Fahrt nicht gewachsen und entschied, daß statt ihrer Pucci die
Dokumente holen solle.

Pünktlich um 4 Uhr in der Frühe stand der Wagen vor der
Tür, in dem Hildegard Beetz und die beiden holländischen SS-
Agenten saßen.[5] Der eine, so machte sie Pucci deutlich, besitze
die Fähigkeit, einen Mann mit einem Schlag ins Gesicht zu töten,
ohne daß dieser einen Laut von sich geben könne. Wenn es soweit
sei, daß Ciano befreit werde, würde er sich die Wachen im Gefängnis vornehmen und notfalls auch töten, sollten sie Widerstand leisten. Die Fahrt nach Rom, über verschneite Gebirgs-
straßen, dauerte sechzehn Stunden. In der Hauptstadt begab sich
Pucci allein in die Wohnung von Cianos Onkel Gino, um die Dokumente zu holen, die in einem Geheimfach über einer Tür ein-
gemauert waren. Er sonderte die fünf Bände »Unterredungen«
von den Aufzeichnungen über Deutschland ab, stand aber dann
vor dem schier unlösbaren Problem, wo er letztere auf der langen
Rückfahrt nach Verona verstecken sollte. Schließlich steckte er
sich die auf Deutschland bezüglichen Dokumente unter seinen
langen Luftwaffenmantel und trug die anderen Dokumente vor
sich her. Als er in den Wagen stieg, war er überzeugt, daß die
Deutschen die Ausbuchtung unter seinem Mantel bereits bemerkt
hatten. Aber sie verloren kein Wort darüber, steuerten den Wagen
aus der Stadt, und Pucci entspannte sich.

Einige Kilometer später fuhr das Auto in eine Schneewehe,
und der Motor soff ab. Während der Fahrer wiederholt versuchte,
ihn wieder anzulassen, wurde Pucci immer nervöser und machte
schließlich den Vorschlag, auszusteigen und nach einem anderen
Wagen Ausschau zu halten. Stundenlang stapfte er durch den
Schnee, ohne daß ihm ein anderes Auto begegnet wäre. Es sollte
nicht die einzige Panne bleiben, und erst am Abend des 6. Januar
trafen Pucci und Hildegard Beetz in Verona ein. Hildegard Beetz

übergab Harster die Dokumente, deren Auslieferung Ciano zugestimmt hatte, und Pucci fuhr nach Ramiola zu Edda. Am Morgen
des nächsten Tages, an dem Ciano bei Kilometer 10 der Straße
Verona – Brescia ausgesetzt werden sollte, brachen sie von Ramiola auf. Sie machten in Mailand halt, um die dort versteckten fünf kleinen Bände des Tagebuchs von 1939 bis 1943 abzuholen, die sie in
einem Koffer verstauten, während sie die Dokumente, die sich auf
Deutschland bezogen, separat hielten. Um 18 Uhr starteten sie
zum vereinbarten Treffpunkt, doch auf halbem Wege hatten sie
eine Reifenpanne. Inzwischen war es 20 Uhr, und es blieb ihnen
nur noch eine Stunde bis zum Treffen mit Ciano. Pucci blieb
beim Wagen zurück, während Edda versuchte, per Autostopp ans
Ziel zu gelangen. Sie brauchte nicht lange zu warten: Ein Wagen
hielt, in dem zwei Minister der faschistischen Regierung saßen,
die Edda zum Glück nicht erkannten. Sie fuhren indes nur bis
Brescia. Dort wurde Edda nach längerem Warten von einem
deutschen Militärkonvoi mitgenommen und kurz vor dem vereinbarten Treffpunkt abgesetzt. Nun hielt sie einen Radfahrer an,
erzählte ihm, sie müsse unbedingt zur kranken Mutter ihres Ver-
lobten, der Soldat sei. Der Radfahrer nahm sie mit; doch mittlerweile war es 23 Uhr, zwei Stunden über der Zeit, und niemand
war da.

Edda kauerte sich in einen Graben, um vor der eisigen Kälte
Schutz zu suchen. Jedesmal, wenn ein Wagen vorüberfuhr, erhob
sie sich erwartungsvoll, doch die Autos rasten vorbei. Wegen der
Ausgangssperre mußte sie bis fünf Uhr morgens in dem Graben
ausharren. Halb erfroren, völlig verdreckt und erschöpft erschien
sie dann auf der Deutschen Kommandantur, um Harster zu sprechen. Von ihm erfuhr sie, daß alles umsonst gewesen war. Am
Nachmittag des 6. Januar sei er, Harster, von Hitler persönlich
angerufen worden, der von der »Aktion Conte« erfahren und den
Befehl gegeben habe, sie abzublasen. Entweder hatte Ribbentrop
von dem Plan Wind bekommen und Hitler davon unterrichtet,
oder, so die Darstellung von Harsters Vorgesetztem Höttl,
Himmler und Kaltenbrunner hatten im letzten Moment kalte

Füße bekommen und Hitler eingeweiht, der seine Zustimmung verweigerte.

Wie dem auch sei, Harster leitete die Nachricht an Hildegard Beetz weiter, die wiederum Ciano über das Scheitern des Rettungsversuchs unterrichtete. Daraufhin schrieb er Edda einen kurzen Brief, den Hildegard Beetz persönlich überbringen sollte. »Meine liebe Edda«, schrieb er, »während Du immer noch in der glücklichen Illusion lebst, daß ich in ein paar Stunden frei und wir alle wieder vereint sein werden, hat für mich der Todeskampf begonnen. Gott segne unsere Kinder. Bitte erziehe sie in der Ehrfurcht gegenüber jenen Ehrbarkeitsprinzipien, die ich von meinem Vater gelernt habe und die ich ihnen hätte weitergeben können, wenn man mich hätte leben lassen.« Er beschwor sie, Drohbriefe an Mussolini und Hitler zu schicken und mit dem Tagebuch in die Schweiz zu fliehen.[6]

An diesem 7. Januar verfaßte Ciano auch sein Testament, in dem er alles, was er besaß, seiner Frau und seinen Kindern vermachte und seinen Onkel Gino zu deren Vormund bestimmte. Danach listete er seine Vermögenswerte auf und bat, in Livorno neben seinem Vater beerdigt zu werden.

Am selben Abend wurde der Generalsekretär der Partei, Pavolini, in die Deutsche Botschaft in Fasano beordert, wo ihn Rahns Stellvertreter von Reichert bat, den Prozeßbeginn um einige Tage zu verschieben. Pavolini selbst konnte keine Entscheidung treffen und fuhr deshalb sofort nach Gargnano zu Mussolini, der von diesem deutschen Ersuchen nicht wenig überrascht war, es aber nicht für ratsam hielt, den Prozeß auch nur um einen einzigen Tag zu verschieben. Dabei blieb es dann auch. Wer um die Verschiebung gebeten hat, bleibt unklar. Mussolini vermutete eine Intervention Spaniens oder Ungarns zu Cianos Gunsten; »Es sei denn«, fügte er gegenüber Dolfin hinzu, »sie geht auf Hitler selbst zurück, der mich liebt und im Grunde ein sentimentaler Mensch ist ... Vielleicht versuchte er, mir einen großen Schmerz zu ersparen.«[7]

Am Morgen des 8. Januar traf Hildegard Beetz Edda in Harsters Amtszimmer. Auf ihrem Hotelzimmer kam es anschließend zu einem Wutausbruch Eddas: »Sie haben uns auf schändlichste

Weise getäuscht, und ich möchte schwören, daß Sie es sofort wieder tun würden. Man kann Ihnen nicht trauen, selbst wenn das Leben eines Menschen auf dem Spiel steht. Aber Sie werden teuer dafür bezahlen, das schwöre ich Ihnen.« Sie habe Edda berichtet, was vorgefallen war, so Hildegard Beetz später, und Edda habe sich entschuldigt. Geglaubt hat sie ihr wohl nicht.[8]
Von einem Dutzend Gestapoagenten bewacht, wurden Edda und Pucci nach Ramiola zurückgebracht. Pucci versprach Edda, sie auf dem schnellsten Weg in die Schweiz zu bringen, selbst wieder nach Italien zurückzukehren und die Briefe, die Ciano sie gebeten hatte zu schreiben, Mussolini zu übergeben bzw. nach Berlin an Hitler zu schicken.

In Ramiola vertraute Edda jene Dokumente, die sie nicht mit in die Schweiz nehmen konnte, einem der Melocchi-Brüder an, denen die Klinik gehörte, in der sie sich seit ihrer Rückkehr aus Deutschland aufgehalten hatte. Diese Dokumente umfaßten zwölf Bände »Unterredungen«, die nicht den Deutschen übergeben worden waren, die »Deutschland«-Dokumente, die beiden Tagebuchbände aus den Jahren 1937/38 sowie Tonbandaufnahmen von Reden Mussolinis. In der Obhut Melocchis ließ Edda außerdem noch Schmuck, Pelzmäntel und ihre gesamten persönlichen Unterlagen, einschließlich ihres Tagebuchs als Krankenschwester, und Aufzeichnungen, die Mussolini 1916/17 als Soldat an der Front gemacht und seiner Tochter gegeben hatte. Pucci schnitt von einer Pyjamahose die Beine ab und nähte in eines die fünf Bände des Tagebuchs der Kriegsjahre. Dann befestigte er das Ganze an einem Gürtel, den Edda sich unter ihrem Mantel um die Taille schnallte.

Noch am gleichen Abend – und wohl nicht erst, wie Pucci sich erinnerte, am Sonntagmorgen – schlich sich Edda aus der Klinik, in der am Wochenende weniger Wachtposten als gewöhnlich Dienst taten. Sie lief querfeldein zu dem vereinbarten Treffpunkt mit Pucci, der dort in seinem Wagen wartete. Er hatte von der Gestapo die Genehmigung erhalten, sich zu einer medizinischen Untersuchung ins Luftwaffenhospital von Ferrara zu begeben. Auf Nebenstraßen und Schleichwegen gelangten sie nach Como, wo sie Tanino Pessino, einen Freund, der vorübergehend auch die Tagebücher versteckt hatte, sowie einen anderen Mann aufsuchten, der sich Onkel Piero nannte und den Grenzübertritt in die Wege leiten sollte. Dann fuhren sie zu dem an der Grenze gelegenen Örtchen Viggiù weiter und verbrachten dort die Nacht.

Hier schrieb Edda, assistiert von Pucci, drei Briefe: einen an Harster, einen an ihren Vater und einen an Hitler. In allen dreien erklärte sie, von den Deutschen wiederholt getäuscht worden zu sein, forderte die Freilassung ihres Mannes binnen dreier Tage und schwor, alle ihr zur Verfügung stehenden Informationen an die Alliierten weiterzugeben, sollte er verurteilt werden. Die Briefe datierte sie auf den 10. Januar. Im Brief an Harster führte sie im einzelnen aus, daß sie Ciano am Berner Hauptbahnhof erwarte, begleitet nur von Hildegard Beetz. »Wenn das loyal und ehrlich ausgeführt wird, werden wir uns ins Privatleben zurückziehen, und man wird nichts mehr von uns hören«, schrieb sie und fügte hinzu, daß die Tagebuchbände noch am selben Tag Frau Beetz übergeben werden würden. Im Brief an ihren Vater beklagte sie sich darüber, daß er »nicht die geringste Spur von Humanität und Gerechtigkeit gezeigt habe«.[9]

Am Sonntag, dem 9. Januar, um 7 Uhr morgens wurde Untersturmführer Robert Hutting zu Harster zitiert, der ihm ein Telegramm Kaltenbrunners zu lesen gab. Darin stand: »Tochter von Herrn Mayer [Codename für Mussolini] genau im Auge behalten. Sie kann sich frei bewegen, aber in die Schweiz darf sie nicht entkommen. Ein möglicher Versuch, das Land zu verlassen, muß verhindert werden, und sei es mit Gewalt. Die Tagebücher des Schwiegersohnes von Herrn Mayer müssen noch gefunden werden. Suchen Sie nach ihnen.«[10]

Auf der Stelle brachen Hutting und sieben weitere SS-Männer nach Ramiola auf. In der Klinik wurde ihnen gesagt, daß Edda noch schlafe. An der Tür ihres Zimmers hing ein Zettel: »Ich bin sehr müde und fühle mich nicht wohl. Bitte nicht stören.« Als Hutting nach einigem Warten die Tür aufbrach, fand er das Zimmer verlassen und in großer Unordnung vor. Eine Durchsuchung blieb ergebnislos. Die SS-Einheiten in Gargnano, Varese und Como erhielten Befehl, die Fahndung einzuleiten. Am späten Nachmittag dieses 9. Januar befand sich Edda jedoch bereits auf Schweizer Boden.[11]

In einer dramatischen Aktion war sie tags zuvor bei Einbruch der Dämmerung von Onkel Piero an einer deutschen Patrouille vorbei über die Grenze geschafft worden.»Anstatt zu rennen«, erinnerte sie sich später,»überquerte ich mit ruhigen Schritten und aufrecht gehend das im Mondlicht liegende Feld. Ich weiß nicht warum, aber es war mir plötzlich egal, was mit mir geschehen würde. Der Schweizer Zollbeamte erwartete die Prinzessin von Aosta – diesen Namen hatte man ihm genannt – und war erstaunt und verärgert, als ich mich als Edda Ciano zu erkennen gab.« Nach mehreren Telefonaten zwischen dem Grenzposten und Bern mußte Edda die Nacht dort verbringen. Am nächsten Tag wurde sie nach Neggio gebracht, dem Städtchen, in dem ihre Kinder lebten.[12]

Nachdem er in Grenznähe noch etwa eine Stunde gewartet hatte, um sicher zu sein, daß Edda sicher auf Schweizer Boden angelangt war, kehrte Pucci in sein Hotel zurück und fuhr dann sofort weiter nach Verona, wo am Vortag Cianos Prozeß begonnen hatte. Gegen Mitternacht suchte Pucci Hildegard Beetz in ihrem Hotel auf, um ihr Eddas Briefe zu übergeben und mitzuteilen, daß sie mit dem Tagebuch entkommen sei. Er bat sie, die Briefe so schnell wie möglich weiterzuleiten, um Cianos Hinrichtung zu verhindern. Hildegard Beetz versprach, dies am Montagmorgen zu tun, damit er genug Zeit habe, selbst die Grenze zu überqueren.

Pucci steuerte Sondrio an, in der Hoffnung, dort über die Grenze zu kommen. Aber er fühlte sich nicht gut und hatte in den letzten acht Tagen kaum geschlafen. So fuhr er rechts ran, um eine Pause zu machen. Kurz vor vier Uhr morgens wachte er auf und mußte feststellen, daß der Motor seines Wagens nicht ansprang, also ging er zu einem in der Nähe gelegenen Bauernhaus, um Hilfe zu holen. Da hörte er ein Auto kommen, rannte zur Straße zurück und winkte mit den Armen. Der Wagen hielt. Zu seinem Entsetzen stiegen vier Deutsche aus und verlangten, seine

Papiere zu sehen. Als sie erkannten, um wen es sich handelte, schrien sie wütend auf ihn ein:»Wo ist die Gräfin?«Pucci wurde gegen eine Mauer gestoßen, zusammengeschlagen, in den Wagen geworfen und ins Gestapo-Hauptquartier nach Verona gebracht. Dort konnte Hildegard Beetz kurz mit ihm sprechen. Am Abend fuhren sie ihn dann nach Ramiola.

Nach einem mehrstündigen Verhör befahl ihm der zuständige SS-Offizier, Zivilkleider anzuziehen und sich für eine Reise nach Mailand fertig zu machen. Dort brachte man Pucci ins Hotel Regina. Inzwischen hatte man den Besitzer des Hotels Madonnina in Viggiù herbeigeholt, der den Deutschen erzählte, daß Pucci Edda über die Grenze geschafft habe.

»Kurz darauf«, so Pucci später,»wurde ich in die Folterkammer geführt vor einen merkwürdig eleganten preußischen Oberst, einen lächelnden österreichischen Major und deren Adlaten. Schon beim Betreten des Raumes fiel mir das sorgfältig gescheitelte Haar des Obersten auf, seine tadellos gebügelte Uniform, sein glattrasiertes Gesicht. Was mich aber verblüffte, waren seine Hände, kleine, gepflegte Hände, die aussahen, als könnten sie keiner Fliege etwas zuleide tun. Als er seine Beute erblickte, lächelte der Oberst. Zu seiner Linken saß sein Adjutant, ebenfalls ein Preuße, in der Ecke eine alte Frau … hinter einer Schreibmaschine. Das Verhör begann. Sie wollten alles wissen über die Flucht der Gräfin und ihrer Kinder, ob sie das Tagebuch oder andere Dokumente mitgenommen habe, und wenn nicht, wo sie versteckt seien. Alle diese Fragen prasselten in gebrochenem Englisch oder in einem grammatisch noch fehlerhafteren Französisch auf mich herab. Ich hatte mir vorgenommen, nicht zu antworten, und sagte den drei Offizieren mit ruhiger Stimme, daß ich nicht zu reden gedächte.«

Der Oberst murmelte dem Major zu seiner Rechten etwas zu. In diesem Moment erhob sich die alte Frau und stürzte aus dem Zimmer. Der Oberst stand auf, schritt zu einem Schrank, wählte drei Reitpeitschen aus und reichte jedem der beiden anderen Offiziere eine. Alle drei schlugen nun auf Pucci ein. Der erste Schlag traf ihn am Kopf, Blut rann ihm übers Gesicht, und unter wüsten

Beschimpfungen traktierten sie ihn fast bis zur Bewußtlosigkeit. Dann hielten sie inne und verhörten ihn von neuem. Wieder verweigerte Pucci jede Auskunft, und das Schlagen ging weiter, bis Pucci über und über mit Blut besudelt war. Da herrschte ihn der Oberst an, sich das Blut vom Gesicht zu wischen.

»In diesem Moment«, so erinnerte sich Pucci später, »ganz plötzlich, aus dem Nichts gewissermaßen, kam mir der Gedanke, wie lächerlich das alles ist. Vor mir standen drei Männer, die es gewohnt waren, ihren Willen durchzusetzen, und da war ich, ein Problem, das sie anscheinend nicht zu lösen vermochten. Also zog ich mein Taschentuch heraus und tupfte mir das Blut sorgfältig von Gesicht und Hals. Ich fand in der Tasche einen kleinen Kamm … und begann mich damit ganz gemächlich zu kämmen. Als ich damit fertig war, fragte ich den Oberst, ob es so in Ordnung sei. Er sah mich völlig verblüfft an, wie man ein ungezogenes Kind ansieht, mit dem man schwer fertig wird. Ich empfand eine gewisse Genugtuung.«

Da trat der Oberst wieder zum Schrank und nahm einige merkwürdige Gegenstände aus Stahl heraus. Pucci mußte sich auf einen Stuhl setzen, und die Stahlklammern wurden ihm um Finger und Handgelenke gelegt und angezogen. »Ich hatte das Gefühl, als würden mir die Knochen gebrochen, und kalter Schweiß rann mir den Rücken hinunter; dann verlor ich das Bewußtsein«, berichtete er. »Als ich wieder zu mir kam, schlug mich der Major mit seiner Reitpeitsche. In meinem Mund hatte ich den süßen, warmen Geschmack von Blut. Von beiden Seiten schrien mir der Hauptmann und der Oberst Fragen in die Ohren. Wieder schaffte ich es zu schweigen. Ich wollte vor diesen Leuten nicht reden und nicht jammern. Die ganze Nacht hindurch schlugen sie weiter auf mich ein und quetschten mir Finger und Handgelenke. Alle paar Minuten wurde ich ohnmächtig.«

Um zehn Uhr trat eine kurze Pause ein. Die Deutschen waren hungrig. Während einer zum Essen ging, setzten die anderen beiden ihre Arbeit fort, nicht ohne ihm vorher fröhlich und aufgeräumt »Mahlzeit« gewünscht zu haben. Gegen Mitternacht verließen die Deutschen das Zimmer und kamen mit Maschinen-

Emilio Pucci,
der Freund und Vertraute Edda Cianos,
der nach dem Krieg ein bekannter Modeschöpfer wurde
Aufnahme um 1968

pistolen zurück. Pucci wurde gegen eine Wand gestoßen. Man setzte ihm die Gewehre an die Gurgel, und der Oberst sagte: »Sie haben eine Minute Zeit, um zu antworten; wenn Sie nicht antworten, schießen wir.« Er zog eine Taschenuhr heraus, starrte auf das Zifferblatt und zählte. Als er bei eins angelangt war, schwanden Pucci die Sinne.

Die Deutschen schleppten ihn ins Freie, und in der kalten Nachtluft kam er wieder zu sich. Darauf fuhren sie mit ihm zu einem Gefängnis und warfen ihn in eine eisige Zelle. Am nächsten

Tag gingen die Folterungen weiter. Am dritten Tag jedoch, nachdem man ihn wieder vergeblich verhört hatte, brachte man ihn mittags in seine Zelle zurück. Kurz darauf trat Hildegard Beetz ein. Sie hatte mit Berlin telefoniert und seine Freilassung erreicht; er müsse lediglich dafür einstehen, daß er Edda zur Vernunft bringen und sie von antideutschen Aktionen abhalten werde. Pucci erklärte ihr, er werde sich auf eine solche Bedingung nicht einlassen, worauf Hildegard Beetz zu weinen anfing und ihm zu verstehen gab, daß er sich ja nicht daran halten müsse, Hauptsache er käme frei. Am Ende erklärte sich Pucci bereit, mit Edda zu reden. In der Nacht wurde er vom SD mit einem Boot über die Grenze in die Schweiz geschafft.

Sogleich versuchte er, über den britischen Vizekonsul in Lugano, Lancelot de Garston, das Interesse der Alliierten an Cianos Tagebuch zu wecken, was ihm jedoch nicht gelang. Drei Tage lang suchte er nach Edda, dann erlitt er einen Zusammenbruch und wurde in ein Krankenhaus eingeliefert, wo die Ärzte mehrere Schädelbrüche diagnostizierten.

20. KAPITEL
Prozeß und Hinrichtung

Der Prozeß gegen Ciano und seine Mitangeklagten begann am Morgen des 8. Januar 1944 im Festsaal des Castelvecchio, einer aus dem Jahr 1354 stammenden Festung am Ufer der Etsch. Zehn Tage vorher hatte Mussolini Justizminister Piero Pisenti gebeten, die Anklage gegen Ciano zu überprüfen und Empfehlungen auszusprechen, aber das war offenbar nur der Form halber geschehen; der Duce hatte sich bereits entschlossen, den Prozeß durchführen zu lassen. Am 31. Dezember erstattete Pisenti Bericht und erklärte, daß der Vorwurf des Landesverrats auf tönernen Füßen stehe, das Todesurteil allerdings schon im Dekret zur Einsetzung des Tribunals enthalten sei. Nach kurzem Schweigen explodierte Mussolini. »Sie sehen diesen Prozeß nur unter juristischem Aspekt«, polterte er los, »während ich ihn unter politischem Aspekt sehen muß. Vor der Staatsräson haben alle anderen Erwägungen in den Hintergrund zu treten. Daher müssen wir die Sache bis zum bitteren Ende durchstehen.« Pisenti deutete an, daß man mildernde Umstände finden könnte, um das Leben der Angeklagten zu retten. »Dann sprechen Sie darüber mit Präsident Vecchini«, entgegnete Mussolini. Doch der Vorsitzende des Gerichts wollte von Pisentis Anregung nichts wissen.[1]

Rudolf Rahn, der deutsche Botschafter in Italien, wollte Ciano freibekommen und flog zu Prozeßbeginn nach Rastenburg, um Hitler den Vorschlag zu machen, den Grafen in die Schweiz entkommen zu lassen. Von Ribbentrop wußte er, daß Hitler den Prozeß als eine Angelegenheit Mussolinis betrachtete und sich nicht einzumischen gedachte. Bei seiner Unterredung mit Hitler hob Rahn hervor, daß die Familie im Leben der Italiener eine wichtige Rolle spiele, und gab zu bedenken, daß Mussolinis Ansehen Scha-

den nehmen könnte, wenn er seinen Schwiegersohn hinrichten
ließe. Hitler wiederholte seinen Standpunkt, daß das Verfahren
ausschließlich Mussolinis Angelegenheit sei und die Deutschen
sich nicht einmischen dürften.[2] In angriffslustiger Stimmung bereitete sich Ciano indessen auf
seinen Prozeß vor. Er wollte den Richtern ins Gesicht sagen, was
er von ihnen und ihren Oberen hielt, und sie darauf hinweisen,
daß auch sie bald sterben müßten. Sein Mithäftling Cianetti drohte ihm, ihn niederzuschlagen, wenn er nicht den Mund halte.
»Hast du dir wirklich in den Kopf gesetzt, uns alle in Gefahr zu
bringen?« fragte er Ciano, worauf der erbost erwiderte: »Aber be-
greift doch endlich, daß dieser Prozeß nur eine tragische Farce ist.
Unser Schicksal wurde bereits anderswo entschieden, und keiner,
ich betone, keiner von uns wird sich retten können. Habt ihr denn
in all den Jahren noch immer nicht begriffen, was Mussolini für
ein erbärmlicher Feigling ist?«[3]

Der Prozeß begann unter massiven Sicherheitsvorkehrungen.
Es war ein öffentlicher Prozeß, aber im Saal drängten sich ausschließlich Funktionäre der faschistischen Partei, die in ihren tra-
ditionellen Schwarzhemden erschienen. Die Deutschen hatten einige Beobachter entsandt, darunter auch Hildegard Beetz. Hinter
den Richtern hing ein riesiges schwarzes Tuch mit dem roten
Parteiemblem und darüber ein kleines Kruzifix. Unmittelbar vor
Verhandlungsbeginn ließ ein Parteifunktionär die hochlehnigen
Ledersessel, die für die Angeklagten bestimmt waren, durch un-
bequeme, klapprige Holzstühle ersetzen.

Die Angeklagten betraten den Gerichtssaal mit gefaßter Miene, bis auf den alten Marinelli, dem man die Verwirrung ansah.
Ciano, im eleganten, maßgeschneiderten beigen Mantel, unter
dem er ein dunkelbraunes Sportsakko und graue Hosen trug, gab
sich wie immer selbstbewußt. Veronas führender Strafverteidiger
Luigi Perego, der ihn eigentlich hätte verteidigen sollen, hatte
sich wegen Krankheit entschuldigen lassen. Zwei andere Anwälte
lehnten rundweg ab, woraufhin das Gericht Paolo Tommasini mit
der hoffnungslosen Aufgabe betraute, Ciano zu verteidigen.

Der siebenundsiebzigjährige Marschall Emilio de Bono wurde

als erster befragt. Er gehörte zu Mussolinis ältesten Weggefähr-
ten, hatte die Truppen im Abessinienkrieg geführt und war nach
einem fehlgeschlagenen Angriff innerhalb weniger Tage durch
Badoglio ersetzt worden. Er habe, erklärte er dem Gericht, die
Grandi-Resolution nicht unterzeichnet, damit Mussolini abgesetzt, sondern damit ihm eine Last abgenommen würde und sich
die Italiener im Widerstand gegen den Feind um den König
scharten. Weder habe er dem Duce die Treue brechen noch den
Faschismus verraten noch das Bündnis mit Deutschland hinter-
treiben wollen. In diesem Sinne äußerten sich auch alle anderen
Angeklagten.

Als letzter wurde in der Nachmittagssitzung Ciano aufgerufen,
der vor Wut schnaubte. »Ich weise die gegen mich erhobenen Anschuldigungen kategorisch und empört zurück«, sagte er. »Sie
stellen eine Beleidigung meiner gesamten Vergangenheit als Bür-
ger, Soldat und vor allem als Faschist dar … Hätte mich der Duce
wegen der Sitzung des Großrates gefragt, so hätte ich ihm davon
abgeraten, weil es damals aufgrund der möglichen internationalen
Auswirkungen nicht klug war, eine solche Sitzung einzuberufen.
Ich wiederhole, daß ich weder die Sache noch den Duce habe verraten wollen. Mit meiner Stimme wollte ich lediglich mit der
Krone Fühlung aufnehmen und sie bewegen, sich in den Krieg
einzuschalten, weil sie während des ganzen Konflikts so unbetei-
ligt geblieben war.« Cianos Zeugenaussage wurde von wütenden
Zwischenrufen der Zuschauer unterbrochen wie: »Tötet ihn!«
»Verräter!« »Das ist nicht wahr!«[4]

Staatsanwalt Andrea Fortunato, ein Sizilianer, der einen Teil
seines rechten Arms im Ersten Weltkrieg eingebüßt hatte, fragte
den Angeklagten, warum er Mussolini nicht selbst auf die geplante Sitzung des Großrates angesprochen habe. »Da ich nicht mehr
Außenminister war«, antwortete Ciano, »konnte ich mich nicht
mehr so ohne weiteres dem Regierungsoberhaupt nähern. Ich
muß im übrigen hinzufügen, daß ich den Duce stets als Regierungschef behandelte und daher eine gewisse Distanz wahrte.«

Hierauf schaltete sich Richter Franz Pagiani ein. »Was haben
Sie denn für Mussolini getan, als Sie von seiner Verhaftung erfuh-

ren?« wollte er wissen. »Sie, der Sie ihm Dank schuldeten dafür, daß er Ihnen in so jungen Jahren zu Amt und Würden verholfen hatte, und der Sie doch vor allem wußten, daß er der Großvater Ihrer Kinder und der Vater Ihrer Frau ist?« »Verdächtigt, beobachtet, ja sogar überwacht, wie ich damals war«, entgegnete Ciano, »erschien es mir völlig ausgeschlossen, etwas für ihn zu tun.« Er schilderte seine eigene Lage damals, die Pressekampagne gegen ihn, die Gefahr einer Verhaftung. Nach weiteren Fragen gab Ciano schließlich zu, einen Fehler begangen zu haben, nicht aber Verrat: »Ich bin dem Duce immer treu ergeben gewesen, ich habe ihm immer gedient, ich verdanke ihm alles, und wenn er mich gerufen hätte, würde ich nicht gezögert haben, ihm die volle Wahrheit zu sagen«, erklärte er. Vecchini wandte ein: »Aber Sie haben jedenfalls nicht daran gedacht, ihn zu retten. Zumindest als Verwandter wäre das Ihre Pflicht gewesen.« Ciano senkte den Kopf.[5]

Die Anklage war schwach; die Staatsanwaltschaft bot keine Zeugen auf, die konkrete Beweise für eine Verschwörung zur Absetzung Mussolinis hätten vorbringen können. Nachdem Ciano ausgesagt hatte, vertagte sich das Gericht. Seinem Wärter gegenüber äußerte er an diesem Abend, die Richter wollten »Blut sehen«.[6]

Am nächsten Morgen, einem Sonntag, stellte Richter Enrico Vezzalini den Angeklagten zwei Fragen: 1. Wie sie auf die Idee verfallen seien, der Monarchie den militärischen Oberbefehl zu übertragen, wo sie doch der Monarchie mangelndes Interesse am Krieg vorwarfen? 2. Ob de Bono und Ciano, beide Träger des Annunziataordens, sich beim König für den verhafteten Mussolini eingesetzt hätten? Auf die erste Frage wiederholte Ciano, was er bereits am Vortag zu Protokoll gegeben hatte: daß er die Monarchie zu einer aktiveren Rolle im Krieg habe bewegen wollen und deshalb die Grandi-Resolution unterstützte. Auf die zweite Frage entgegnete er: »Ich tat nichts dergleichen, weil ich der einzige Träger des Annunziataordens war, der keine Verbindungen zum Königshaus hatte.« Außerdem hätten ihm Senise und Acquarone jegliche Kontaktaufnahme mit dem Duce verboten, und sein schlechtes Verhältnis zu Badoglio sei dem Tribunal ja hinlänglich bekannt.[7] Fortunato faßte den Fall aus der Sicht des Staatsanwalts zusammen. Er erklärte, die moralische Ordnung sei durch die Sitzung des Großrats schwer erschüttert worden; ferner legte er den Angeklagten zur Last, daß sie durch die Absetzung des Duce ihre eigene Haut hätten retten wollen, und forderte für alle die Todesstrafe.

Darauf folgte das Plädoyer der Verteidiger, die der Aufgabe, mit der man sie betraut hatte, mit deutlicher Verlegenheit nachkamen. Alle machten geltend, daß ihre Klienten die Grandi-Resolution einfach falsch eingeschätzt und nicht die Absicht gehabt hätten, den Duce zu verraten. Nach dem Krieg erzählte General Renzo Montagna, ein Richter, der nach Badoglios Regierungsantritt kurzzeitig inhaftiert gewesen war, es sei »peinlich« gewesen, sich Tommasinis Verteidigungsrede für Ciano anzuhören, die so miserabel gewesen sei und so dummes Zeug enthalten habe, daß die Zuschauer und auch Ciano mehrmals in Gelächter ausbrachen. Dennoch bedankte er sich bei Tommasini.[8]

Der vorsitzende Richter Vecchini verweilte derart lang bei juristischen Fragen, daß manche meinten, er suche nach einem Ausweg, um die Gefangenen doch noch vor der Todesstrafe zu bewahren. Auch in Ciano begann Hoffnung zu keimen. Doch Montagna sagte, Vecchini sei in Wirklichkeit derjenige unter den Richtern gewesen, der keinem Argument zugunsten der Angeklagten Gehör schenken wollte. Ciano gab sich heiter und zuversichtlich und scherzte mit einem jungen Milizionär. »Ihr also werdet uns morgen erschießen …« Der junge Mann gab keine Antwort, aber sein Vorgesetzter erwiderte: »Dafür sind wir nicht zuständig. Denn ich weiß schon, wie sich das Exekutionskommando zusammensetzt.«[9]

Am Spätnachmittag nahmen die neun Richter ihre Beratungen auf. Montagna war in einigen Fällen gegen die Todesstrafe und fand bei drei anderen Richtern Unterstützung, die Cianetti, de Bono und Gottardi das Äußerste ersparen wollten. Keiner jedoch legte ein gutes Wort für Ciano ein. Vecchini und drei weitere

Richter waren sich einig, daß alle sterben sollten. Der neunte, Giovanni Riggio, war unentschieden.

Während der Nacht erlebte Verona einen schweren Bombenangriff. Am nächsten Morgen um zehn Uhr, nachdem die letzten Verteidiger ihre Plädoyers gehalten hatten, zog sich das Gericht zur Urteilsfindung zurück. Die Verteidiger erhielten Warnungen, sich bedeckt zu halten, weil es im Saal Männer gebe, die die »Verräter« auf der Stelle erschießen würden, falls die Angeklagten freikämen. Ciano schmerzte die Feindseligkeit, die ihm aus dem Publikum entgegengeschlagen war. »Warum so viel Haß gegen mich?« fragte er Cersosimo. »Ist es denn möglich, daß mich die Italiener nicht verstehen und sich derart von den Deutschen beeinflussen lassen? ... Wenn uns das Tribunal nicht zum Tod verurteilt, werden das diese Fanatiker dort draußen besorgen.«[10]

Die Richter, die mit schwarzen und weißen Kugeln stimmten, entschieden mit einer hauchdünnen Mehrheit von 5 zu 4, daß Cianetti und de Bono verschont werden sollten. Vezzalini sprang auf und schrie: »Ihr seid im Begriff, den Faschismus zu verraten! Auch ihr solltet vor Gericht kommen und als Verräter enden! Ich schlage eine zweite Abstimmung vor, aber vergeßt nicht, was ich euch eben sagte!« Riggio, der zugunsten de Bonos gestimmt hatte, wechselte nun das Lager, und mit 5 zu 4 Stimmen wurde auch de Bono zum Tode verurteilt. Nur Cianetti blieb verschont und erhielt eine dreißigjährige Haftstrafe.[11]

Um halb zwei trat das Gericht wieder zusammen, und Vecchini verlas die Urteile mit sehr leiser Stimme. Als er zu Ciano kam, erinnerte er an dessen Reaktion, als er von der Verhaftung Mussolinis erfahren hatte: »Jetzt werden sie uns ebenfalls Handschellen anlegen.« Das beweise, sagte Vecchini, daß Ciano um sich selbst mehr besorgt gewesen sei als um das Schicksal seines Regierungschefs, Wohltäters und Verwandten. Ciano antwortete mit einem Wutanfall, die anderen Angeklagten hörten sich die Urteilsverkündung schweigend an. De Bono hatte wieder einmal nicht verstanden, was Vecchini sagte, und wandte sich an Ciano. Der deutete auf Cianetti und sagte: »Nur der ist gerettet, für uns ist es aus.« Dann bekreuzigte er sich. Marinelli, ebenfalls völlig entgeistert, fragte Ciano:»Und was ist mit mir, was haben sie entschieden?«»Den Tod, wie für uns andere«, erwiderte er. Marinelli wurde ohnmächtig.[12]

Noch vor drei Uhr erfuhr Mussolini durch Dolfin von den Urteilen.»Er wirkt sehr ruhig, aber sein Gesicht ist verzerrt, und seine Augenlider sind röter als sonst«, schrieb Dolfin in sein Tagebuch. »Mussolini schweigt zunächst, er scheint nachzudenken. Dann, unvermittelt aufspringend, fast so, als wolle er sich von einem inneren Druck befreien, der ihn quält, sagt er zu mir: ›Das Dilemma, in das ich den Großrat brachte, war klar. Für die Grandi-Resolution zu stimmen, bedeutete die Krise des Regimes heraufzubeschwören und die Nachfolgefrage zu stellen – mit anderen Worten, Italien in den Abgrund zu stürzen. Grandi, Bottai, Federzoni, Albini und die anderen wußten das alles und lösten die Katastrophe vorsätzlich aus … Ciano war über diese Ziele im Bilde und spielte mit hohem Einsatz.‹«[13]

Um vier Uhr rief Mussolini Cosmin an und wollte von ihm wissen, ob Ciano nach der Urteilsverkündung etwas gesagt habe. Cosmin erwiderte:»Direkt nachdem das Urteil verlesen worden war, wandte sich Ciano zu Cianetti und flüsterte ihm zu: ›Ich bin froh, daß du eines Tages unser Andenken verteidigen kannst.‹«[14]

Währenddessen spielten sich im Gefängnis erschütternde Szenen ab. Benini, bei dem Ciano Trost zu finden hoffte, warf sich ihm schluchzend in die Arme und mußte selbst getröstet werden. Im Laufe des Nachmittags schrieb Ciano zwei Abschiedsbriefe, einen an seine Mutter und einen an seine Kinder und Edda, in dem er sie, ersichtlich um Worte ringend, seiner Liebe versicherte und sie auf ihre zukünftigen Aufgaben verwies:»Liebe Edda, Du bist gut, stark und großherzig. Ich vertraue Dir unsere drei Kleinen an und bin sicher, daß Du sie auf dem Weg der Tugend führen wirst. Ihretwegen, um ihrer Zukunft willen mußt Du Mut fassen und diese Stunden der Angst überwinden. Es ist eine harte Prüfung, der Dich der Himmel unterzieht, aber hab Zuversicht und sag

Dir, daß ich immer bei Dir, um Dich sein werde, wenn ich Dir auch im Leben zuweilen fern war.«[15] Auch seine Mutter ermahnte er, stark zu sein um der drei Kinder willen, die ihrer Liebe bedürften, und er versicherte ihr, daß er dem Tod gelassen entgegensehe und in dem Bewußtsein sterben werde, immer seine Pflicht getan zu haben und bald mit seinem Vater vereint zu sein. Er habe sich nichts vorzuwerfen.[16] Am Abend hatte Ciano ein langes Gespräch mit Benini. »Er war außerordentlich ruhig«, erinnerte sich sein Jugendfreund später. »Er sprach von seinen Kindern und seiner Frau, die das Unmögliche gewagt hatte, um ihn zu retten.« Plötzlich erschien der Gefängnisdirektor Olas und bat Ciano, ein Gnadengesuch zu unterschreiben, doch Ciano lehnte ab. »Glauben Sie vielleicht, ich hätte Angst zu sterben?« fragte er empört. »Diese Genugtuung werde ich Hitler und Mussolini nicht verschaffen. Es ist außerdem vollkommen zwecklos.« Aber Cianetti beschwor ihn, das Gesuch zu unterzeichnen. Er wies darauf hin, daß die anderen zum Tode Verurteilten bereits unterschrieben hätten und sich ihre Chancen verringern könnten, wenn er sich weigere. Widerstrebend setzte Ciano dann doch seinen Namen unter das Gesuch. Es war fast sieben Uhr.[17]

An diesem Abend ging Hildegard Beetz zu General Harster, um ihm die Briefe zu übergeben, die Edda an ihn, Hitler und Mussolini gerichtet hatte. Sie habe sie von Pucci erhalten, sagte sie. In dem an ihn adressierten Brief bat Edda den General, die beiden anderen Schreiben an Hitler und Mussolini weiterzuleiten, und fügte hinzu: »Ich ergreife die Gelegenheit, Sie noch einmal wissen zu lassen, daß mich nichts davon abhalten wird, die Tagebücher meines Mannes zu veröffentlichen.« Ihre ganze Verbitterung kam in den Briefen an Hitler und Mussolini zum Ausdruck. »Duce«, schrieb sie an den Vater, »ich habe bis heute gewartet, daß Du eine Spur Menschlichkeit und Gerechtigkeit zeigst. Jetzt reicht es.« Falls Ciano nicht binnen dreier Tage frei sei, werde sie das Tagebuch veröffentlichen. Und an Hitler hatte sie geschrieben: »Zum zweiten Mal habe ich mich auf Ihr Wort verlassen und zum zweiten Mal bin ich getäuscht worden. Nur der Umstand, daß unsere Soldaten Seite an Seite auf den Schlachtfeldern gefallen sind, hat mich bisher davon abgehalten, zum Feind überzulaufen.«[18]

Harster ließ einen Kurier kommen, der Mussolini den Brief sofort nach Gargnano brachte, und rief beim Reichssicherheitshauptamt in Berlin an und diktierte den Brief, der Hitler dann telefonisch nach Rastenburg durchgegeben wurde. »Leider erreichte ihn der Brief zu spät«, sagte Mussolini später.[19]

Ab zehn Uhr leistete Hildegard Beetz dem Grafen Gesellschaft und las mit ihm Seneca, so jedenfalls behauptete ihr Vorgesetzter Höttl später. Ihr war es zu verdanken, daß er beim Anstaltsgeistlichen noch die Beichte ablegen und das Abendmahl empfangen konnte.

Der Gefängnisdirektor erlaubte Ciano außerdem, sich auf dem Gang zwischen den Zellen mit Benini zu unterhalten. Wieder kreisten Cianos Gedanken um seine Familie, und er bat den Freund, wenn er freikäme, seine Kinder und seine Frau nicht im Stich zu lassen. Er sprach von den Dokumenten in Eddas Besitz, von Hildegard Beetz (»dieses noble Geschöpf, das die Deutschen auf mich ansetzten, um mich auszuspionieren«) und von seinem nahen Tod. »Glaube ja nicht, daß ich nicht am Leben hänge«, sagte er nach Beninis Schilderung. »Ich liebe es über alle Maßen, aber ich weiß, daß es aus ist, daß absolut nichts mehr zu machen ist. Und ich versuche, diese letzten Stunden so gut es geht hinter mich zu bringen, damit meine Kinder eines Tages erfahren, wer ihr Vater war, und meine Mörder nicht die Befriedigung haben, mich wanken zu sehen.«[20] Dann überraschte er Benini mit der Behauptung, daß man ihn am Morgen nicht erschießen werde. »Diese Freude möchte ich Hitler und den anderen nicht machen«, erklärte er; nein, er werde das Exekutionskommando zum Narren halten, weil er vorher Zyankali schlucke, das ihm Hildegard Beetz besorgt habe. Er habe ihr allerdings feierlich schwören müssen, das Gift nicht zu nehmen, bevor die Antwort auf das Gnadengesuch eingetroffen sei.[21] Vor dem Tod an sich, hatte er zu ihr gesagt, fürchte er sich nicht, doch alles bäume sich in ihm auf, wenn er an den Triumph seiner Mörder denke. »Diese Hunde in Berlin und am Gardasee sind imstande, die Hinrichtung zu filmen. Ich sehe schon vor mir, wie sich vor der Leinwand amüsieren und Witze reißen. Diese sadistische Freude will ich ihnen nicht machen. Und Sie müssen mir dabei helfen.«[22]

Das Versprechen, das er Hildegard Beetz geben mußte, scheint er nicht gehalten zu haben, denn eine halbe Stunde nachdem Benini ihn verlassen hatte, legte er sich auf seine Pritsche, sprach ein kurzes Gebet und schluckte den Inhalt der Phiole. Doch es trat keine Wirkung ein, und das vermeintliche Zyankali erwies sich als Kaliumchlorat. Edda behauptete später, Hildegard Beetz das Gift gegeben zu haben; sie sei jedoch nie dahintergekommen, ob der Arzt, der es ihr beschaffte, sie getäuscht oder die Deutsche die Phiole gegen eine andere ausgetauscht hatte, um Ciano am Selbstmord zu hindern.

In den frühen Morgenstunden begab sich Ciano zu den anderen zum Tode Verurteilten, die sich um Don Chiot in de Bonos Zelle scharten. Als die Glocken des nahe gelegenen Klosters sechs Uhr läuteten, stand de Bono auf und sagte:»Jungs, laßt uns zum letzten Mal auf dieser Erde die Madonna grüßen, die wir bald im Paradies sehen werden.«[23] Gemeinsam sprachen sie das Angelus.

Der Morgen graute, und noch immer warteten sie auf eine Nachricht, daß Mussolini ihrem Gnadengesuch stattgegeben habe. Kurz nach acht Uhr wurde das Gerücht laut, daß das Kabinett in Gargnano zusammengetreten sei. Wenn dies stimmte, konnte es nur einen Grund dafür geben: Mussolini wollte seine Minister unter Druck setzen, den Todgeweihten Gnade zu gewähren. Benini, Ciano und Cianetti waren auf einmal ganz euphorisch und liefen aufgeregt auf dem Gang auf und ab.

Auch die anderen Gefangenen schöpften neue Hoffnung. Nur de Bono schüttelte den Kopf und verwarf jeden Gedanken an Gnade. »Es ist eine leere Hoffnung«, sagte er. »Wir haben schließlich Galeazzo bei uns.«[24]

Das Dekret, das dem Sondergericht zugrunde lag, enthielt keine Bestimmungen, wer befugt war, Gnadengesuche entgegenzunehmen. Parteifunktionäre, Militärs und Beamte hatten sich die

Nacht um die Ohren geschlagen, um die Frage zu lösen. Pavolini und Cosmin waren entschieden dagegen, daß Gesuche an Mussolini gerichtet würden. »Der Urteilsspruch eines Sondergerichts kann nicht angefochten werden; er ist endgültig und unwiderruflich«, sagte Cosmin. »Wozu soll ein Sondergericht gut sein, wenn es einer normalen Verfahrensordnung unterliegt?«[25]

Man beschloß, die Entscheidung dem Militärbefehlshaber der Region, General Graf Piatti del Pozzo, zu überlassen, doch der machte geltend, daß er keine Entscheidungsbefugnis hinsichtlich eines politischen Tribunals habe. Daraufhin fuhren mehrere Faschisten nach Brescia, um den Justizminister Pisenti zu Rate zu ziehen. Telefonisch vorgewarnt, empfing er sie in seinem Amtszimmer im Appellationsgericht um 23 Uhr. Er erklärte sich bereit, die Gesuche entgegenzunehmen und an Mussolini weiterzuleiten, doch Pavolini wandte ein, daß der Duce nicht über das Schicksal seines Schwiegersohnes zu entscheiden haben dürfe. Am Ende der Unterredung legte Pisenti den Parteifunktionären nahe, de Bonos Leistungen in der Vergangenheit und sein hohes Alter in Betracht zu ziehen. Auf dem Rückweg schlug Pavolini vor, die Gnadengesuche abzulehnen und diese Entscheidung auf seine eigene Kappe zu nehmen. Fortunato und Cersosimo wandten ein, daß er dazu nicht berechtigt sei. Die Männer riefen daraufhin Innenminister Buffarini in Maderno an, der meinte, die Entscheidung sollte vom Militärbefehlshaber in Verona, Konsul Italo Vianini, getroffen werden, der zwar Krankheit vorschützte, aber dennoch um fünf Uhr morgens in die Präfektur bestellt wurde. Man drängte ihn, die Gesuche abzulehnen, doch unter ein solches Dokument wollte er seine Unterschrift nicht setzen. Nach einem Telefonat mit seinem Kommandeur Renato Ricci besiegelte er jedoch das Schicksal der zum Tode verurteilten Männer widerstrebend. Da ging es auf acht Uhr.[26]

In dieser Nacht fand auch Mussolini keinen Schlaf, ebensowenig Rachele. Mehrmals näherte sie sich dem Schlafzimmer ihres Mannes, brachte aber nicht den Mut auf, einzutreten. Am Lichtschein unter seiner Tür sah sie, daß er noch wach war, und sie hörte ihn im Zimmer auf- und abgehen. Um ein Uhr nachts rief er Dolfin an und fragte ihn, ob er Nachrichten von Edda habe, doch Dolfin wußte nichts Neues. »Und aus Verona?« fragte der Duce. »Keine, Duce«, erwiderte sein Sekretär. Um drei Uhr überbrachte ein Offizier des deutschen Generalstabs Eddas letzten Brief an ihren Vater. Nachdem er ihn gelesen hatte, rief Mussolini General Wolff, den SS-Chef für Italien, in Fasano an. Ihr Gespräch wurde vom Geheimdienst aufgezeichnet:

M: Entschuldigen Sie die späte Stunde, aber nach dem Brief meiner Tochter bin ich ratlos.

W: Der Befehl des Führers lautet, den Fall Ciano als eine rein innenpolitische und ausschließlich italienische Angelegenheit zu betrachten. Die deutschen Behörden in Italien sollen sich nicht einmischen. Als Befehlshaber der SS in Italien kann ich dazu nicht Stellung nehmen.

M: Ja, ja, ich weiß. Aber ich bitte Sie um eine ganz persönliche und vertrauliche Stellungnahme.

W: (zögernd) Na schön, Duce. Ich komme Ihrem Wunsch nach, aber nur als Parteigenosse und als Mensch und dem deutschen Standpunkt entsprechend.

M: Also?

W: Die Frage ist meiner Meinung nach die: Sollen Sie sich erpressen lassen und infolgedessen Ihren Schwiegersohn begnadigen?

M: Was würden Sie tun?

W: Ich würde an Ihrer Stelle hart bleiben.

M: Was meint der Führer dazu?

W: Der Führer glaubt nicht, daß das Urteil vollstreckt wird.

M: Eine Nichtvollstreckung des Urteils könnte also meinem Ansehen beim Führer schaden?

W: Ja, sehr sogar.

M: Und Himmler?

W: Himmler hält die Vollstreckung für wahrscheinlich.

M: Ich danke Ihnen, General. Ich werde mir die Lösung durch den Kopf gehen lassen. Möglicherweise rufe ich Sie noch einmal an.

W: Ich stehe zu Ihrer Verfügung, Duce.[27]

Um acht Uhr rief Mussolini seinen Sekretär Dolfin erneut an und zeigte sich besorgt, daß Edda das Tagebuch veröffentlichen werde. »Es ist nun einmal mein Schicksal, von allen verraten zu werden, sogar von meiner Tochter«, jammerte er. »Vermutlich ist sie in die Schweiz geflohen. Meine Tochter hat einen starken Willen und ein aufbrausendes Temperament. Sie ist daher zu jeder Verrücktheit fähig.«[28]

Fünf nach neun traf Cosmin im Gefängnis ein, und die Verurteilten begaben sich wieder in ihre Zellen, um Olas keine Unannehmlichkeiten zu bereiten, der ihnen erlaubt hatte, ihre letzten Stunden gemeinsam zu verbringen. Benini hörte, wie eine Gruppe von Männern näher kam und dann an der ersten Zelle, der Cianos, haltmachte. Nach einigen Minuten gingen sie zur nächsten Zelle weiter, sprachen mit dem Gefangenen und setzten ihren Weg fort. Bald wurde Benini klar, daß sie den Vollstreckungsbefehl überbrachten. »Die Gefangenen nahmen ihn schweigend entgegen, bis die Beamten zu Marinellis Zelle kamen, aus der ein schrecklicher, herzzerreißender Schrei ertönte: Marinelli schrie sein Entsetzen und seine Verzweiflung hinaus.«[29]

Hildegard Beetz stand am Ende des Gangs und beobachtete den Vorgang mit tränennassem Gesicht. Am linken Arm trug sie die goldene Uhr, die Ciano bei seiner Einlieferung in die Scalzi bei sich gehabt hatte. Er hatte sie ihr als Andenken geschenkt.

Die zum Tod Verurteilten wurden an den Händen gefesselt, und Don Chiot führte die Prozession zum Ausgang. Plötzlich hörte er hinter sich auf der Treppe Lärm. Es war Ciano, der Mussolini mit lauter Stimme verfluchte. Der Geistliche bat ihn, seinem Schwiegervater zu vergeben. »Nein!« schrie Ciano. Da trat de Bono herbei, legte ihm seine schmale Greisenhand auf die Schulter und sah ihm in die Augen. »Galeazzo«, sagte er, »ich habe ihm verziehen. Verzeih ihm auch du! Wir stehen bald vor dem Richterstuhl Gottes und haben Vergebung nötig. Verzeih ihm!« Don Chiot nahm Cianos Hand und sah ihn wortlos an. Schließlich legte sich sein Zorn. »Ja, wir haben alle gesündigt; wir sind alle vom selben Sturm hinweggefegt worden. Sagen Sie meiner Familie, daß ich ohne Bitterkeit gegen irgend jemanden sterbe.«[30] Die fünf Verurteilten wurden in einen Kastenwagen der Polizei gesetzt und durch die stillen, fast menschenleeren Straßen der Innenstadt zum Schießplatz in Forte San Procolo vor der Porta Catena, einem der alten Stadttore, gefahren. Dort war der Boden hart gefroren, und wackelige Holzklappstühle standen vor einer Mauer aufgereiht. Zwanzig Zeugen, darunter drei SS-Männer, ein Kameramann der Faschisten, Cosmin, Don Chiot, ein Mönch, ein Arzt und mehrere Soldaten hielten sich bereit. De Bono stieg als erster aus; er trug einen dunklen Anzug und einen schwarzen Hut. Seine Lippen zwischen dem markanten weißen Spitzbart bewegten sich im stummen Gebet. Nach ihm kam Ciano. Marinelli tauchte zitternd aus dem Inneren des Wagens auf und mußte zur Hinrichtungsstätte gezerrt werden.

Ciano deutete auf den Stuhl zur Rechten und sagte zu de Bono: »Der Platz gebührt Ihnen, Marschall.« Worauf de Bono erwiderte: »Bei der Reise, die wir nun antreten, kommt es darauf nicht mehr an.«[31] Beide Männer baten, in die Gewehrläufe blicken zu dürfen, doch ihre Bitten wurden abgelehnt.

Nachdem die Häftlinge an den Stuhllehnen festgebunden worden waren, mit dem Gesicht zur Mauer, rief Ciano aus: »Wer hätte das gedacht!« Aber er blieb ruhig und lehnte die Augenbinde ab. Er dankte Don Chiot für seinen geistlichen Beistand und bat ihn, sich um seine Kinder zu kümmern. Zu Cosmin sagte er: »Ich möchte neben meinem Vater beigesetzt werden.«

Ein gewisser Nicola Furlotti befehligte das Exekutionskommando, das aus dreißig Milizionären bestand, sechs für jeden Gefangenen. Kurz bevor der Feuerbefehl ertönte, erhob sich Gottardi, riß die Hand zum Faschistengruß hoch und schrie: »Lang lebe der Duce, lang lebe Italien!« Pareschi und de Bono schrien ebenfalls: »Lang lebe Italien!« Ciano sagte kein Wort, aber bei dem Befehl »Feuer« wandte er sein Gesicht dem Exekutionskommando zu.

Ein SS-Offizier beschrieb die Hinrichtung: »In fünfzehn Schritt Entfernung von den zum Tode Verurteilten nahm das Erschießungskommando in zwei Reihen Aufstellung ... Nach der ersten Salve stürzten vier der Verurteilten zu Boden, wobei sie die Stühle mit sich rissen, während einer aufrecht sitzen blieb. Ich konnte nicht genau erkennen, ob er überhaupt getroffen worden war. Die Soldaten hatten so schlecht gezielt, daß die am Boden Liegenden sich vor Schmerzen wanden und schrien. Nach einer kurzen, peinlichen Pause fielen weitere Schüsse aus der ersten Reihe der Milizleute ... Schließlich kam der Befehl zur Feuereinstellung. Der Kommandeur und ein paar Milizionäre gaben denjenigen, die noch nicht tot waren, aus ihren Pistolen den Gnadenschuß.«[32] Ein deutscher Diplomat, der bei der Hinrichtung zugegen gewesen war, meinte später: »Es war eine einzige Schlächterei.«[33]

Ciano war von der ersten Salve viermal in den Rücken getroffen, aber nicht getötet worden. Er fiel zu Boden, sein Körper war verdreht, und er murmelte »Hilfe, so helft mir doch«. Furlotti stürzte zu ihm, gab einen Schuß auf die Schläfe ab, dann noch einen. Ciano war tot, zwei Monate und sieben Tage vor seinem einundvierzigsten Geburtstag.

Zwei Vertreter der deutschen Behörden traten heran, um ihn zu identifizieren. Dann deckte Don Chiot den Leichnam zu. Ein Gefängnisarzt untersuchte die Körper unmittelbar nach der Erschießung und behauptete, daß er bei einigen noch den Puls spüre. Also ging Furlotti erneut hin und schoß noch einmal auf alle. Mit zitternder Hand schloß Don Chiot den Toten die Augen und machte das Kreuzzeichen über ihnen. Es war 9.21 Uhr.

Dreiundzwanzig Jahre später spürte ein italienischer Journalist Nicola Furlotti auf, den die meisten Leute für tot gehalten hatten. Furlotti sagte, wenn das Gericht Ciano nicht zum Tod verurteilt hätte, wäre er auf dem Weg ins Gefängnis gestorben.

»Wie gestorben?« fragte ihn der Journalist Gian Franco Vené.

»Getötet.«

»Von Ihnen?«

»Das war schon vorher beschlossen worden.«

»Und hatten Sie Angst?«

»Angst vor wem?«

»Vor Mussolini.«
»Mussolini hätte sich nicht in die Sache eingemischt.«[34]

Um neun Uhr fragte Clara Petacci bei Emil Göbel, dem Verbindungsoffizier zwischen Botschafter Rahn und General Harster, an, ob er Nachrichten aus Verona habe. Er wußte nichts Neues. Sie drängte ihn, sofort mit Harster zu telefonieren. Der Duce habe ihr gesagt, daß die Hinrichtung verschoben worden sei. Göbel gehorchte und erfuhr von Harster, daß die Urteile inzwischen vollstreckt waren. Um zehn Uhr wurde Mussolini von seinem Sekretär davon unterrichtet. Er habe, so schrieb Dolfin in sein Tagebuch, »die Augen langsam auf mich gerichtet, seine Brille abgenommen und mich schweigend angestarrt«. Mussolini wollte wissen, wie Ciano sich verhalten habe. »Er starb wie ein Mann, ebenso die anderen«, erwiderte Dolfin. »Er versuchte, dem Tod ins Auge zu sehen, indem er sich im letzten Moment umwandte.«[35] Nach langem Schweigen erkundigte sich Mussolini nach weiteren Einzelheiten. Dolfin erzählte ihm alles, was er wußte, außer daß das Kommando mehrmals auf Ciano hatte schießen müssen, ehe er tot war.

, Am Nachmittag erfuhr Mussolini, daß die Verurteilten Gnadengesuche eingereicht hatten, die ihm vorenthalten worden waren. Er rief Cosmin an und beschwerte sich bei ihm wegen dieser Unterlassung. Cosmin versuchte, ihn zu beschwichtigen, und verwies darauf, daß die Verräter zu Recht mit ihrem Leben bezahlt hätten. »Ich bin das Regierungsoberhaupt der Republik«, fiel Mussolini ihm ins Wort, »und die Gesuche hätten mir vorgelegt werden müssen. Es ist ein schwerer Fehler begangen worden.« Cosmin führte ins Feld, daß man dem Duce eine tragische Alternative habe ersparen wollen. Mussolini bestellte Cosmin, Pavolini und Vianini für den nächsten Tag zu sich, damit sie ihm »persönlich Rechenschaft ablegten«.[36]

Abends hörte Mussolini Radio, und am nächsten Tag schien er Dolfin »schrecklich bestürzt« über den Tenor der im Rundfunk übertragenen Kommentare. Er nannte sie »obszön« und empfand es als geschmacklos, daß die faschistische Jugendhymne gespielt wurde. »Den Toten gebührt Respekt«, beklagte er sich über die pietätlose Berichterstattung mit fröhlicher musikalischer Untermalung. »Niemand darf vergessen, daß sie als Ehrenmänner gestorben sind, mit einem Mut, den so manche nicht haben, auch wenn sie heute von Heldentum tönen. Nur unsere Propaganda, idiotisch und niederträchtig wie so oft, konnte diesem tragischen Ereignis einen Volksfestcharakter verleihen.«[37] – »Seit jenem Morgen bin ich langsam vor mich hin gestorben«, äußerte er später gegenüber Rachele.[38]

Der Gefängniskaplan Don Chiot ließ Cianos Leichnam in einen verzinkten Holzsarg betten. Er legte ein Kruzifix und einen Rosenkranz zwischen die Hände des Toten und umgab ihn mit einer Girlande aus Veilchen, womit er dem Wunsch der Hinterbliebenen zu entsprechen glaubte. Die Särge wurden in die Leichenhalle des Friedhofs von Verona gebracht, wo Hildegard Beetz am Nachmittag einen Strauß roter Rosen niederlegte. Mit verschleiertem Gesicht kniete sie an Cianos Sarg und betete. In der Nacht zuvor hatten Unbekannte mit Kohle und Kreide auf die Stadtmauer geschrieben: »Lang lebe Ciano!« Solange er in Verona begraben lag, war sein Grab stets mit Blumen bedeckt, die damals in der Stadt an der Etsch gewiß nicht leicht zu bekommen waren.

21. KAPITEL

Edda und das Schicksal der Tagebücher

Sein fataler Mangel an politischer Moral und sein grenzenloser Ehrgeiz kosteten Galeazzo Ciano den Kopf. Die Mittelmäßigkeit und prinzipienlose Schläue der Nazis durchschaute er durchaus (wenn er nicht gerade in Bewunderung für sie ausbrach), doch erkannte er zu spät das Diabolische des Hitlerregimes. Natürlich war er nicht der einzige Italiener, der Mussolinis hypnotischer Ausstrahlung erlag. Aber in seinem Schwanken zwischen kindischer Heldenverehrung und unbändigem Haß auf seinen Mentor und Schwiegervater zeigte er eine beklemmende politische und charakterliche Unreife. Er war ein Bündel von Widersprüchen, ein Mann, der die großen Demokratien bewunderte und der dennoch eine entscheidende Rolle bei der Entfesselung des Kriegs gegen Albanien und Griechenland spielte. Trotz aller Beteuerungen war er zweifellos nicht weniger korrupt als sein Vater.

Seine Tragödie bestand darin, daß er sich an sein hohes Amt klammerte, anstatt offen mit Mussolini und den Deutschen zu brechen. Hätte er es getan, so wäre die Geschichte zwar vermutlich nicht anders verlaufen, doch vielleicht hätte er mit einem solchen Schritt andere ermutigt, die Tragödie schneller zu beenden, als es dann geschah. Zum Teil war sein Versagen auf eine schier unbegrenzte Selbstüberschätzung zurückzuführen. Gegenüber Anfuso nannte Curzio Malaparte ihn einmal einen »seltsamen Menschen« und meinte: »Er bildet sich ein, in Amerika und England sehr beliebt zu sein.« »Das ist noch gar nichts«, erwiderte Anfuso. »Bedenke bitte, daß er sich für sehr beliebt in Italien hält!«[1] Angesichts dieser Selbsttäuschung verwundert es nicht, daß er fast bis zuletzt glaubte, Mussolinis Nachfolger werden zu können.

Ciano teilte so manche beklagenswerte Eigenschaft jener Politiker, die er verachtete, und wäre entsetzt gewesen, wenn er sich dies hätte eingestehen müssen. Und doch liegen die Parallelen auf der Hand. So hielt er etwa den deutschen Überfall auf das hilflose Polen für moralisch unentschuldbar, fand aber nichts Schlimmes dabei, daß Italien sich Albanien einverleibte und einen willkürlich vom Zaum gebrochenen Angriffskrieg gegen Griechenland führte. Das Doppelspiel, das Hitler mit Italien trieb, empörte und schmerzte ihn oft, was ihn jedoch nicht daran hinderte, die Vertreter kleinerer Mächte ebenso herablassend zu behandeln und hinters Licht zu führen, wie es die Deutschen mit den Italienern taten. Zuletzt scheute er auch nicht davor zurück, Mord als Mittel der politischen Auseinandersetzung in Erwägung zu ziehen.

Marcello del Drago erfuhr von der Hinrichtung seines Freundes in Belgien, wo er damals als italienischer Konsul diente. Später schrieb er: »Der Tod des armen Galeazzo erschütterte uns tief. Ich fühlte mich nicht wenig dafür verantwortlich. Er starb für mehr Menschlichkeit, und wir waren die ersten, die mit ihm über dieses Thema gesprochen hatten, über die Notwendigkeit, die mit Füßen getretene, blutbefleckte, geknechtete Menschlichkeit zu verteidigen und für sie einzutreten.«[2]
Susanna Agnelli, die während des Krieges in Lausanne studierte, erinnert sich, daß sie mit ihren Kommilitonen nicht darüber reden konnte, »wie sehr mich sein Tod erschütterte. Alle haßten ihn, er war das Symbol des Faschismus, und alle sagten, es sei ihm recht geschehen. Ich sah ihn als Galeazzo, eitel, aber ein Freund. Ich stellte mit vor, wie er ungläubig bis zuletzt auf irgendeinen magischen Zauber, irgendein Amulett vertraute, die ihn retten würden.«[3]

Edda, die in einem Kloster bei Neggio eine vorübergehende Bleibe gefunden hatte, erfuhr am 14. Januar vom Tod ihres Mannes. Die Schweizer Polizei hatte sie streng isoliert und ihr auch das Telefonieren untersagt. Schließlich überbrachte ihr der italienische Konsul in Lugano, Natali, persönlich die traurige Botschaft:

»Gräfin, ich bedauere, Ihnen mitteilen zu müssen, daß Ihr Mann zum Tode verurteilt wurde und die Hinrichtung stattgefunden hat.«[4] Obwohl sie sich innerlich bereits auf das Schlimmste eingestellt hatte, erlitt Edda einen Schock. Nachdem Natali gegangen war, rief sie die Kinder und machte mit ihnen einen Spaziergang. Es war kalt, aber die Berge lagen im Sonnenschein, als Edda den drei Kleinen eröffnete, daß man ihren Papa erschossen habe. Der kleine Marzio, nun sechs Jahre alt, rupfte, scheinbar gleichgültig, Grashalme aus und fragte dann nur: »Welcher Papa?«[5]

Raimonda war kaum zu beruhigen, und auch der dreizehnjährige Fabrizio verkraftete den Schicksalsschlag nur schwer. Es sei für ihn, schrieb er später, »wie ein Erdbeben gewesen, vielleicht mehr im Herzen als im Kopf«. Nach dem ersten Schmerz galten seine Gedanken dem Großvater, der den Vater hätte retten können, und Haß und Rachegefühle machten sich in seiner Seele breit. Der Junge durchlebte eine schwere psychische Krise, aus der sich, wie er schrieb, manche seiner späteren Verhaltensweisen als Erwachsener erklären ließen.

Als die Familie kurz darauf ins Kloster der Schwestern vom Heiligen Kreuz in Inghenbol umzog, mußte sich Fabrizio das Schlafzimmer mit seiner Mutter teilen. Eines Nachts wachte er auf und sah, daß Edda wach lag und las. »Aus ihren Augen ergoß sich ein Strom von Tränen, der nicht enden wollte. Sie weinte unentwegt, stumm, ohne zu seufzen. Nur ihre Schultern zitterten. Die arme Edda: damals war sie wirklich nur noch Haut und Knochen.«[6]

Wenig später verfügte die Kantonspolizei eine vorläufige Trennung der Familie. Marzio und Raimonda wurden im nahe gelegenen Theresianum eingeschult, Fabrizio steckte man in ein Internat, ungefähr zehn Kilometer von Inghenbol entfernt. Edda, die weiter im Kloster blieb, durfte ihre Kinder nur einmal wöchentlich sehen. Im Internat ließ Fabrizio sich von einem Mitschüler eine Zigarette geben, deren Tabak er aß, um ins Krankenhaus zu kommen. Von dort nahm er dann Reißaus, lief in Schlafanzug und Hausschuhen bei fünf Grad unter Null zehn Kilometer auf den Eisenbahnschienen zu seiner Mutter, die schließlich erreichte, daß er bei ihr bleiben durfte. Die Familie erhielt den Namen Pini, den Mädchennamen ihrer Großmutter väterlicherseits. Aus Fabrizio wurde Fabio und aus Marzio Mario, Raimonda durfte wieder ihren alten Namen annehmen.[7]

Im Krankenhaus von Bellinzona war Pucci noch immer ans Bett gefesselt; einer seiner Schädelbrüche heilte nur langsam. Am 9. Februar schrieb er Edda einen zehnseitigen Brief, der sie möglicherweise nie erreichte. 1996 tauchte der Brief im Berner Bundesarchiv auf. Pucci berichtet darin von Cianos »heldenhaftem« Tod, davon, daß seine einzige Sorge Edda und den Kindern gegolten habe, und ermahnt sie, ihren Wunsch nach Rache zu bändigen.[8]

Kurz nach der Hinrichtung Cianos äußerte Mussolini gegenüber dem Journalisten Carlo Silvestri, daß die Deutschen über Eddas Flucht »sehr erbost« seien, vor allem weil ihnen auf diese Weise das Tagebuch durch die Lappen gegangen war. »In ihrer Verzweiflung könnte sie etwas Verrücktes tun«, sagte er. »Die Veröffentlichung von Galeazzos Tagebuch könnte sehr ernste Folgen haben, vielleicht nicht wiedergutzumachende.«[9] Er wolle alles daransetzen, um Edda von diesem Gedanken abzubringen. Am 11. Januar nahm Vittorio auf Drängen seines Vaters die Suche nach seiner Schwester auf. In Como erfuhr er, daß sie auf ihrer Flucht in die Schweiz im Haus Pessina Station gemacht habe, und gab seine Nachforschungen auf. Aber Mussolini wollte unbedingt mit seiner Tochter Verbindung aufnehmen.

Am 27. Januar traf er sich mit einem Jugendfreund Eddas, der Militärkaplan gewesen war, zuerst in Albanien und später in Rußland, wo Edda zur selben Zeit als Krankenschwester gedient hatte. Mussolini bat diesen Don Giusto Pancino, in die Schweiz zu fahren und Edda zu finden, und gab ihm das Versprechen mit auf den Weg, daß sie, wenn sie nach Italien zurückkehrte, nicht vor Gericht gestellt werden würde.

Nach Rücksprache mit seinen Vorgesetzten in Rom wollte Pancino den Auftrag sofort ausführen, wurde jedoch an der Grenze abgewiesen und mußte eine weitere Beglaubigung des Vatikans beibringen. Am 4. März traf er dann in Bern ein, wo kurz darauf deutsche Agenten an ihn herantraten und ihm hundert Millionen Lire boten, wenn er ihnen das Ciano-Tagebuch bringe.

Der apostolische Nuntius Monsignore Bernardini arrangierte für Pancino ein Treffen mit Edda am 23. März. Pancino übergab ihr fünf Millionen Lire, die Mussolini durch den Verkauf seiner Zeitung *Il popolo d'Italia* erlöst hatte und die Edda gut gebrauchen konnte. Sie zeigte sich jedoch unerbittlich gegenüber ihrem Vater und erklärte, sie wolle nichts mehr von ihm wissen.»Sag ihm, daß ich seine Lage als schmerzlich empfinde; sag ihm, daß ihn nur zwei Lösungen in meinen Augen rehabilitieren könnten: zu fliehen oder sich umzubringen.«[10] Pancino kehrte nach Italien zurück und überbrachte Mussolini diese Worte am 28. März. Der Duce zeigte keinerlei Gefühlsregung.

Im Morgengrauen des 4. April wurden Cianos sterbliche Überreste vom Veroneser Friedhof nach Livorno übergeführt. Auf Eddas Bitte hatte Mussolini die Umbettung veranlaßt. Am nächsten Tag wurde der Leichnam neben Costanzo und Maria Ciano Magistrati, der Schwester, beigesetzt.

Als Pancino Mitte Mai erneut in die Schweiz fuhr, übergab ihm Mussolini einen weiteren Brief an Edda, in dem er sie beschwor, den Rat des Priesters zu befolgen, ihr von Romano, Anna und Vittorio berichtete und hinzufügte, er würde sich sehr freuen, wenn sie ihm schriebe. Diesmal fand Pancino sie gegenüber ihrem Vater etwas milder gestimmt, außerdem gab sie ihm Kopien des Tagebuchs und bevollmächtigte ihn, sie im Falle ihres Todes zu veröffentlichen und den Erlös ihren Kindern zukommen zu lassen. Don Giusto deponierte die Kopien unter seinem Namen und dem von Edda gewählten Pseudonym Emilia Conti Marchi in einem Schließfach beim Crédit Suisse in Bern.

Diesmal beantwortete sie den Brief ihres Vaters und dankte ihm dafür, die Umbettung Galeazzos veranlaßt zu haben. Ferner nahm sie Bezug auf die von der Badoglio-Regierung eingeleitete Untersuchung über »illegal angehäufte Reichtümer« verschiedener Faschisten. Sie gebe sich nicht der Illusion hin, schrieb sie, daß dabei die Wahrheit ans Licht komme. »Ich werde die Frau eines Verräters und eines Diebes sein«, fuhr sie trotzig fort. »Und ich werde darauf außerordentlich stolz sein. Ich werde den blutbefleckten Namen meines Mannes in Ehren halten. Dir gegenüber ebenso wie gegenüber Deinen Sklaven und Deinen deutschen Herren.«[11]

Kurz darauf stand Edda erneut vor einem Nervenzusammenbruch und wurde in eine Klinik in Monthey eingeliefert, die Fabrizio später als »das Irrenhaus der Provinz« bezeichnete. Auf einen weiteren von Pancino überbrachten Brief ihres Vaters antwortete sie am 24. Juli: »Ich weiß nicht, was ich Dir schreiben soll. Alles ist so düster; aber schließlich muß jeder bezahlen. Was mich betrifft, so habe ich unter Deiner Ungerechtigkeit und Feigheit und der der Menschen so sehr gelitten, daß ich nicht mehr kann. Ich bete nur, daß alles bald zu Ende ist.«[12]

Als Edda in die Schweiz kam, wußte der amerikanische Geheimdienst nichts von der Existenz des Ciano-Tagebuchs. Aber am 5. Juni 1944, dem Tag nach dem Einmarsch der Alliierten in Rom, berichtete die Zeitung der italienischen Kommunisten, *L'Unità*, daß »interessierte Kreise« eine Veröffentlichung des Tagebuchs bewußt verhinderten. Diese Meldung brachte die Amerikaner auf die Spur. In Basel hatte Allen Dulles erfahren, daß Edda während des Winters in der Schweiz eingetroffen war. Er erkundigte sich beim Grafen Magistrati, damals italienischer Botschafter in Bern, erhielt aber keinerlei Hinweis, ob Edda das Tagebuch bei sich habe.

Mitte August schnappten Agenten der amerikanischen Spionageabwehr Benini, der inzwischen wieder auf freiem Fuß war. Er lieferte ihnen ausführliche Informationen über das Tagebuch, die in ein fünfzehnseitiges Memorandum eingingen, das von Lt. Col. Henry Cuming, dem stellvertretenden Stabschef, G-2, der Peninsular Base Section verfaßt wurde und das Datum 16. August 1944 trägt. Benini zitierte Cianos Worte: »Sie haben mir alles genommen, was ich besaß. Ich bin jetzt arm. Aber einen Schatz haben sie mir nicht genommen, und der ist wertvoller als alles übrige: mein Tagebuch, das sich jetzt in den Händen meiner Frau befindet.«

Cuming fügte hinzu:»Benini ist überzeugt davon, daß er als lebenslanger Freund Cianos und als Finanzverwalter Cianos wie auch Eddas letztere dazu überreden kann, das Dokument alliierten Behörden zur Verfügung zu stellen. Desgleichen ist er davon überzeugt, daß Edda Ciano, die sich nun in der Schweiz aufhalten soll, das Tagebuch nicht den Deutschen übergeben hat, da sie es als eine Art Sicherheitsgarantie für sich und ihre Kinder in der Zeit nach dem Zusammenbruch Deutschlands und der Regierung der faschistischen Republik Italiens betrachtet.«[13]

Am 15. August schrieb Benini an Edda und betraute die Amerikaner mit der Überbringung des Briefes.»Ich war vom 30. November bis 30. Januar im Gefängnis von Verona«, heißt es in dem Schreiben,»und konnte trotz strenger Bewachung mit Galeazzo Verbindung aufnehmen. Ich verbrachte die letzte tragische Nacht des 2. [sic!] Januar mit ihm und brenne darauf, Ihnen seine letzten Wünsche, seine letzten Worte und seinen Rat zu übermitteln. Er lobte alles, was Sie für ihn getan haben, und auf Sie gründete er die Zuversicht, daß sein Denken und Handeln eines Tages in Italien und im Ausland verstanden werden würden.«[14] Noch wußten die Amerikaner nicht, wo sie den Brief abgeben sollten, aber Dulles begab sich nun auf die Suche nach Edda.

Inzwischen war Pucci aus dem Krankenhaus entlassen und in Estavayer-le-Lac unter Aufsicht der Schweizer Polizei gestellt worden. Ende Oktober traf er Edda und sprach sie auf das Tagebuch an; er fragte sie, ob er mit den Amerikanern Kontakt aufnehmen solle. Edda stimmte zu.

Mitte Dezember traf Madame de Chollet, eine mit einem Schweizer Bankier verheiratete Amerikanerin, die Pucci im Herbst in Fribourg kennengelernt hatte, in Estavayer ein. Begleitet war sie von Paul Ghali, dem Korrespondenten der *Chicago Daily News* in Bern, der kurz zuvor wegen seiner »voreingenommenen Berichterstattung« für Juden und Gaullisten von der Vichy-Regierung ausgewiesen worden war. Am 7. Dezember hatte Ghali in einer schweizerischen Zeitung einen Sensationsartikel gelesen, in dem behauptet wurde, daß Edda im Begriff sei, Pucci zu heiraten. Er hielt die Geschichte für Unsinn, beschloß aber, Nachforschungen anzustellen.

Pucci, der auf Ghali wie ein Geschäftsmann wirkte, bat ihn, herauszufinden, ob Dulles an dem Tagebuch interessiert sei. Ciano, so sagte er, habe Edda angewiesen, es entweder Churchill oder Roosevelt zu übergeben. »Ich war von Puccis Angebot völlig überrascht«, berichtete Ghali später. »Angereist war ich wegen einer belanglosen Recherche, und nun stand ich vor dem größten Knüller meiner ganzen Laufbahn.«[15]

Unter der Bedingung, daß Edda den Vorabdruck an die *Chicago Daily News* verkaufe, sagte Ghali zu. Noch in derselben Nacht telefonierte Pucci mit Edda, die sich einverstanden erklärte, und am nächsten Morgen erhielt Ghali grünes Licht. Wenige Tage später fuhren er und Madame de Chollet nach Monthey zu Edda. Sie war »Feuer und Flamme« und erzählte ihnen von ihren schlimmen Erfahrungen mit den Nazis, besonders mit Ribbentrop und Himmler, den sie ganz besonders haßte, weil er ihren Mann in die Falle gelockt habe. In aller Ausführlichkeit schilderte sie den beiden Besuchern das Leben in Hitlers Berghof, und aus ihrem Mund erfuhr die Welt erstmals von der Existenz Eva Brauns.

Von Ghali informiert, schrieb Dulles Edda am 15. Dezember einen Brief, den er vorsichtshalber in ein Buch legte und in dem er seine Hoffnung ausdrückte, sie nach seiner Rückkehr aus Paris am 20. Dezember zu treffen. Auch mit Pucci nahm Dulles Kontakt auf. Am 15. Dezember kabelte er nach Washington: »Edda ist eine Psychopathin unter Einfluß eines Schweizer Psychoanalytikers, dessen Motive und Verbindungen dubios sind. Einmal verspricht sie Tagebücher als Geste guten Willens, dann wieder fordert sie riesige Summen, um das Interesse ihrer Kinder zu schützen, und außerdem eine Empfangsbestätigung. Sache erfordert natürlich in jeder Hinsicht größtes Fingerspitzengefühl.«[16]

Edda weigerte sich, das Tagebuch aus der Hand zu geben, und sei es auch nur zum Zweck der Ablichtung. Dulles beschloß deshalb, einen OSS-Agenten in die Klinik von Monthey zu schicken, der es dort fotografieren sollte. Er stellte außerdem ein Zertifikat aus, in dem beglaubigt wurde, daß es nur zum Zweck der Dokumentation abgelichtet werde. Doch auch darauf ließ sich Edda nicht ein. Sie wollte zuerst mit Dulles persönlich sprechen. Am 7. Januar 1945 fuhr Dulles mit Madame de Chollet und Ghali nach Monthey. Edda wurde aus der Klinik geschmuggelt, und man traf sich in einer kleinen Bahnhofsgaststätte an der Strecke Lausanne-St. Maurice. Während des Essens ergötzte Edda die Tischgesellschaft mit Geschichten über Hitler und Ribbentrop sowie mit Klatsch über Eva Braun. Anschließend kam es zu einem Vieraugengespräch mit Dulles.

Was das Tagebuch anging, wollte Edda durchaus Cianos letzten Wunsch erfüllen und ihn politisch rehabilitieren, aber sie weigerte sich ganz entschieden, ihren letzten Trumpf aus der Hand zu geben. Sie wollte ein Geschäft machen, aber das ganze sollte wie eine großzügige Geste gegenüber Amerika aussehen. Und sie wollte weg aus der Schweiz, wo sie sich immer noch in Reichweite des deutschen SD wähnte, und deshalb brauchte sie Hilfe. Ehe sie eine Entscheidung über das Tagebuch traf, wollte sie noch mit Benini sprechen, und sie brauchte eine klare Zusicherung, daß sie die Rechte für die spätere Vermarktung behielt.

Dulles gab ihr zu verstehen, daß das Tagebuch täglich an Wert verliere; es sei dies ihre letzte Chance für eine Geste der Großzügigkeit. Er sagte, die US-Regierung habe kein Interesse daran, zu verhandeln oder Geld zu bezahlen. Er versicherte ihr, daß ihre Urheberrechte nicht angetastet würden, daß aber die Regierung möglicherweise Teile des Tagebuchs veröffentlichen wolle, wenn es ihr zur Beendigung des Krieges hilfreich erscheine.

Schließlich willigte Edda ein. Aber noch ehe der nächste Tag graute, verlangte sie von Dulles folgende Garantien: 1. eine förmliche Bestätigung der US-Regierung über die Schenkung des Tagebuchs; 2. ein schriftliches Versprechen der Amerikaner, daß sie das Material weder zu politischen noch militärischen Zwecken nutzen und ohne Eddas Zustimmung nichts daraus veröffentlichen; und 3. daß die US-Regierung ihr bei der Vermarktung des Tagebuchs behilflich sein werde, sobald sie es durchgesehen habe.

Bei ihrem Treffen mit Dulles hatte Edda angedeutet, daß sich noch weitere Dokumente Cianos, die sie »die eigentlichen Pralinés« nannte, in Italien in einem Versteck befänden. Dieses Material stellte sie ihm nun in Aussicht, »wenn Sie mich hier rausholen«, und sie drängte ihn zur Eile. Dulles telegrafierte am 11. Januar nach Washington, daß er sich nicht auf ihre Bedingungen eingelassen habe, ihr aber in einem persönlichen Schreiben bestätigen werde, daß ihr Copyright unangetastet bleibe. Darauf ging Edda dann endlich ein, und erleichtert schickte Dulles dem ersten Telegramm sogleich ein zweites hinterher: »Edda ist bereit.«

Kurz darauf fuhr Ghali mit zwei Offizieren des OSS – der eine war Captain Tracy Barnes, ein zukünftiger Staragent der CIA – nach Monthey, um das Tagebuch in Eddas Zimmer abzulichten. Die Aktion ging jedoch schief: Die Agenten schafften es lediglich, daß in der Klinik die elektrischen Sicherungen durchbrannten, was die Patienten in helle Aufregung versetzte. Daraufhin wurde Edda mit ihrem Schatz ins Haus von Madame de Chollet gebracht, wo das Tagebuch endlich fotografiert werden konnte. Die Presse bekam von Eddas nächtlichem Ausflug Wind und ereiferte sich, ohne allerdings zu ahnen, weshalb sie unerlaubt die Klinik verlassen hatte.

Am 20. Januar schickte Dulles den Film an das OSS in Paris, das ihn nach Washington weiterleitete. Ciano hatte seiner Frau eingeschärft, kein Geld von US-Behörden anzunehmen, aber da die Schweizer Behörden sie sehr knapp hielten und sie Geld brauchte, akzeptierte sie einen Vorschuß von 3 500 Franken auf zukünftige Tantiemen. Während Dulles dafür eintrat, daß sich Washington das Tagebuch sofort zunutze machen sollte, wollte das State Department es erst nach dem Krieg bei den Nürnberger Kriegsverbrecherprozessen einsetzen, was dann auch geschah. Die Anklage gegen Ribbentrop vor dem Internationalen Militärgerichtshof stützte sich zum Teil auf Cianos Tagebucheinträge, insbesondere seine Anmerkungen zum Treffen in Salzburg, wo der Reichsaußenminister zu ihm gesagt hatte: »Wir wollen Krieg.« Ribbentrop leugnete natürlich, dies jemals gesagt zu haben, und behauptete in einer während der Haft in Nürnberg verfaßten Denkschrift, daß es mindestens zwei unterschiedliche

Versionen der Ciano-Tagebücher gebe, von denen er eine Anfang 1943 bei Hitler gesehen habe. In dieser Ausführung sei der Satz nicht enthalten gewesen. Das gegen ihn verwandte Dokument betrachtete er als Fälschung und ließ in seiner Verteidigungsrede keine Gelegenheit aus, Ciano als Lügner zu denunzieren. Ribbentrop wurde am 16. Oktober 1946 in Nürnberg gehängt.[17]

Die 1200 Tagebuchseiten, die der OSS-Mann Schachter fotografiert hatte, umfaßten den Zeitraum vom 1. Januar 1939 bis zum 8. Februar 1943. Edda hatte außerdem den Brief beigelegt, den ihr Ciano am 23. Dezember 1943 aus dem Veroneser Gefängnis geschrieben hatte. Dulles merkte, daß einige Seiten fehlten, vor allem in der Zeit zwischen dem 25. Januar und dem 24. April 1941, in denen es offenbar um den Griechenland-Krieg ging. Er hatte Edda im Verdacht, bestimmte Passagen entfernt zu haben, an denen ihrer Meinung nach die Amerikaner und die Briten Anstoß nehmen konnten. Aber sie bestritt das vehement und behauptete, keine Erklärung für die Lücken im Tagebuch zu haben. Diese Position vertrat sie auch später in ihren Memoiren: »Ich hätte ohne weiteres die eine oder andere Seite herausreißen können, die mir seinet- oder meinetwegen peinlich erschien, aber das tat ich nicht, denn es wäre nicht meine Art gewesen.«[18]

Noch eine andere Merkwürdigkeit in dem Tagebuch gab Dulles Rätsel auf. Auf vielen Seiten waren am rechten oberen Rand mit roter Tinte und in Großbuchstaben verschiedene Initialen eingetragen, deren Bewandtnis sich auch Edda nicht erklären konnte. Nach eingehender Beschäftigung mit dem Manuskript kamen Dulles und seine Mitarbeiter zu dem Schluß, daß es sich um die Anfangsbuchstaben von Cianos Geliebten handeln mußte, mit denen er an den betreffenden Tagen ein Stelldichein geplant oder gehabt hatte.[19]

Dulles' Aufmerksamkeit konzentrierte sich jetzt darauf, jene Dokumente in die Hände zu bekommen, die Edda in der Klinik von Ramiola zurückgelassen hatte und unter denen sich auch die Tagebücher für die Jahre 1937 und 38 und Cianos Aufzeichnungen über Gespräche mit verschiedenen ausländischen Diplomaten befanden. Edda gab sich recht spröde und behauptete, die Dokumente seien nördlich von Bologna versteckt, in einem Gebiet, das wahrscheinlich die Deutschen besetzt hielten. Am 12. März schrieb sie Dulles, daß sie erfahren habe, die Dokumente seien von der Gestapo gestohlen worden, was tatsächlich auch zutraf. Nachdem Pucci selbst unter Folter das Versteck nicht preisgegeben hatte, war ein von der Gestapo beauftragter Italiener in der Klinik aufgetaucht, hatte sich als Eddas Freund ausgegeben und in ihrem Namen die Dokumente verlangt. Er war jedoch abgewiesen worden. Da sich die Ärzte der Klinik weigerten, irgendwelche Papiere herauszugeben, rückte die Gestapo an, nahm einen von ihnen fest und drohte ihm mit Gefängnis, woraufhin er das Versteck verriet. Die Deutschen nahmen alles mit, einschließlich Eddas Schmucks, und übergaben die Dokumente Hildegard Beetz, die den Auftrag erhielt, eine vollständige Übersetzung anzufertigen.

Im April 1945, kurz vor seinem Selbstmord, ordnete Hitler die Vernichtung sämtlicher Ciano-Dokumente an. Hildegard Beetz hielt jedoch einen wesentlichen Teil zurück, nämlich die Tagebücher für die Zeit vom 22. August 1937 bis 31. Dezember 1938. Vernichtet wurden die Eintragungen für die Zeit vom 10. Juni 1936 bis 31. Juli 1937 sowie weitere Aufzeichnungen, die Hildegard Beetz in Teilen jedoch bereits übersetzt hatte. Die Durchschläge, die sie in ihrem Garten vergraben hatte, übergab sie bei Kriegsende den Amerikanern. Es handelte sich um Cianos Aufzeichnungen über Treffen mit Hitler, Mussolini und Ribbentrop sowie um Korrespondenzen; sie wurden 1948 in London unter dem Titel »Ciano's Diplomatic Papers« veröffentlicht. Im gleichen Jahr erschienen in Italien die Tagebücher von August 1937 bis Dezember 1938, ein Jahr später folgte die deutsche Übersetzung. Auf welchen Wegen die Originale zuvor wieder in den Besitz von Edda Ciano gekommen waren, ist nicht mehr zu klären.

Während ihres Aufenthalts in Monthey war Edda bei André Repond, einem der Pioniere der Schweizer Psychiatrie, in nervenärztlicher Behandlung. Im Frühjahr 1996 entdeckten Forscher im Bundesarchiv in Bern das Dossier, das Repond im Auftrag der Schweizer Polizei über seine prominente Patientin angefertigt hatte. Der Wert dieses Dossiers ist mehr als zweifelhaft, denn Repond versuchte, Schlüsse über die psychische Verfassung Benito Mussolinis und seiner Frau zu ziehen, ohne die beiden jemals untersucht zu haben. Edda erscheint darin als eine hochneurotische, schizoide Persönlichkeit, die unter diversen Kindheitstraumata, der unharmonischen Ehe ihrer Eltern, an Bulimie und Schuldgefühlen litt und die trotz oder wegen ihrer zahlreichen Liebhaber frigide war. Nach ihrer Einlieferung in die Klinik, so heißt es in Reponds Bericht, verfiel sie in eine tiefe Depression, schlief wenig, hatte keinen Appetit und hing düsteren Gedanken nach. »Sie machte sich Vorwürfe, nicht die Frau gewesen zu sein, die Ciano sich gewünscht hätte, die Frau, die er gebraucht hätte«, schrieb Repond. Sowohl ihre scheinbare Gleichgültigkeit gegenüber der Untreue ihres Mannes als auch ihr Renommieren mit angeblichen und tatsächlichen Liebhabern hatte, dem Repond-Bericht zufolge, seinen Grund in ihren tiefen Minderwertigkeitsgefühlen als Frau und Gattin.[20]

Am 29. April 1945 schaltete Edda zufällig das Radio an und hörte die Nachricht, daß ihr Vater erschossen worden und sein Leichnam in Mailand auf dem Piazzale Loreto zur Schau gestellt worden sei. Zehn Tage vorher war er gegen den Willen seiner deutschen Bewacher vom Gardasee nach Mailand aufgebrochen und am Mittag des 27. April in der Gegend von Como Partisanen in die Hände gefallen. Tags darauf wurden er und Clara Petacci sowie fünfzehn weitere Faschisten erschossen. Ihre Leichen wurden auf einen Lastwagen geworfen und nach Mailand gebracht, wo man den Duce und seine Geliebte bei einer Tankstelle an den Füßen aufhängte.

Viele Jahre später schrieb Edda über ihren Vater: »Ich haßte ihn, haßte ihn wirklich. Ich glaube, man kann einen Menschen nur dann hassen, wenn man ihn zuvor geliebt hat. Und als ich meinen Vater und die anderen auf so barbarische Weise an der Tankstelle auf dem Piazzale Loreto in Mailand hängen sah, sagte

*Das bestialische Ende von Benito Mussolini und Clara Petacci:
Am 29. April wurden die beiden Leichen von der aufgebrachten
Mailänder Bevölkerung mit dem Kopf nach unten
an einer Tankstelle aufgehängt.*

ich mir: ›Es war der letzte Liebesdienst, den ihm die Italiener erwiesen.‹«[21]

Die Schweizer warteten ab, bis sich die Wogen etwas geglättet hatten, und überbrachten Edda am 27. August 1945 den Ausweisungsbefehl: Innerhalb von zwei Tagen hatte sie die Schweiz zu verlassen. Ihre Kinder durften bleiben. Edda ließ sie in der Obhut von Frau Schwarz, einer Schweizer Kinderfrau, die für ihre Familie in Rom gearbeitet hatte.

Die Italiener machten ihr den Prozeß und verurteilten sie zu zwei Jahren Haft auf der Insel Lipari. Auf dieselbe Insel hatte ihr Vater seine politischen Gegner verbannt. Edda hatte mit dem Tod gerechnet, doch was sie in ihrer Heimat erwartete, waren lange einsame Jahre der Erinnerung.

EPILOG

Am 11. April 1995, einem sonnigen Frühlingsmorgen, füllten mehrere hundert Menschen die Kirche Santo Cuore Immaculato di Maria im römischen Nobelviertel Parioli, um Edda Mussolini Ciano die letzte Ehre zu erweisen. Zwei Tage zuvor war sie mit fünfundachtzig Jahren nach langer Krankheit in einer römischen Klinik an Nierenversagen gestorben. Seit langem hatte sie die Tage zwischen Bett und Lehnstuhl verbracht, betreut von zwei Hausangestellten. Den April hatte Edda immer als Unglücksmonat der Mussolinis betrachtet. Ihr Vater war am 28. April 1945 erschossen worden, ihre Schwester Anna Maria war am 28. April 1968 und ihr jüngster Sohn Marzio am 11. April 1974 gestorben.

In den ersten Bankreihen saßen, wie bei jeder Trauerfeier, die Familienangehörigen. Vertreter der Regierung, Politiker, die wenigen überlebenden Freunde aus ihrer Jugend sowie Journalisten belegten die übrigen Plätze in dem modernen Kirchenbau. Nachdem sich die Menge zerstreut hatte, kam auch Susanna Agnelli.

Ein halbes Jahrhundert nach dem Ende des Faschismus war Edda das prominenteste Bindeglied zu dessen Geschichte gewesen, auch wenn sie nach dem Zweiten Weltkrieg an der Politik kein Interesse mehr gezeigt hatte. Für die alten Faschisten, die gekommen waren, um ihr die letzte Ehre zu erweisen, zählte das nicht. Sie hatten sie stets Eccellenza genannt, eine Ehrenbezeichnung, die normalerweise Ministern, Botschaftern und Bischöfen vorbehalten ist. Als der Trauergottesdienst zu Ende war, marschierten sie aus der Kirche, stellten sich auf den Stufen des Portals auf und hoben, dem Verbot zum Trotz, den rechten Arm zum Faschistengruß. Er galt weniger Edda als dem Duce. Mochte sie auch mit ihm gebrochen, ihn geschmäht und verflucht haben, sie war dennoch eine Mussolini, und allein darauf kam es an. Sie liebten Edda oder, genauer gesagt, das, wofür sie einst gestanden hatte, und einige vergossen Tränen um sie und um ihre eigene Jugend.

In dem halben Jahrhundert, das ihr nach der Exekution ihres Mannes noch blieb, lebte Edda allein, sieht man einmal von den herrenlosen Katzen und Hunden ab, denen sie sich hingebungsvoll widmete. Lange Zeit hatte sie einen Liebhaber, den schillernden neapolitanischen Juwelier Pietro Capuano, besser bekannt unter seinem Spitznamen Chanteclair. Er war ein paar Jahre älter als sie und blieb sein Leben lang Junggeselle. Edda hatte ihn vor dem Krieg auf Capri kennengelernt, und als sie nach dem Krieg dorthin zurückkehrte und die Beziehung zu ihm wieder aufnahm, gingen sie täglich um die Mittagszeit vor der Blauen Grotte schwimmen. Um seine Freundin zu unterhalten, gab Chanteclair Partys und Festessen, bei denen häufig auch Noël Coward zu Gast war. Einmal zündete er unter dem Tisch von Prinz Umberto einen Knallkörper. Die Polizei nahm ihn fest, ließ ihn aber wieder laufen, nachdem Edda sich für ihn verwendet hatte.[1]

Kurz nach ihrer Ankunft auf Lipari gab Edda am 20. und 21. September 1945 zwei italienischen und drei amerikanischen Journalisten Interviews. Sie erwähnte dabei, daß sie Puccis Bericht über Cianos letzte Tage und ihre Flucht in die Schweiz gelesen habe, in dem er Hildegard Beetz als »Signor X.« getarnt hatte. Edda hielt die Täuschung aufrecht : »Signor X. ist ein Deutscher, der sich jetzt in einem Konzentrationslager der Alliierten befindet, und die Alliierten kennen seinen Namen«, sagte sie. »Er ist vielleicht der einzige humane Deutsche.«

Hildegard Beetz, die 1919 als Hildegard Burckhard in Obernissa bei Weimar das Licht der Welt erblickt hatte, verlor ihren Mann kurz vor Ende des Krieges an der Ostfront. Wenig später soll sie einen amerikanischen Leutnant, einen Offizier der Spionageabwehr namens Harry Dux, geheiratet haben, doch die Ehe wurde geschieden. 1951 trat sie erneut vor den Traualtar, diesmal mit einem Deutschen, Dr. Karl Heinz Purwin, und wurde zum zweiten Mal Witwe. Einer von Cianos Biographen, Duilio Sus-

mel, spürte sie in den sechziger Jahren in Bonn auf, und nach anfänglichem Widerstand erklärte sie sich bereit, über ihre Erleb-
nisse mit Ciano zu sprechen. Dann verloren sich ihre Spuren, bis Anfang 1996 zwei Repor-
ter der italienischen Illustrierten *Gente* sie in einer »europäischen
Stadt« ausfindig machten. Sie lebte unter falschem Namen als
Hilde Neimann, »wohnt in einer standesgemäßen zweistöckigen
Villa, umgeben von einem kleinen Garten, führt ein zurückgezo-
genes Rentnerdasein und ist krank.«[2]

Während ihres Aufenthalts auf Lipari stand Edda in ständigem
brieflichen Kontakt mit Pucci, und bis 1947 hielten sich hartnäckig Gerüchte, wonach sie bald heiraten würden. Pucci selbst
konnte erst nach Italien zurückkehren, nachdem er einige Schwierigkeiten überwunden hatte, die darauf zurückzuführen waren,
daß er sich unerlaubt von der italienischen Luftwaffe entfernt hatte. Wenig später begann er seine Karriere als Modeschöpfer, mit
der er Weltruhm erlangen sollte. Doch der Anfang war schwer.
Graf Bartolomeo Attolico, der Sohn des während des Krieges in
Deutschland akkreditierten Botschafters, erinnert sich noch daran, wie ihm Pucci einmal auf Capri eine Badehose zu verkaufen
suchte. »Pucci hatte keinen roten Heller«, sagte er. Später, nachdem er berühmt geworden war, trat Pucci in die Politik ein und
gehörte als Vertreter der liberalen Partei eine Zeitlang dem Parlament in Rom an.

Am 2. Juli 1946 wurde Edda vorzeitig entlassen, und innerhalb
weniger Tage konnte sie ihre Kinder wieder in die Arme schließen. Sie wurden zur italienischen Grenze geschafft und Cianos
Mutter übergeben, die sie in ihr Haus in Ponte a Moriano brachte, wo Edda wartete. Laut Fabrizio war die finanzielle Situation
der Familie anfangs prekär. Die Regierung Badoglio hatte einen
Großteil des Cianoschen Besitzes beschlagnahmt, darunter seine
Anteile an der Livorneser Zeitung *Il Telegrafo*, seine Häuser in
Livorno und Ponte a Moriano sowie die beiden Wohnungen in
der Via Angelo Secchi in Rom. Edda durfte ihre Villa auf Capri
behalten. Außerdem blieben ihr noch fünfundneunzig Wohnun-

gen in Rom, die Ciano nicht in seine Vermögenaufstellung einbezogen hatte, als er dem Vorwurf der Bereicherung entgegenzutreten versuchte.

Die Familie lebte von den Erträgen der fünfhundert Morgen
Ackerland, die Cianos Mutter besaß. Edda fuhr gelegentlich nach
Rom, in dem Bemühen, die Rückgabe eines Teils des Familienbesitzes zu erwirken, und wurde dort von zwei alten Freundinnen,
der Prinzessin Lola Giovinelli und der Marchesa Delia di Bagno,
gastlich aufgenommen. Die meisten ihrer anderen Freunde waren
auf Distanz gegangen. Jean Charles-Roux, ein katholischer Priester und Sohn des einstigen französischen Botschafters am Heiligen Stuhl, sah Edda einmal die Via Sistina hinaufgehen und bemerkte, wie ein Paar, das sie gut kannte, die Straße überquerte,
um ihr nicht die Hand schütteln zu müssen.

Das Verhältnis zwischen Carolina Ciano und ihrer Schwiegertochter, das nie gut gewesen war, verbesserte sich auch während
ihres späteren Zusammenlebens anscheinend nicht. Carolina
starb 1959 im Alter von vierundachtzig Jahren.

Rachele Mussolini und ihre drei anderen Kinder wurden nach
dem Krieg auf Ischia interniert. »Es war, als sei man im Paradies
eingesperrt«, sagte Romano. Die Cianos sahen sie 1947 erstmals
wieder, als man ihnen einen Besuch auf der Insel erlaubte. Mutter
und Tochter umarmten sich, doch ihre Differenzen blieben. Rachele starb 1980.

Edda war nicht reich, doch konnte sie sich ihre letzten Lebensjahre durchaus komfortabel einrichten. Sie bezog eine staatliche
Rente und hatte darüber hinaus noch Mieteinnahmen aus ihrem
Immobilienbesitz. Sie reiste viel, mehrere Male nach Kenia und
mindestens einmal nach Argentinien, trank stark – am liebsten
Gin – und hatte einen Kreis von Freundinnen aus alten Tagen,
mit denen sie gern Backgammon, Canasta und dergleichen spielte. Wenn sie allein war, legte sie Patiencen. »Sie hatte eine Art
Hofstaat«, sagte Romano Mussolini. »Ich ging zu ihr, wenn ich
gut essen wollte, weil sie immer gut aß. Sie hatte viele Freunde,
darunter viele aus dem Adel. Und sie engagierte sich sehr für herrenlose Katzen und Hunde. In dieser Hinsicht hatte sie einen re-

gelrechten Tick.« Zweifellos war sie einsam, und mitunter konnte sie einen Verwandten stundenlang am Telefon festhalten, um über Banalitäten zu plaudern.

Einmal bot ihr der Filmproduzent Dino de Laurentiis Geld für einen Film über das Leben der Mussolinis, aber sie lehnte empört ab. De Laurentiis ließ sich davon nicht beirren und drehte den Film mit Silvana Mangano als Edda, die vergeblich zu verhindern suchte, daß der Film in die Kinos kam.

Einige Jahre vor ihrem Tod besuchte Edda eine Gedenkmesse für ihren Vater, und in ihrer Wohnung hatte sie deutlich sichtbar drei große bronzene Bas-Reliefs von ihm hängen. Viel bedeutete ihr auch ein Foto des Duce, auf das er geschrieben hatte:»Für Edda in Liebe, Papa, 1930«. Im Laufe der Jahre verblaßte der Haß, den sie einst für ihn empfunden hatte, und in ihren Memoiren sprach sie ihn von der Verantwortung für den Tod ihres Mannes teilweise frei. An der Entscheidung, Ciano den Prozeß zu machen, sei er nicht unmittelbar beteiligt gewesen, heißt es dort, und später habe er eine Politik der Nichteinmischung verfolgt, aus Feigheit oder Fatalismus.»Aufgrund einer geheimnisvollen Verkettung von Umständen konnte mein Mann von einem gewissen Zeitpunkt an seinem Verhängnis nicht mehr entkommen, und ich glaube, er wäre damals auf jeden Fall gestorben, egal welche Haltung mein Vater eingenommen hätte«, schrieb sie.[3]

Einmal im Jahr besuchte sie Mussolinis Grab in Predappio, und dem Gemeindepfarrer dort sagte sie bei einer dieser Gelegenheiten:»Ich empfinde keinen Groll gegen meinen Vater Benito. Vielmehr schulde ich ihm Dankbarkeit.«[4]

Erinnerungsstücke an Ciano fielen in ihrer Wohnung weniger ins Auge. Das auffälligste war ein gerahmtes Foto, das Galeazzo als jungen Mann in Marineuniform zeigte.

Edda hinterließ ein Tagebuch, das von beträchtlichem historischen Wert hätte sein können, doch es wurde von ihrem Sohn Fabrizio vernichtet.

Das spätere Leben der drei Ciano-Kinder stand unter den Nachwirkungen des Traumas, das sie in ihrer Jugend erlitten hatten.[5]

Politisch hielten alle drei dem Movimento Sociale Italiano, der Nachfolgeorganisation von Mussolinis Faschistischer Partei, die Treue, obwohl die Faschisten ihren Vater auf dem Gewissen hatten. Raimonda, die in der Familie immer Dindina genannt wurde, heiratete im Oktober 1952 Sandro Giunta, dessen Vater unter Mussolini Sekretär der Partei gewesen war. Die beiden wanderten nach Brasilien aus, wo die Familie Giunta Ländereien besaß; die Ehe dauerte sieben Jahre und blieb kinderlos. Heute lebt Raimonda in Rom.

Fabrizio wurde nach eigener Darstellung ein nichtsnutziger junger Mann. Er studierte Jura, aber die Universität behagte ihm nicht, da er lieber in Nachtklubs, auf Reisen und auf den Sportplatz ging.

Bei den Parlamentswahlen 1958 beschloß Fabrizio, für den MSI zu kandidieren, und zwar in einem Wahlkreis in Livorno, wo seit 1922 kein Kandidat der Rechten mehr gewählt worden war. Spitzenfunktionäre des MSI versuchten, ihm sein Vorhaben auszureden, und die Partei gab ihm keine finanzielle Rückendeckung. Doch Fabrizio steckte eine Menge eigenes Geld in den Wahlkampf und unterlag nur knapp.

Anfang der sechziger Jahre kehrte Fabrizio, nunmehr dreißig, der Politik den Rücken und sah sich nach einem Job um. Aber zu regelmäßiger Arbeit fühlte er sich nicht berufen. Statt dessen stolperte er von einem Skandal zum nächsten; entweder ging es dabei um schöne und reiche Frauen oder um kuriose Investitionen.

Auch Marzio arbeitete wenig, vertat sein Leben und starb 1974 mit siebenunddreißig an den Folgen seiner Alkoholexzesse. Von vielen, die ihn kannten, wurde er als das hellste der drei Ciano-Kinder betrachtet.

1964 hatte er eine Sizilianerin namens Gloria Lucchesi geheiratet. Sie hatten zwei Söhne, Pier Francesco und Lorenzo, aber die Ehe litt unter Marzios ständigem Wodkakonsum und seiner notorischen Faulheit. 1969 kam Fabrizio zu Besuch nach Italien, lernte seine Schwägerin kennen, verführte sie kurzerhand und überredete sie, mit ihm nach Venezuela zu gehen. Dort lebten sie drei Jahre zusammen, 1972 kehrte Gloria nach Rom und zu ihrem Mann zurück.

Es überrascht nicht, daß Fabrizio in seinen Memoiren nichts von der Affäre mit Gloria erwähnt. Er blieb in Venezuela, und 1981 heiratete er dann doch noch. Das Paar siedelte nach Costa Rica über, und Fabrizio eröffnete dort eine Firma, die Insektenvertilgungsmittel herstellte. Seine Erinnerungen mit dem Titel *Quando il nonno fece fucilare papà* [*Als Großvater Vater erschießen ließ*] erschienen 1993. Edda fand den Titel, den Mondadori gewählt hatte, ungeheuer geschmacklos, aber aus Solidarität mit Fabrizio ging sie zur Vorstellung des Buches. Es sollte ihr letzter Auftritt in der Öffentlichkeit sein.

Danksagung

Daß dieses Buch zuerst in deutscher Sprache erscheint, verdanke ich Dr. Jörg Friedrich, der das Originalmanuskript in einem frühen Stadium gelesen hat, und Thomas Karlauf, der den Henschel Verlag für das Vorhaben gewinnen konnte und wesentlich dazu beitrug, daß die deutsche Fassung die vorliegende Gestalt annahm. Ihnen beiden gilt mein besonderer Dank. Mein Dank gilt ebenso Frau Dr. Angelika Beck für ihre sorgfältige Übersetzung sowie Regine Wosnitza, die den Kontakt zu Jörg Friedrich herstellte.

Don Larrimore, ein alter Freund aus der Zeit, als wir vor dreißig Jahren beide in Rom lebten, hat mich ermutigt, dieses Buch in Angriff zu nehmen. Er hat mir einen Großteil der amerikanischen Quellen zur Verfügung gestellt und die Entstehung des Manuskripts mit Rat und Tat begleitet. Meine Tochter Ann stand mir beim Aufspüren abgelegener Quellen hilfreich zur Seite.

Einen besonderen Dank schulde ich den Freunden und Bekannten der Cianos in Rom, die mir ihre Zeit schenkten und mich an ihren Erinnerungen teilhaben ließen. Auch wenn einige von ihnen mit meinen Schlußfolgerungen möglicherweise nicht einverstanden sein werden, so knüpfte doch keiner Bedingungen an die Zusammenarbeit mit mir. Verpflichtet fühle ich mich vor allem Fürstin Cyprienne Charles-Roux del Drago, die mir die unveröffentlichten Memoiren ihres verstorbenen Ehemannes, des Fürsten Marcello del Drago, zu lesen gab. Des weiteren danke ich Gräfin Marozia Borromeo d'Adda, Botschafter a. D. Mario Mondello, Frau Fey von Hassell, Romano Mussolini, Botschafter

Bruno Bottai, Graf Bartolomeo Attolico und Lady Maria Carmela Hambleden. Cianos italienischer Biograph Giordano Bruno Guerri gab mir wertvolle Hinweise, Leonora Dodsworth unterstützte mich bei meinen Untersuchungen in Italien. Nicht zuletzt danke ich mehreren Personen in Rom, die ungenannt bleiben möchten.

Mein Dank gilt Professor Dermot Keogh am University College in Cork, John Cooney, Bill und Beverly Landrey, Stephanie Tade, Gillon Aitken, Thom Shanker, Jay Shanker, John McLaren, Denis Mack Smith, John Tagliabue, Paula Butturini, Jon Randal, Catherine Henry und Harold Tittman III.

Meine Frau Jennifer ertrug mit Langmut und guter Laune die vielen Stunden, die meine Beschäftigung mit Ciano ihr stahl, und gab mir immer wieder neuen Mut.

Zuletzt will ich dankbar an William Shirer erinnern, der als Korrespondent der Chicago Tribune in Berlin den Aufstieg Hitlers aus nächster Nähe beobachten konnte und als einer der ersten Amerikaner über das Dritte Reich publiziert hat. Durch sein Buch »The Rise and Fall of the Third Reich« wurde ich zum ersten Mal auf Galeazzo Ciano aufmerksam. Da ich seit vielen Jahren für die gleiche Zeitung tätig bin, fühlte ich mich William Shirer beim Schreiben dieser Biographie auf besondere Weise verbunden.

Anmerkungen

1. KAPITEL

1 Edda Ciano, *My Truth*, S. 60-63
2 Edvige Mussolini, *Mio fratello Benito*, S. 124 f.
3 Duilio Susmel, *Vita sbagliata di Galeazzo Ciano*, S. 34
4 Giordano Bruno Guerri, *Galeazzo Ciano*, S. 45
5 Edda Ciano, S. 51
6 Ebd.
7 Ebd.
8 Guerri, S. 13
9 Guerri, S. 43
10 Charles Higham, *Wallis*, S. 77
11 Anita Pensotti, *Rachele*, S. 53
12 Edvige Mussolini, S. 124 f.
13 Gaetano Afeltra, *La spia che amo'Ciano*, S. 137
14 Romano Mussolini, Interview mit dem Autor
15 Pensotti, S. 14
16 Edda Ciano, S. 68 f.
17 Edda Ciano, S. 65 f.
18 Afeltra, S. 142

2. KAPITEL

1 Susmel, S. 32
2 Guerri, S. 60
3 Roberto Ducci, *La bella gioventu'*, S. 143 f.
4 Edda Ciano, S. 119
5 Edda Ciano, S. 50
6 Guerri, S. 278
7 Ducci, S. 144 f.
8 Susanna Agnelli, *Wir trugen immer Matrosenkleider*, S. 108 f.
9 Edda Ciano, S. 80
10 Marozia Borromeo d'Adda, Interview mit dem Autor
11 Ducci, S. 135
12 Edda Ciano, S. 75 f.
13 Ebd.
14 Guerri, S. 112
15 Susmel, S. 51
16 Ebd.
17 Guerri, S. 135 f.
18 Guerri, S. 132
19 Susmel, S. 53 f.

3. KAPITEL

1 Marcello del Drago, Erinnerungen (unveröffentlicht)
2 Guerri, S. 61
3 Dino Grandi, *Il mio paese*, S. 410-413
4 Guerri, S. 202
5 Susmel, S. 120
6 Sumner Welles, Einleitung zu *Ciano's Diary 1939-1943* (London 1947) S. IX f.
7 Dino Alfieri, *Due dittatori di fronte*, S. 269
8 Susmel, S. 77 f.
9 Cianos Tagebücher für die Jahre 1939 bis 1943 werden nach der italienischen Originalausgabe zitiert: *Diario, Bd. 1: 1939-40, Bd. 2: 1941-43*, Mailand 1963 (im folgenden zitiert als Diario I und II mit Seitenangabe). Die Tagebücher für die Jahre 1937/38 werden nach der deutschen Ausgabe zitiert: *Tagebücher 1937/38*, Hamburg 1949 (im folgenden zitiert als Tagebücher mit Angabe des Datums). Wo das Datum der Eintragung aus dem Text hervorgeht, erfolgt kein eigener Zitatnachweis.
Die sechs kurzen Zitate auf Seite 44 sind unter folgenden Daten zu finden: 4. Juli 1938, 19. Dezember 1937, ebd., 29./30. September 1938, 27. November 1937 und 31. Oktober 1938.

10 Tagebücher, 27. August 1937
11 Tagebücher, 25. Februar 1938
12 Tagebücher, 10. Juli 1938
13 Diario I, S. 52 f.
14 William Phillips, *Ventures in Diplomacy*, S. 225
15 Alfieri, S. 259-261
16 Guerri, S. 239
17 Edda Ciano, S. 121 f.
18 Antonio Spinosa, *Edda: Una tragedia Italiana*, S. 185
19 Susmel, S. 58
20 Susmel, S. 64
21 Susmel, S. 65 f.
22 Susmel, S. 65, Guerri, S. 282
23 Filippo Anfuso, *Da Palazzo Venezia al Lago di Garda*, S. 27
24 Guerri, S. 203 f.
25 Phillips, S. 198
26 Guerri, S.199
27 Diario I, S. 46 f.
28 Guerri, S. 251
29 Zum Fall Rosselli vgl. Charles F. Delzell, *Mussolini's Enemies* und Ernesto Rossi, *No al fascismo*

4. KAPITEL

1 Tagebücher, 29. September 1937
2 Diario II, S. 152
3 Edda Ciano, S. 151-154
4 Susmel, S. 73
5 Susmel, S. 81 f.
6 Guerri, S. 290 f.
7 Giuseppe Bottai, *Diario 1935-1944*, S. 120

8 Guerri, S. 296
9 Tagebücher, 2. September 1937 (in der deutschen Übersetzung heißt es an dieser Stelle fälschlich »unangenehm und ehrlich«)
10 Fey von Hassell, Interview mit dem Autor; ebenso das folgende Zitat
11 Fey von Hassell, *Niemals sich beugen*, S. 50
12 Fey von Hassell, Interview mit dem Autor
13 Tagebücher, 25. Februar 1938
14 Tagebücher, 5. Februar 1938
15 Michael Bloch, *Ribbentrop*, S. 140 f.
16 Guerri, S. 334
17 Diario I, S. 171
18 Bottai, S. 121 f.
19 Paul Schmidt, *Statist auf diplomatischer Bühne*, S. 367 f.
20 Tagebücher, 6. Mai 1938
21 Tagebücher, 7. Mai 1938
22 Ebd.
23 Tagebücher, 8. Mai 1938
24 Tagebücher, 11. Juni 1938
25 Susmel, S. 100 f.
26 Susmel, S. 104
27 Susmel, S. 107
28 Tagebücher, 29./30. September 1938
29 Ebd.
30 Ebd.
31 Tagebücher, 27. Oktober 1938
32 Susmel, S. 112
33 Ebd.
34 Schmidt, S. 422
35 Susmel, S. 112 f.

36 Meir Michaelis, *Mussolini and the Jews*, S. 199 f.
37 Michaelis, S. 136
38 Michele Sarfatti, Brief an den Autor
39 Michaelis, S. 131

5. KAPITEL

1 Diario I, S. 59
2 Diario I, S. 64
3 Diario I, S. 68
4 Diario I, S. 62
5 Diario I, S. 63
6 Diario I, S. 69
7 Diario I, S. 70
8 Diario I, S. 72
9 Guerri, S. 363
10 Susmel, S. 116 f.
11 Guerri, S. 376
12 Diario I, S. 76
13 Diario I, S. 51
14 Denis Mack Smith, *Mussolini's Roman Empire*, S. 153
15 Guerri, S. 398
16 Guerri, S. 387 f.
17 Susmel, S. 121
18 Diario I, S. 91 f.
19 Guerri, S. 386
20 Susmel, S. 141
21 Ebd.
22 Diario I, S. 111

6. KAPITEL	7. KAPITEL

1 Edda Ciano, S. 81 f.
2 Depesche an das Foreign Office, zitiert in: Michael Sheridan, *Romans. Their Lives and Times*, S. 103
3 Curzio Malaparte, *Kaputt*, S. 453 f. der ital. Ausgabe, Mailand 1948 (in der dt. Ausgabe ist diese Passage nicht enthalten)
4 Curzio Malaparte, *Kaputt*, S. 358 f.
5 Guerri, S. 123
6 Eugen Dollmann, *Dolmetscher der Diktatoren*, S. 106
7 Susmel, S. 132 f.
8 Marozia Borromeo d'Adda, Interview mit dem Autor
9 Malaparte, S. 471 f.
10 Edda Ciano, S. 86 f.
11 Christopher Hibbert, *Benito Mussolini*, S. 108
12 Marozia Borromeo d'Adda, Interview mit dem Autor
13 Cyprienne del Drago, Interview mit dem Autor
14 Malaparte, S. 434
15 Giorgio Nelson Page, *L'americano di Roma*, S. 489
16 Page, S. 475

1 Diario I, S. 94
2 Diario I, S. 101
3 Susmel, S. 127
4 Susmel, S. 128
5 Susmel, S. 129
6 Susmel, S. 146
7 Susmel, S. 147
8 Ebd.
9 Zit. nach Erich Kuby, *Verrat auf deutsch*, S. 99 f.
10 Diario I, S. 111
11 Susmel, S. 149 f.
12 Diario I, S. 115
13 Diario I, S. 116 f.
14 Diario I, S. 117
15 Susmel, S. 150
16 Susmel, S. 151
17 Diario I, S. 117
18 Leonardo Losito, *Bernardo Attolico*, S. 120
19 Denkschrift für das Foreign Office, zit. in: Sheridan, S. 90
20 Susmel, S. 157
21 Diario I, S. 148
22 Diario I, S. 149
23 Bartolomeo Attolico, Interview mit dem Autor
24 Susmel, S. 171

8. KAPITEL

1 Marcello del Drago, Erinnerungen (unveröffentlicht)
2 Diario I, S. 156 f.
3 Susmel, S. 164
4 Del Drago
5 Susmel, S. 164
6 Susmel, S. 165
7 Schmidt, S. 438
8 Susmel, S. 165 f.
9 Del Drago
10 Guerri, S. 420 f.
11 Dollmann, S. 168
12 Del Drago
13 Nerin E. Gun, *Eva Braun. Hitler's Mistress*, S. 158 f.
14 Diario I, S. 158
15 Melton Davis, *Who Defends Rome?*, S. 19
16 Schmidt, S. 440
17 Diario I, S. 168 f.
18 Cyprienne del Drago-Roux, Interview mit dem Autor
19 Diario I, S. 164
20 Diario I, S. 165
21 Diario I, S. 166
22 Ebd.
23 Diario I, S. 168
24 Bottai, S.154-156
25 Del Drago
26 Ebd.
27 Susmel, S. 176
28 Bottai, S. 156 f.

9. KAPITEL

1 Bottai, S. 161
2 Edda Ciano, S. 157
3 Diario I, S. 198
4 Schmidt, S. 471 f.
5 Susmel, S. 182
6 Bottai, S. 167
7 Diario I, S. 201
8 Diario I, S. 212
9 Diario I, S. 215
10 Diario I, S. 219
11 Susmel, S. 187 f.
12 Diario I, S. 223
13 Diario I, S. 224 f.
14 Diario I, S. 231
15 Diario I, S. 231 f.
16 John Colville, *Downing Street Tagebücher 1939-1945*, S. 46
17 Diario I, S. 257
18 Welles, S. 282
19 Welles, Einleitung zu *Ciano's Diary 1939-1943* (London 1947), S. VIII
20 Diario I, S. 258
21 Diario I, S. 263
22 Ebd.
23 Susmel, S. 198
24 Diario I, S. 267
25 Diario I, S. 268
26 Diario I, S. 269
27 Diario I, S. 270
28 Guerri, S. 456
29 Diario I, S. 276
30 Diario I, S. 280
31 Diario I, S. 282
32 Diario I, S. 283
33 Ebd.
34 Anfuso, S. 110-115

35 Diario I, S. 285
36 Diario I, S. 286
37 Guerri, S. 457 f.
38 Phillips, S. 271
39 Diario I, S. 298
40 Diario I, S. 299
41 Phillips, S. 271
42 Hugh Dalton, *Fateful Years. Memoirs 1931-1945*, S. 330

10. KAPITEL

1 Marco Innocenti, *L'Italia del 1940*, S. 13-34
2 Susmel, S. 214
3 Diario I, S. 314
4 Innocenti, S. 39 f.
5 Diario I, S. 314
6 Del Drago
7 Grandi, S. 589
8 Grandi, S. 595
9 Susmel, S. 215 f.
10 Diario I, S. 316
11 Diario I, S. 317 f.
12 Innocenti, S. 54 f.
13 Diario i, S. 319
14 Susmel, S. 220
15 Diario I, S. 328
16 Schmidt, S. 492
17 Marie Wassiltschikow, *Die Berliner Tagebücher der »Missie« Wassiltschikow 1940-1945*, S. 36
18 Susmel, S. 223
19 Bottai, S. 213-215
20 Phillips, S. 288
21 Diario I, S. 334
22 William L. Shirer, *The Nightmare Years*, S. 556 f.
23 William L. Shirer, *Berlin Diary*, S. 456
24 Diario I, S. 331

11. KAPITEL

1 Diario I, 12. Mai 1939
2 Guerri, S. 486
3 Grandi, S. 601
4 Susmel, S. 209-211
5 Bottai, S. 221
6 Raffaele Guariglia, *Ricordi*, S. 477
7 Reynolds u. Eleanor Packard, *Balcony Empire*, S. 115
8 Diario I, S. 353
9 Bottai, S. 228
10 Susmel, S. 233 f.
11 Joseph Goebbels, *Tagebücher*, Bd. 4, S. 1501
12 Del Drago
13 Innocenti, S. 157
14 Diario I, S. 365
15 Diario I, S. 371
16 Grandi, S. 606
17 Diario I, S. 390
18 Guerri, S. 502
19 Guerri, S. 505
20 Afeltra, S. 150
21 Goebbels, *Tagebücher*, Bd.4, S. 1542 f.
22 Die italienischen Zahlen zum Balkanfeldzug nach Mario Cervi, *The Hollow Legions*, S. 308
23 Guerri, S. 524

12. KAPITEL

1 Die Darstellung der Mission von John Evans stützt sich im wesentlichen auf Giorgio Nelson Page, *L'americano di Roma*, S. 626-630; dort auch einige der im folgenden verwendeten Zitate
2 Diario II, S. 31
3 Diario II, S. 46
4 Diario II, S. 54
5 Ebd.
6 Susmel, S. 243 f.
7 Diario II, S. 58 f.
8 Susmel, S. 245 f.
9 Diario II, S. 63
10 Diario II, S. 64
11 Bottai, S. 279
12 Guerri, S. 59
13 Antonio Spinosa, *Edda. Una tragedia Italiana*, S. 250
14 Guerri, S. 247
15 Spinosa, S. 266 f.
16 Diario II, S. 75
17 Diario II, S. 76
18 Diario II, S. 78
19 Diario II, S. 83
20 Susmel, S. 248
21 Diario II, S. 84
22 Diario II, S. 85
23 Diario II, S. 88
24 Diario II, S. 90
25 Diario II, S. 92
26 Ebd.
27 Diario II, S. 97 f.
28 Diario II, S. 98
29 Diario II, S. 101
30 Guerri, S. 525
31 Diario II, S. 103
32 Diario II, S. 104
33 Packard, S. 320

13. KAPITEL

1 Bottai, S. 322 f.
2 Alfieri, S. 198
3 Susmel, S. 252
4 Diario II, S. 124
5 Diario II, S. 125
6 Diario II, S. 127
7 Diario II, S. 220
8 Diario II, S. 131
9 Diario II, S. 132
10 Diario II, S. 141
11 Diario II, S. 144
12 Leonardo Simoni, *Berlino ambasciata d'Italia 1939-1943*, S. 272
13 Diario II, S. 154
14 Diario II, S. 175
15 Goebbels, *Tagebücher*, Bd. 4, S. 1782
16 Edda Ciano, S. 124 f.
17 Edda Ciano, S. 126
18 Edda Ciano, S. 124 f.
19 Susmel, S. 255
20 Alfieri, S. 186
21 Goebbels, *Tagebücher*, Bd. 4, S. 1790 f.
22 Edda Ciano, S. 146 f.
23 Diario II, S. 169-171
24 Diario II, S. 171
25 Ebd.
26 Diario II, S. 179
27 Diario II, S. 161
28 Susmel, S. 258 f.

29 Ebd.
30 Ebd.
31 Diario II, S. 194
32 Edda Ciano, S. 183 f.
33 Diario II, S. 207
34 Ennio di Nolfo, *Vaticano e Stati Uniti*, S. 198
35 Guerri, S. 532 f.
36 Diario II, S. 219
37 Diario II, S. 227 f.
38 Susmel, S. 262
39 Diario II, S. 238
40 Susmel, S. 262 f.
41 Leonardo Simoni, *Berlino ambasciata d'Italia*, S. 286
42 Ebd.
43 Ebd.
44 Diario II, S. 255
45 Diario II, S. 256 f.
46 Alfieri, S. 282
47 Simoni, S. 300
48 Susmel, S. 265
49 Susmel, S. 265-268
50 Malaparte, S. 474 f.
51 Susmel, S. 267 f.
52 John Bierman, *The Italian Refuge*, S. 219
53 Cyprienne Charles-Roux del Drago, Interview mit dem Autor
54 Michele Sarfatti, Brief an den Autor

14. KAPITEL

1 Die Darstellung der folgenden Seiten stützt sich im wesentlichen auf: Peter Grose, *Gentleman Spy*, S. 176-178; vgl. auch Hans Bernd Gisevius, *Bis zum bittern Ende*, bes. S. 489-494, Leonard Mosley, *Dulles*, S. 139 ff., sowie Allen Dulles, *Germany's Undeground*, S. 130 ff.
2 Diario II, S. 280
3 British Public Records Office, Foreign Office telegram FO 371. 37547 (24. Februar 1943)
4 Susmel, S. 269 f.
5 Del Drago
6 Guerri, S. 536
7 Michaelis, S. 323 f.
8 Guerri, S. 541 f.
9 Guerri, S. 535 f.
10 Edda Ciano, S. 183 f.
11 Ebd.
12 Goebbels, *Tagebücher*, Bd. 4, S. 1910
13 Zit. nach der vollständigen Ausgabe der Tagebücher von Joseph Goebbels, *Sämtliche Fragmente*, München 1987 ff., Bd. 9, S. 453
14 Guerri, S. 543
15 Diario II, S. 280
16 Susmel, S. 272
17 Diario II, S. 281
18 Mario Mondello, Interview mit dem Autor
19 Susmel, S. 274
20 Bottai, S. 365

21 Anfuso, S. 278
22 Bottai, S. 373
23 Cyprienne Charles-Roux del
   Drago, Interview mit dem
   Autor
24 Davis, S. 52
25 Guerri, S. 551
26 Susmel, S. 276 f.
27 Susmel, S. 277
28 Susmel, S. 275 f.
29 Spinosa, S. 288
30 Susmel, S. 278 f.
31 Davis, S. 220
32 Dollmann, S. 126
33 Davis, S. 24 f.

15. KAPITEL

1 Susmel, S. 279 f.
2 Edda Ciano, S. 187
3 Guerri, S. 576
4 Guerri, S. 578
5 Susmel, S. 281 f.
6 Susmel, S. 282
7 Davis, S. 85
8 Guerri, S. 562
9 Alfieri, S. 324
10 Davis, S. 85
11 Die Schilderung der Sitzung
   des Großrates stützt sich im
   wesentlichen auf Guerri,
   S. 587-593; dort auch die Zitate.
12 Guerri, S. 594
13 Davis, S. 127
14 Susmel, S. 285 f.
15 Guerri, S. 596

16. KAPITEL

1 Edda Ciano, S. 190 f.
2 Andrea Niccoletti, *The Decline
   and Fall of Edda Ciano*, in: Collier's magazine, 20. April 1946
3 Ebd.
4 Guerri, S. 597
5 Edda Ciano, S. 190 f.
6 Edda Ciano, S. 191-193
7 Fabrizio Ciano, *Quando il nonno fece fucilare papa'*, S. 69 f.
8 Franco Maugeri, zit. nach
   Ivone Kirkpatrick, *Mussolini*,
   S. 510
9 Alfieri, S. 352 f.
10 Susmel, S. 289
11 Guerri, S. 607
12 Susmel, S. 291 f.
13 Edda Ciano, S. 195
14 Dollmann, S. 118 f.
15 Dollmann, S. 119
16 Agnelli, S. 158
17 Spinosa, S. 263 f.
18 Mario Mondello, Interview
   mit dem Autor
19 Senise, S. 227
20 Walter Hagen (=Wilhelm
   Höttl), *Die geheime Front*,
   S. 433
21 Ebd.
22 Hagen, S. 437
23 Edda Ciano, S. 196 f.
24 Winston S. Churchill, *War
   Speeches*, Bd. 2, S. 509
26 *Gente* (Mailand), Heft 4/5,
   1996
27 Edda Ciano, S. 122 f.
28 Ebd.

29 Goebbels, *Tagebücher*, Bd. 3,
   S. 390
30 Edda Ciano, S. 199 f.
31 Fabrizio Ciano, S. 78 f.
32 *Gente* (Mailand), Heft 4/5,
   1996
33 Guerri, S. 618 f.
34 Ebd.
35 Edda Ciano, S. 202
36 Anfuso, S. 333
37 Goebbels, *Tagebücher*, Bd. 5,
   S. 1957 f.
38 Pensotti, S. 100 f.
39 Romano Mussolini, Interview
   mit dem Autor
40 Guerri, S. 621
41 Fabrizio Ciano, S. 84 f.

17. KAPITEL

1 Susmel, S. 304
2 Susmel, S. 305 f.
3 Edda Ciano, S. 211
4 Afeltra, S. 64
5 Ebd.
6 Guerri, S. 625
7 *Gente* (Mailand), Heft 4/5,
   1996
8 Guerri, S. 629
9 Susmel, S. 309 f.
10 Susmel, S. 313
11 Susmel, S. 314
12 Ebd.
13 Guerri, S. 640
14 Susmel, S. 316
15 Ebd.
16 Zit. nach Kuby, S. 376
17 Susmel, S. 314-316

18 Susmel, S. 319
19 Susmel, S. 319 f.
20 Edda Ciano, S. 215
21 Fabrizio Ciano, S. 89-94

18. KAPITEL

1 Die Darstellung der Verneh-
   mungen Cianos beruht im wesentlichen auf Vincenzo Cersosimo, *Dall'instruttoria alla
   fucilazione*, bes. S. 43-81; dort
   auch die im folgenden verwendeten Zitate
2 Susmel, S. 320 f.
3 Susmel, S. 321 f.
4 Susmel, S. 324 f.
5 Guerri, S. 643 f.
6 Winston S.Churchill, *Der
   Zweite Weltkrieg*, Bd. 2,
   S. 162 f.
7 Der Text erschien 1963 als
   Vorwort zur italienischen
   Ausgabe der Tagebücher von
   Ciano
8 Susmel, S. 327
9 Ebd.
10 Enrico Mannucci, *Il marchese
   rampante*, S. 110
11 Guerri, S. 647
12 Susmel, S. 325 f.
13 Ebd.
14 Guerri, S. 647
15 Susmel, S. 327
16 Ebd.
17 Susmel, S. 327 f.

19. KAPITEL

1 Susmel, S. 328 f.
2 Guerri, S. 651
3 Ebd.
4 Susmel, S. 329 f.
5 Die folgende Darstellung stützt sich im wesentlichen auf Howard McGaw Smyth, *Secrets of the Fascist Era*, sowie auf zwei Artikel von Andrea Niccoletti, *The Decline and Fall of Edda Ciano*, in: Collier's magazine, April 1946. Pucci behauptete gegenüber den Schweizer Behörden, Andrea Nicoletti sei ein Pseudonym von Allen Dulles; da Edda mit Ausnahme von Paul Ghali keinen Kontakt zu Journalisten hatte, können bestimmte Informationen über ihren Aufenthalt in der Schweiz in der Tat nur direkt aus dem OSS stammen.
6 Susmel, S. 333 f.
7 Susmel, S. 334
8 Afeltra, S. 82
9 Guerri, S. 653
10 Susmel, S. 335-337
11 Ebd.
12 Edda Ciano, S. 227-233

20. KAPITEL

1 Piero Pisenti, *Una Repubblica Necessaria*, S. 93; vgl. auch Edda Ciano, S. 236
2 Deakin, S. 637
3 Guerri, S. 665
4 Guerri, S. 666-668
5 Ebd.
6 Susmel, S. 340
7 Susmel, S. 341
8 Guerri, S. 671 f.
9 Guerri, S. 673
10 Guerri, S. 674
11 Cersosimo, S. 217 f.
12 Guerri, S. 675
13 Susmel, S. 344
14 Ebd.
15 Guerri, S. 684
16 Ebd.
17 Susmel, S. 345 f.
18 Guerri, S. 653
19 Susmel, S. 346 f.
20 Guerri, S. 686
21 Susmel, S. 347 f.
22 Afeltra, S. 90
23 Susmel, S. 350
24 Christopher Hibbert, *Mussolini*, S. 301
25 Susmel, S. 352
26 Ebd.
27 Ebd.
28 Susmel, S. 353
29 Guerri, S. 689 f.
30 Susmel, S. 354 f.
31 Edda Ciano, S. 246 f.
32 Zit. nach Kirkpatrick, S. 542; vgl. auch Deakin, S. 645

33 Elizabeth Wiskemann, *The Rome-Berlin Axis*, S. 321
34 Edda Ciano, S. 242
35 Susmel, S. 355 f.
36 Susmel, S. 356 f.
37 Susmel, S. 359 f.
38 Pensotti, S. 103 f.

21. KAPITEL

1 Malaparte, S. 460
2 Del Drago
3 Agnelli, S. 178 f.
4 Edda Ciano, S. 248
5 Fabrizio Ciano, S. 96-102
6 Ebd.
7 Ebd.
8 Corriere della sera, 22. September 1996
9 Susmel, S. 363 f.
10 Susmel, S. 368
11 Susmel, S. 371
12 Susmel, S. 372
13 Smyth, S. 57
14 Smyth, S. 59
15 Die Darstellung der Übergabe der Tagebücher stützt sich auf Paul Ghalis Bericht in: Cincinnati Enquirer, 22. Februar 1949; dort auch die meisten der im folgenden verwendeten Zitate

16 National Archives, Washington, RG 226, OSS E 134, F. 1345
17 Vgl. Joachim von Ribbentrop, *Zwischen London und Moskau*
18 Edda Ciano, S. 28
19 Grose, S. 220
20 Reponds Bericht in: Corriere della sera, 19. April 1996
21 Edda Ciano, *Il testamento del mio padre Benito*, S. 32

EPILOG

1 Spinosa, S. 190 f.
2 Gente (Mailand), Heft 4/5, 1996
3 Edda Ciano, S. 18-20
4 La Voce (Mailand), 12. April 1995
5 Zu den folgenden Mitteilungen über das Leben der Ciano-Kinder nach dem Krieg vgl. vor allem Fabrizio Ciano, *Quando il nonno fece fucilare papa'* ; zahlreiche Hinweise in diesem Zusammenhang verdankt der Autor Interviewpartnern, die anonym zu bleiben wünschten

Bibliographie

Agnelli, Susanna, *Wir trugen immer Matrosenkleider*, München 1988
Afeltra, Gaetano, *La spia che amo' Ciano*, Mailand 1993
Alfieri, Dino, *Due dittatori di fronte*, Mailand 1948
Anfuso, Filippo, *Da Palazzo Venezia al Lago di Garda*, Cappelli 1957

Bloch, Michael, *Ribbentrop*, New York 1992
Bottai, Giuseppe, *Diario 1935–1944*, Mailand 1983

Cadogan, Alexander, *The Diaries of Sir Alexander Cadogan 1938–1945*, London 1971
Casey, William, *The Secret War against Hitler*, Washington 1988
Cave Brown, Anthony, *Bodyguard of Lies*, London 1976
Cersosimo, Vincenzo, *Dall'istruttoria alla fucilazione*, Garzanti 1961
Cervi, Mario, *The Hollow Legions*, London 1972
Chicago Daily News, 16. Juni 1945 (Ankündigung des Vorabdrucks der Ciano-Tagebücher)
Churchill, Winston S., *Der Zweite Weltkrieg*, Bd. 2, Bern 1949
Churchill, Winston S., *War Speeches 1939–45*, London 1952
Ciano, Edda, *My Truth*, London 1977
Ciano, Edda, *Il testamento del mio padre Benito*, Dino 1990
Ciano, Fabrizio, *Quando il nonno fece fucilare papa'*, Mailand 1993
Ciano, Galeazzo, *Tagebücher 1937/38*, Hamburg 1949
Ciano, Galeazzo, Diario, Bd. 1: 1939–40, Bd. 2: 1941–43, Mailand 1963
Ciano, Galeazzo, *Ciano's Diary 1937–1938*, London 1952
Ciano, Galeazzo, *Ciano's Diary 1939–1943*, London 1947
Ciano, Galeazzo, *Ciano's Diplomatic Papers*, London 1948
Colville, John, *Downing Street Tagebücher 1939–1945*, Berlin 1988
Corriere della sera, 19. April 1996 (über das psychiatrische Gutachten über Edda Ciano)

Corriere della sera, 22. September 1996 (über Emilio Puccis Rolle bei der Flucht von Edda Ciano)
Corriere, della sera, 8. Oktober 1996 (über Cianos Vermögen)

Dalton, Hugh, *Fateful Years*. *Memoirs 1931–45*, London 1957
Davis, Melton, *Who Defends Rome?*, New York 1972
Deakin, F. W., *The Brutal Friendship*, London 1962
Delzell, Charles F., *Mussolini's Enemies*, Princeton, N. J. 1961
Dollmann, Eugen, *Dolmetscher der Diktatoren*, 1964
Dombrowski, Roman, *Mussolini*. *Twilight and Fall*, London 1956
Drago, Marcello del, *Erinnerungen* (unveröffentlicht)
Ducci, Roberto, *La bella gioventu'*, Bologna 1996
Dulles Allen, *Germany's Underground*, New York 1947

Falconi, Carlo, *The Silence of Pius XII*, Boston 1970
Felice, Renzo de, *Mussolini II Duce*, Turin 1974

Garlinski, Jozef, *The Swiss Corridor*, London 1981
Gente (Mailand), Nummer 4/5 und 6/7, Januar/Februar 1996 (über Hildegard Beetz)
Il Giorno, 10. April 1995 (Giordano Bruno Guerri zum Tode von Edda Ciano)
Gisevius, Hans Bernd, *Bis zum bittern Ende*, Zürich 1946
Goebbels, Joseph, *Tagebücher 1924–1945 in fünf Bänden*, München 1992
Grandi, Dino, *Il mio paese*, Bologna 1985
Grose, Peter, *Gentleman Spy*, London 1995
Guariglia, Raffaele, *Ricordi*, Neapel 1950
Guerri, Giordano Bruno, *Galeazzo Ciano*, Mailand 1979
Gun, Nerin E., *Eva Braun*. *Hitler's Mistress*, London 1968

Hagen, Walter (= Wilhelm Höttl), *Die geheime Front*, Stuttgart 1952
Hassell, Fey von, *Niemals sich beugen*, München 1987
Hassell, Ulrich von, *Die Hassell-Tagebücher, 1938–1944*, Berlin 1988
Hibbert, Christopher, *Benito Mussolini*, London 1963
Higham, Charles, *Wallis*, London 1988
Hull, Cordell, *Memoirs*, London 1948
Innocenti, Marco, *L'Italia del 1940*, Mailand 1996
Internationaler Militärgerichtshof Nürnberg, Der Prozeß gegen die Hauptkriegsverbrecher, Nürnberg 1947

Keene, *Neither Liberty Nor Bread*, London 1940
Kirkpatrick, Ivone, *Mussolini*, Frankfurt/Main–Berlin 1965
Kuby, Erich, *Verrat auf deutsch*, Hamburg 1982

Lamb, Richard, *War in Italy*, London 1993
Losito, Leonardo, *Bernardo Attolico*, Schenna 1994

MacGregor-Hasti, Roy, *The Day of the Lion*, London 1963
Mack Smith, Denis, *Mussolini's Roman Empire*, London 1976
Mack Smith, Denis, *Mussolini*, London 1981
Malaparte, Curzio, *Kaputt*, Frankfurt am Main 1982
Mannucci, Enrico, *Il marchese rampante*, Mailand 1998
Michaelis, Meir, *Mussolini and the Jews*, Oxford 1978
Mosley, Leonard, *Dulles*, New York 1978
Mussolini, Edvige, *Mio fratello Benito*, Florenz 1957

Newsweek, 6. März 1939 (Titelgeschichte zu Galeazzo Ciano)
Niccoletti, Andrea, *The Decline and Fall of Edda Ciano*, Collier's magazine,
    New York, 20. und 27. April 1946
Nolfo, Ennio di, *Vaticano e Stati Uniti 1939–1952*, Mailand 1978

Packard, Reynolds und Eleanor, *Balcony Empire*, London 1943
Page, Giorgio Nelson, *L'americano di Roma*, Mailand 1950
Pensotti, Anita, *Rachele*, Mailand 1983
Pisenti, Piero, *Una repubblica necessaria*, Mailand 1977
Phillips, William, *Ventures in Diplomacy*, London 1955

Ranelagh, John, *The Agency*, New York 1986
Ribbentrop, Joachim von, *Zwischen London und Moskau. Erinnerungen*,
    Leoni am Starnberger See 1953
Rossi, Ernesto, *No al fascismo*, Turin 1957

Sarfatti, Michele, *Mussolini contro gli ebrei*, Silvio Zamorani 1994
Schmidt, Paul, *Statist auf diplomatischer Bühne*, Bonn 1949
Senise, Carmine, *Quando ero il capo della polizia*, 1940–43, Ruffolo 1946
Shirer, William L., *Berlin Diary*, New York 1987 (dt. Ausgabe Leipzig
    1991)
Shirer, William L., *The Nightmare Years*, Boston 1984 (dt. unter dem Ti-
    tel *Das Jahrhundert des Unheils*, München 1995)

Shirer, William L., *The Rise and Fall of the Third Reich*, New York 1959
Simoni, Leonardo, *Berlino ambasciata d'Italia 1939–1943*, Rom 1946
Smyth, Howard McGaw, *Secrets of the Fascist Era*, Carbondale 1975
Spinosa, Antonio, *Edda. Una tragedia italiana*, Mailand 1993
Susmel, Duilio, *Vita sbagliata di Galeazzo Ciano*, Mailand 1962

Thomas, Evan, *The Very Best Men*, New York 1995
Time, 23. November 1936 (über Edda Ciano)
Time, 24. Juli 1939 (Titelgeschichte zu Edda Ciano)
Time, 4. September 1939 (über Galeazzo Ciano)

Wassiltschikow, Marie, *Die Berliner Tagebücher der »Missie« Wassiltschikow,
    1940–1945*, Berlin 1987
Welles, Sumner, *The Time for Decision*, New York 1944
Wiskemann, Elizabeth, *The Rome–Berlin Axis*, Oxford 1949

Namenregister

Acquarone, Alberto 122, 194 f.,
203, 259
d'Adda, Marozia Borromeo 20,
84, 86
Agnelli, Giovanni 16
Agnelli, Susanna 30, 207, 209,
274, 287
d'Aieta, Blasco 173, 187, 189
Albini, Umberto 199, 262
Alfieri, Dino 37, 43, 45, 111, 126,
132, 135 f., 164, 167 f., 175 f.,
188, 198, 205
Alpi, Maurizio 156
Ambrosio, Vittorio 182, 184, 189,
193, 195
Amendola, Giovanni 17
Anfuso, Filippo 18, 41, 50, 52 f.,
75, 84-88, 111, 121, 125, 147,
152, 184, 188, 196, 200 f., 205,
216, 273
Ansaldo, Giovanni 76 f., 116, 191
Antonescu, Ion 183
Aosta, Amadeo, Herzog von 77,
151
Apponyj, Geraldine 73
d'Arcy Osborne, Godolphin 189
d'Assia 71
Attolico, Bartolomeo 98, 290
Attolico, Bernardo 55, 89, 93 f.,
97 f., 103, 110, 126

Badoglio, Pietro 36 f., 98, 134 f.,
142 f., 145, 181, 193 ff., 200,
204 f., 208 f., 215, 219, 233,
258, 260, 277, 290
Badoglio, Sofia 98
Bagno, Delia di 37, 291
Balabanoff, Angelica 22
Balbo, Italo 72
Barnes, Tracy 282
Barthou, Louis 205
Bastianini, Giuseppe 94, 135,
150, 184, 186, 199
Beck, Josef 56, 90
Beetz, Gerhard 212
Beetz, Hildegard 212 f., 215, 219,
221 f., 224, 233, 235, 238 ff.,
242 f., 245 f., 248-252, 255,
257, 263 ff., 268, 272, 284, 289
Benini, Zenone 176, 196, 199,
224, 227 f., 262-265, 268,
278 f., 281
Bernardini, Monsignore 277
Bierman, John 178
Bigliardi, Candido 206
Bismarck, Ann-Mari von 84 f.
Bismarck, Otto von 82, 137, 152,
173
Bloch, Michael 59
Bocchini, Arturo 77 f., 167
Boldini, Giovanni 169, 188

Bonaccorsi, Arconovaldo 46 f.
Bonnet, George 112 f.
Bono, Emilio de 257, 259 ff.,
 265 f., 268 f.
Bonomi, Ivanoe 189, 193
Borgongini Duca, Francesco 123
Bottai, Giuseppe 55 f., 110 f.,
 114 f., 132, 136 ff., 141, 143,
 158, 164, 165, 184 f., 188,
 194 ff., 198 f., 204, 262
Bottoli, E. 226
Bova Scoppa, Renato 183
Braun, Eva 105, 216, 280 f.
Buffarini Guidi, Guido 43, 171,
 183 f., 190, 241, 266

Calisse, Alberto 178
Canaris, Wilhelm 172, 180
Carboni, Giacomo 115, 170, 182,
 188
Casero, Oberst 206
Castellano, Giuseppe 188 f., 193,
 200
Cavallero, Ugo 94, 148, 165,
 168 f., 175, 183 f., 194
Caviglia, Enrico 199
Cerruti, Vittorio 53
Cersosimo, Vincenzo 231 ff., 261,
 266
Chamberlain, Neville 60 f., 64,
 66, 126
Charles-Roux, Jean 291
Chambrun, Charles de 108
Chiot, Don Giuseppe 239, 265,
 268 ff., 272
Chirico, Giorgio de 156
Chollet, Frances 279-282
Churchill, Winston S. 120, 126,
 188, 190, 212, 235, 280

Cianetti, Tullio 225, 227, 257,
 260 f., 262 f., 265
Ciano, Arturo 16
Ciano, Carolina 15, 27, 95, 184,
 187, 202, 204, 218, 262 f.,
 290 f.
Ciano, Costanzo 15, 18, 20, 27,
 37, 95 f., 154, 177, 192, 200,
 202, 208, 218, 222, 229, 233,
 238, 240, 248, 273, 277
Ciano, Fabrizio 27, 177, 202 f.,
 204, 210, 212 ff., 220, 223,
 226, 229 f., 275 f., 278, 290,
 292 ff.
Ciano, Gino 218, 246, 248
Ciano, Marzio 27, 56, 177, 202 f.,
 210, 212 ff., 220, 223, 226,
 229 f., 234, 275 f., 287, 293
Ciano, Raimonda 27, 177, 202 f.,
 210-214, 220, 223, 226, 229 f.,
 275 f., 293
Chierici 195
Chilanti, Felice 167
Cicognani 189
Colonna, Isabelle 30
Colville, John 120
Cooper, Duff 81 f.
Cosmin, Piero 222, 262, 266,
 268 f., 271
Coward, Noël 289
Cucco, Alfredo 191
Cuming, Henry 278 f.
Curti Cucciati, Angela 183

Daladier, Edouard 64, 66, 110
Dante 45
Darlan, François 174
Dlugoszovski, Wieniawa 90
Dolfin, Giovanni 222 f., 225, 248,
 262, 267 f., 271

Dollmann, Eugen 65, 82, 103 f.,
191, 206 f.
Donovan, William 181 f.
Dörnberg, Alexander von 206
Dostojewski, Fjodor 81
Drago, Marcello del 39, 86,
100 f., 103, 105, 108, 111, 132,
144, 182 f., 188, 274
Drago, Cyprienne del 86, 108,
179, 188
Drummond, Eric (Lord Perth) 52,
63
Ducci, Roberto 27, 30, 33, 52
Dulles, Allen W. 180 ff., 278-284
Durini, Gräfin 91
Dux, Harry 289

Eden, Anthony 60, 172, 188
Edward VIII., König von Eng-
land 19
Emanuele, Santo 53
Evans, John 151 ff.

Farinacci, Roberto 132, 183, 190,
193 ff., 197, 199
Federzoni, Luigi 196 f., 262
Festetic, Graf 243
Fiocca, General 190
Fortunato, Andrea 258, 260, 266
Franco, Francisco 46, 96, 147
François-Poncet, André 67,
112 f., 131
Fransoni, Francesco 172 f.
Furlotti, Nicola 269 f.

Gambara, Gastone 193
Garston, Lancelot de 255
Geloso, Carlo 140
Gerardi, Gerardo 229 f., 250 f.

Ghali, Paul 279-282
Giannini, Alberto 155
Giovinelli, Lola 291
Giotto 155
Gisevius, Hans Bernd 180
Giunta, Sandro 293
Göbel, Emil 271
Goebbels, Joseph 47, 49, 72,
118 f., 144, 148, 167 f., 185,
214, 216
Goebbels, Magda 92, 167
Goerdeler, Carl 56
Goethe 136 f.
Goldman, Nahum 69
Göring, Hermann 48 f., 59, 84,
89, 93, 125 f., 138, 161, 165 ff.,
169, 174 f.
Gottardi, Luciano 224, 260, 269
Gracco, Tiberio del 201
Grandi, Dino 39 f., 48, 60, 132 f.,
140, 146, 165, 181-185, 187 ff.,
194-200, 204, 217, 224 f., 227,
233, 258 ff., 262
Graziani, Rodolfo 115, 134, 146
Grazzi, Emanuele 78, 139, 141,
143
Guariglia, Raffaele 141, 175, 186,
204
Guerri, Giordano Bruno 44

Hacha, Emil 67
Haile Selassie 45 f.
Halifax, Lord 80, 112 f.
Harster, Wilhelm 224, 242 f.,
245, 247 f., 250, 263 f., 271
Hassell, Fey von 56 f.
Hassell, Ulrich von 56-59
Hellstein, General 211
Hewel, Walther 104

Heydrich, Reinhard 93
Himmler, Heinrich 147, 167 f.,
   173, 213, 243, 247, 267, 280
Hoggia, Daut 140
Hohenberg, Carl Clemm von 84
Hohenberg, Veronica von 84
Höttl, Wilhelm 210-213, 218 f.,
   243, 247, 264
Huntziger, Charles 135
Hutting, Robert 228, 250
Hutton, Barbara 99

Ibsen, Henrik 22

Jacomoni, Francesco 73-75, 78 f.
Jodl, Alfred 169

Kaltenbrunner, Ernst 211 ff.,
   218 f., 242 f., 245, 247, 250
Keitel, Wilhelm 169
Kennedy, Joseph 85
Kesselring, Albert von 160, 165,
   207
Kipling, Rudyard 56
Koci, Jake 74
Koliqui, Ernest 189
Kurusu, Saburo 141, 161

Laffert, Sigrid von 92
Lanza, Michele 166, 174, 185
Lanza, Raimondo 209
Laurentius, Dino de 292
Lauro, Achille 226 f.
Laval, Pierre 174, 176, 178
Lessona, Alessandro 36
Leto, Guido 77
Loraine, Percy 80, 109, 112,
   120 f., 129, 131, 236
Lotti, Mariella 157
Lucchesi, Gloria 293 f.

Mackensen, Hans Georg von 74,
   100, 109 f., 124, 126, 173, 205
Magistrati, Maria (geb. Ciano) 15,
   17, 20, 47, 119, 277
Magistrati, Massimo 17, 47, 55,
   73, 89, 97, 101, 233, 278
Maglione, Luigi 60, 187, 189, 200
Mancini, Edvige (geb.
   Mussolini) 13, 20
Malaparte, Curzio 80 f., 84, 177,
   273
Mangano, Silvana 292
Marconi, Guglielmo 15
Marinelli, Giovanni 225, 257,
   261 f., 268 f.
Martire, Egilberto 52 f.
Maxwell, Elsa 99
Merlini, Elsa 157
Messe, Giovanni 189
Metaxas, Joannis 139
Michaelis, Meir 70
Michelangelo 135
Mölders, Werner 161
Molotow, Wjatscheslaw 109, 116
Mondello, Mano 182, 187, 209
Montagna, Guilio Cesare 18, 260
Montgomery, Bernhard Law 173
Montini, Monsignore 175
Mussolini, Arnaldo 13, 19 f., 34,
   40
Mussolini, Bruno 34, 40, 155 f.
Mussolini, Rachele 12, 22, 24, 98,
   171, 191, 195 f., 217 f., 220,
   266, 272, 285, 291
Mussolini, Romano 21, 217, 277,
   291
Mussolini, Vito 34
Mussolini, Vittorio 34, 40, 204,
   214, 222 f., 276 f.

Muti, Ettore 200, 209

Natali 274 f.
Navale, Roberto 53
Neurath, Constantin von 48 f.
Noble, Andrew 96

Olas, Sergio 221 f., 238, 263, 268
Oliver, Maria Rosa 18
Orsi Mangelli, Pier Francesco 13

Packard, Eleanor 162
Packard, Reynolds 162
Page, Giorgio Nelson 87 f., 98, 151 ff.
Pagiani, Franz 258
Pancino, Don Giusto 276 ff.
Pareschi, Carlo 224, 269
Pariani, Alberto 109
Pavelic, Ante 150
Pavolini, Alessandro 34 f., 132, 219 f., 226, 248, 266, 271
Pellegrinotti, Mario 224, 228, 239 f.
Perego, Luigi 257
Pessina, Tanino 229 f.
Petacci, Clara 170 f., 185, 220, 239, 271, 285
Petacci, Marcello 171, 184 f.
Phillips, William 45, 51, 71, 75 f., 92, 119, 126, 128, 137, 142
Piatti del Pozzo 266
Pisenti, Piero 256, 266
Pius XII. 189
Polverelli, Gaetano 102, 190
Prato, David 69
Preziosi, Giovanni 190
Pricolo, Francesco 160
Priebke, Erich 211

Pucci, Emilio 10, 31, 144, 192, 218, 229 f., 240, 242, 246 f., 249-255, 263, 276, 279 f., 284, 289 f.
Puntoni, Paolo 154
Purwin, Karl Heinz 289

Rahn, Rudolf 248, 256, 271
Raimondi, Aldo 86
von Reichert 248
Renzetti, Giuseppe 86
Repond, André 284 f.
Reynaud, Paul 110, 128
Ribbentrop, Joachim von 11 f., 48, 56 f., 61 f., 66, 75, 89 ff., 93, 97 ff., 100-105, 107, 109 f., 112, 116 f., 119-123, 126, 135, 140 ff., 144-147, 150, 152, 157, 161 f., 167 f., 173 ff., 184, 188, 211 ff., 218, 237, 243, 247, 256, 280 ff., 284
Riccardi, Arturo 115, 171
Ricci, Renato 266
Roatta, Mario 53
Röhm, Ernst 125
Rommel, Erwin 173
Roosevelt, Franklin Delano 45, 120, 128, 158, 163, 165, 190, 280
Rosselli, Carlo 53, 63
Rosselli, Nello 53, 63

Sapieha 172
Sarfatti, Michele 69, 179
Schachter, Daniel 283
Schellenberg, Walter 93
Schmidt, Paul 50, 62, 102 f., 107, 116 f., 136
Schuschnigg, Kurt 51, 109

Scorza, Carlo 198 f.
Senise, Carmine 209, 259
Serrano Suñer, Ramon 145, 170, 243
Settimelli, Emilio 63
Sforza, Carlo 191
Shirer, William L. 137 f.
Silvestri, Carlo 228, 276
Simpson, Wallis 19
Skorzeny, Otto 210 f., 216
Snyder, Oberst 151
Soddu, Ubaldo 115
Spencer, Winfield 19
Starace, Achille 52, 67, 111
Starhemberg, Prinzessin von 51
Stefani, Armando 166
Streicher, Julius 67
Susmel, Duilio 290
Suvich, Fulvio 39

Tamaro, Attilio 82
Taylor, Myron G. 172, 187
Tommasini, Paolo 257, 260
Torelli, Tito 16
Tringali Casanuova, Antonino 199
Tschiang Kai-shek 26

Udet, Ernst 161

Umberto, Prinz von Piermont 173, 182, 289

Valle, Giuseppe 89
Vansittart, Lord 86
Vecchi, Cesare Maria de 26
Vecchini, Aldo 256, 260
Vené, Gian Franco 270
Venturini, Antonio 60
Vergani, Orio 29, 43, 81, 89, 174, 176, 184 ff.
Vezzalini, Enrico 259, 261
Vianini, Italo 266, 271
Viktor Emanuel III., König von Italien 15, 45, 62, 75, 77, 93, 95, 98, 122, 126, 128, 151, 154, 157, 162, 164 f., 169 f., 183, 188, 191, 193 f., 197 - 200, 203 f., 215, 230, 235, 258
Visconti Prasca, Sebastiano 140
Vitetti, Leonardo 100

Wadsworth, George 162
Welles, Sumner 42, 45, 120 - 123, 187
Wolff, Karl 211, 220, 267

Zogu, Ahmed 73 ff., 78 f.

DAN VAN DER VAT

DER GUTE NAZI

Leben und Lügen des
Albert Speer

»Das gut recherchierte Buch des ehemaligen
›Times‹-Korrespondenten könnte der Legende vom
guten Nazi ein Ende setzen.«
(Konkret)

»Van der Vat hat ein eindeutiges Ziel: Er will die
Lügen Speers aufdecken und dessen Masken
und Tricks durchschauen.«
(Baumeister)

»Das wohlwollende Bild vom guten Nazi
läßt sich nach dieser detektivischen Biografie
nicht mehr halten.«
(Die Woche)

Umfang: 576 Seiten
16 Seiten Bildteil
Format: 13,5 x 21,5 cm
geb. mit Schutzumschlag
ISBN 3-89487-275-6